本书由国家社科基金艺术学项目"新中国歌曲翻译史研究（1949—2019）"（项目编号：2020BD01631）资助出版

中外歌曲翻译史研究

（1949—2019）

覃军　著

中国社会科学出版社

图书在版编目(CIP)数据

中外歌曲翻译史研究:1949－2019/覃军著. —北京：中国社会科学
出版社，2024.5
ISBN 978－7－5227－3512－2

Ⅰ.①中… Ⅱ.①覃… Ⅲ.①歌词—翻译—语言学史—研究—
中国—1949－2019 Ⅳ.①H159－092

中国国家版本馆 CIP 数据核字(2024)第 085410 号

出 版 人	赵剑英	
责任编辑	陈肖静	
责任校对	李 莉	
责任印制	戴 宽	

出 版	中国社会科学出版社	
社 址	北京鼓楼西大街甲 158 号	
邮 编	100720	
网 址	http://www.csspw.cn	
发 行 部	010－84083685	
门 市 部	010－84029450	
经 销	新华书店及其他书店	

印 刷	北京明恒达印务有限公司	
装 订	廊坊市广阳区广增装订厂	
版 次	2024 年 5 月第 1 版	
印 次	2024 年 5 月第 1 次印刷	

开 本	710×1000 1/16	
印 张	18.5	
插 页	2	
字 数	260 千字	
定 价	109.00 元	

凡购买中国社会科学出版社图书，如有质量问题请与本社营销中心联系调换
电话：010－84083683

内容概要

　　歌曲既是一种极其古老的艺术形式，又是最易抒发情感、传播思想、沟通心灵的艺术体裁。歌曲属于声乐作品，当声乐作品跨越语言与文化时，就离不开翻译的介入。据张炳森考证，目前我国发现最早的文学翻译作品是春秋时期的《越人歌》，因《越人歌》的翻译采取的是歌曲译配的形式，可以说，歌曲翻译是文学翻译的源头，由此推断歌曲翻译在我国已有 2500 多年的历史。20 世纪后，特别是中华人民共和国成立以来，我国涌现了大批歌曲翻译家，如钱仁康、毛宇宽、林蔡冰、邓映易、薛范等。他们译介引进了数万首外国歌曲。其中不少翻译歌曲早已走进千家万户，深入人心，成了家喻户晓的"金曲"。

　　然而，在歌曲翻译实践取得丰硕成果的同时，歌曲翻译研究却被译界忽视。1997 年湖北教育出版社出版的《中国翻译词典》、2004 年上海外语教育出版社出版的《译学辞典》、2019 年商务印书馆出版的《翻译学辞典》均未收录"歌曲翻译"这一词条。此外，译界有关歌曲翻译研究的论著寥寥可数，特别是在歌曲翻译史方面，至今未见对其进行系统研究的相关论著。

　　本书以 1949—2019 年间的中外歌曲翻译作品为主要研究对象，采用翻译史研究的描述性和规定性相结合的方法，从史料研究入手，收集、整理 70 年间我国歌曲翻译作品，宏观考察 70 年间歌曲翻译活动的历程、整体特征、译者构成和社会历史语境，让长期隐身的歌曲翻译作品显身，并加以阐释，彰显其在翻译史上的价值，为翻译史研究提供新的视角。同时，本研究结合翻译学、文学、音乐学、符号学和传播学的相关理论，系统分析歌曲翻译的过程、规律及现象，界定歌曲翻译的本质、内涵与外延，总结国外歌曲在我国的传播轨迹，探索歌曲翻译对我国文化建构的作用与影响，预测歌曲翻译的走势与未来，在一定程度上为中华人民共和国成立后的歌曲翻译史研究填补空白，为歌曲翻译和说唱文学作品的翻译实践及理论研究提供借鉴。

通过对 70 年间歌曲翻译活动的社会性、时代性和文化性的综合考察，本研究指出：在翻译准则上，我国的歌曲翻译整体是由"忠于语言"逐渐向"忠于音乐"发展过渡的；在翻译语境上，我国的歌曲翻译活动总是随着政治环境、译语文化的需求、译语受众的审美和译者翻译目的的主导性变化而变化的；在翻译策略上，我国的歌曲翻译呈现出四大规律，即译者妥协律、肯定否定律、顺应时代律、有为无为律；在历史贡献上，翻译歌曲的传播助推了西方先进思想在我国的传播，对我国歌曲的创作、音乐的多元发展和音乐教育教学发挥了不可估量的作用。歌曲翻译活动实际上是两种文明之间的对话与交流，歌曲翻译史是中西文化交流史的重要内容；在发展趋势上，无译而通之，乃大译。促进异域歌曲的源语演唱将成为歌曲翻译未来的使命与责任，所有翻译活动的最终目的都是要实现目标语受众对源语文本的追溯和回归。

本研究将歌曲翻译的历史事件放在中外音乐文化交流的框架中去考察，可揭示受时代社会语境影响下的歌曲翻译与中国音乐发展的互动关系，深化对艺术语言本质的认识，推进翻译学与文学、传媒学和音乐学间的跨学科研究，并为其理论研究提供有益补充。同时，本研究有助于发现翻译存在的特殊形态，建立中外歌曲的多模态译介模式，提高翻译理论对翻译现象的阐释力，推动文化翻译研究。

目　　录

绪　论

第一节　研究缘起与研究意义

自人类文明开始，便有了歌。歌起源于歌诗，是一种抒情言志的文学体裁。按照古人"不合乐为诗，合乐为歌"的观点，歌，其实是歌曲的简称，它由歌词与曲谱共同组成，是音乐与人声融合的艺术品。在众多的文艺形式中，歌曲是最能抒发情感、传播思想、沟通心灵的艺术体裁。贝多芬曾说过："音乐是比一切智慧，一切哲学更高的启示。"[①] 通过音乐和歌曲，我们不但可以陶冶情操、抒发情感、宣泄情绪，也可以通过音乐和歌曲了解异国文化，领略世界各民族的风土人情。

人们常说，"音乐是无国界的"。其实，这句话并不完全正确。音乐分为声乐和器乐两大类型。器乐通过乐器演奏出有旋律和节奏的声音，这种声音能被不同民族的人们理解和感受，从而体会其艺术感染力。因此，器乐作品是无国界，不需要翻译的。而声乐作品则不同，它是通过人声演唱的音乐形式，用歌词抒发情感。歌词是通过语言来表达的，由于语言有国界，因此声乐作品是有国界的。声乐作品要想跨越语言障碍直通异域他乡，势必需要通过翻译中介的作用，才能让

---

① ［法］罗兰:《贝多芬传》，傅雷译，四川人民出版社 2017 年版，第 103 页。

异域的听众明白词意，理解思想，从而充分欣赏歌曲，于是便诞生了歌曲翻译。歌曲翻译历史源远流长，可以追溯到春秋时期《越人歌》的翻译。据西汉刘向在其著作《说苑》（卷十一《善说》）中记载，楚国令尹鄂君子皙举行舟游盛会，在盛会上，越人歌手抱着船桨，对着鄂君子皙演唱了一首越歌。子皙不通越语，请人译成楚歌，后被记录下来流传至今。马祖毅在《中国翻译简史》中就曾提及《越人歌》，他说道："后世以《越人歌》名此篇，可以视为我国历史上第一篇诗歌翻译。"① 梁启超也曾指出，《越人歌》是我国现存最早的文学翻译作品。② 由于《越人歌》属于民歌，我们可以说，民歌翻译是文学翻译的源头，我国现存最早的文学翻译作品就是歌曲翻译。

歌曲翻译涉及翻译、文学、音乐等多个学科。在古代，诗和歌一直融为一体，"从先秦的《诗经》《楚辞》到汉乐府、唐诗、宋词、元曲，无一不是合拍入律的歌词"③。只是后来，诗与歌开始时分时离。由于技术的限制，导致音乐的流失，能够保留至今的大多为歌中词的部分。歌曲具有文学性，但是又和纯文学作品不同。因为歌曲不是由词曲作者将产品生成出来直接传递给受众，词曲作者生产的只是"半成品"，这些作品要有效地传播给受众，就必须要通过中介者的加工、演绎和传播。这些中介者中有歌手、演员或制作人。一件歌曲艺术作品要进入异域他乡，中介者中就少不了译者。译者兼任原作读者与译作作者的双重身份，对原歌曲进行理解、创造与传播。原歌曲通过译者的翻译延长了生命，甚至获得第二次生命，通过译语国歌手的演唱、传播、普及，在译语国产生影响。谢天振在其《译介学》中就曾说道："翻译家所做的决不是一种简单的技术性的语言转换工作，而是一种赋予一种艺术以另一种面貌、让艺术作品在跨越了时空、

---

① 马祖毅：《中国翻译简史——"五四"以前部分（增订版）》，中国对外翻译出版公司1998年版，第5页。

② 参见陈福康《胡怀琛论译诗》，《中国翻译》1991年第5期。

③ 薛范：《歌曲翻译探索与实践》，湖北教育出版社2002年版，第51页。

语言、民族的界限之后继续保持艺术魅力、让产生于某一民族和国家的艺术能为其他民族和国家、甚至能为世界各国人民所共享的创造性工作。"①

　　自清末民初以来，我国译介了大量外国歌曲，这些译者以归国留学生、国外侨民、西方传教士和音乐家为主。据音乐学家钱仁康考证，他们所翻译的歌曲中最早译介到我国的有叶中冷译配的《进军佐治亚》、无名氏译配的《马赛曲》、刘半农译配的《夏日最后之玫瑰》和马君武译配的《迷娘之歌》等。② 在此期间，我国也有为数不多的歌曲被译介到西方，其中较具代表性的有《茉莉花》。《茉莉花》最初被英国地理学家约翰·巴罗（John Barrow）译介到英国，后传播到德国，在西方音乐界产生了不小的影响，推动了中西音乐文化的交流。"五四"以后，西风东渐，知识分子开始学习西方先进文明，歌曲翻译也随之不断发展。成千上万首外国歌曲被译介到我国，其中最具代表性的有法国的《国际歌》和《伏尔加船夫曲》。特别是《国际歌》，它可以堪称中国革命史上人民反抗压迫的最强音，其号召力胜过千军万马。值得一提的是，《义勇军进行曲》也于1940年在纽约被社会活动家刘良模译成英文，后被黑人歌唱家保罗·罗伯逊（Paul Robeson）在美国许多群众大会和国际重大场合演唱。

　　1949年中华人民共和国成立，歌曲翻译迎来了新的历史机遇。我国涌现出了大批歌曲翻译名家，如钱仁康、邓映易、毛宇宽、盛茵、张宁、薛范等。他们翻译了大量的外国歌曲，这些歌曲的汉译版随之进入亿万百姓之家，深入人心，有的已经成为家喻户晓的"金曲"。如《莫斯科郊外的晚上》《三套车》《红河谷》《红莓花儿开》《北国之春》《友谊地久天长》③ 等。其中最值得书写，影响最为广泛的当属

---

　　① 谢天振：《译介学》，上海外语教育出版社2001年版，第21页。
　　② 钱仁康：《谈歌词的翻译》，《音乐艺术（上海音乐学院学报）》1999年第4期。
　　③ 本书标点符号的使用按照2012年版《标点符号用法》（GB/T 15834—2011）相关规定执行，其中书名号和引号之间不再使用顿号。

音乐出版社 1958 年出版的《外国民歌 200 首》和 1961 年出版的《外国民歌 200 首续编》。两本歌集共收集 454 首外国歌曲，其中包括各国民歌、现代歌曲和古典歌曲。参与两本歌集译配工作的人员来自各行各业，多达一百多人。歌集出版后在社会各界引起了极大的反响，"累计印数达到几十万册，当时的音乐爱好者几乎人手一册"①，足足影响了中国好几代人，成为了几代人的精神财富。可以说，该项译配工作极大地促进了西洋音乐对我国音乐的影响，在音乐传播史以及歌曲翻译史上具有里程碑的意义。

改革开放后，特别是近年来随着中国文化"走出去"倡议的实施，用歌曲讲好中国故事也成为传播中国文化的重要途径。如中央电视台打造了品牌节目《经典咏流传》，节目中时而将中文诗词译成英文演唱；外国歌手将多首中国民歌和流行歌曲译成英文配曲演唱，如《月亮代表我的心》《康定情歌》《阿里山的姑娘》《青花瓷》《菊花台》等歌曲相继走出国门②；亚洲文明对话大会主题音乐短片《声声慢·致文明》被译成外文，来自亚洲不同国家的 7 位青少年用本国语言进行了演唱。特别值得一提的是，上海外国语大学的 MelodyC2E 团队几年来翻译、演唱并推广了多首中国歌曲，产生了较大的反响。中国外文局在 2017 年底主办了"第一届讲好中国故事创意传播国际大赛"，充分肯定了 MelodyC2E 团队的成绩，并授予他们"特别作品转化奖"。随着 5G 时代的到来，以短视频为代表的富媒体网络传播方式受到了人们的青睐，艺术界不少作品通过英译并制作成视频在国外平台播放。受此影响，译界不少翻译研究学者也加入歌曲译介的队伍，如南开大学的王宏印、河北师范大学的李正栓、上海大学的赵彦春、广东外语外贸大学的许景城等。他们的译作或以歌词翻译的形式，或

---

① 薛范：《歌曲翻译探索与实践》，湖北教育出版社 2002 年版，第 205 页。

② 《月亮代表我的心》《康定情歌》和《阿里山的姑娘》是由瑞典歌后索菲亚·格林（Sofia Kallgren）翻译、演唱；《青花瓷》《菊花台》是由新西兰歌手罗艺恒（Laurence Larson）翻译、演唱。

以歌曲译配的形式在网上传播，促进了中西文化交流，开辟了我国音乐文化传播的新路径。

由上可见，我国歌曲翻译实践历史悠久，成果丰富，影响甚广，对我国歌曲翻译史进行梳理和研究十分必要。具体说来，本研究至少有以下几个缘由：

1. 我国歌曲翻译实践成果丰硕，但歌曲翻译研究在我国却很少受到重视，"歌曲翻译至今仍然是整个翻译研究的相对滞后的领域"①，有关歌曲翻译史研究的文章更是寥寥可数，"除少量音乐史著作外，尚未出现歌曲翻译史专著"②。本研究不仅可以为我国翻译史研究提供新的史料，还可为近现代中西音乐交流史研究提供借鉴。

2. 歌曲翻译涉及语际翻译和符际翻译，关乎多模态手段和副文本策略，是一种特殊形态的翻译活动。翻译研究应该关注这种特殊的活动，增强理论对一些特殊翻译现象的解释力，提升我们在国际译坛上的话语权。③

3. 歌曲作品属于通俗文学，具有传播速度快，易受广泛群众接受，易沟通情感，能给受众带来听觉冲击和享受的特征。梳理和研究中华人民共和国成立以来我国歌曲翻译史，不仅可以总结歌曲翻译作品对我国政治、生活、思想、文化等多方面的影响，而且可以为当下我国通俗文学"走出去"提供借鉴。

季羡林曾在《中国翻译词典》序言中说道："无论是从历史的长短来看，还是从翻译作品的数量来看，以及从翻译所产生的影响来看，中国都是世界之'最'。"可见我国翻译历史源远流长、作品丰硕、影响巨大。这当中主要包括佛经翻译、文学翻译和科技翻译，因此我国的翻译研究大多集中在这些领域。但据前文所述，歌曲翻译不仅在其

---

① 蔡佳立：《迪士尼动画电影歌曲翻译研究》，《上海翻译》2018 年第 1 期。
② 方仪力：《歌曲翻译研究：基本范式、理论框架与前景展望》，《广东外语外贸大学学报》2020 年第 1 期。
③ 韩子满：《轻视研究对象——当前国内翻译研究的一大症结》，《当代外语研究》2017 年第 5 期。

数量上，还是在其影响上也应该成为翻译史上可写可书的篇章。可令人遗憾的是，在 2019 年商务印书馆出版的《翻译学辞典》中，除《国际歌》一个词条外，几乎没有任何关于"歌曲翻译"的条目记载。本研究从歌曲翻译史料研究入手，收集、整理 1949 年以来我国中外歌曲翻译作品，让诸多长期隐身的歌曲翻译作品显身，并加以阐释，彰显其在翻译史上的价值，为翻译史研究提供新的研究视角。其具体意义如下：

1. 通过对现有歌曲翻译史料进行挖掘、收集、整理和系统研究，归纳中华人民共和国成立以来我国歌曲翻译的历程，可总结歌曲翻译作品对我国社会文化建构的影响、价值及贡献。

2. 可深化对语言本质的认识，推进翻译学、文学、音乐学、传媒学和符号学间的跨学科研究，为其理论研究提供有益补充。

3. 可发现歌曲翻译有别于普通文体翻译的特殊过程、手段和策略，有利于认识歌曲的语言风格；能够发现翻译存在的特殊形态，为翻译研究提供新史料，开拓新视野。

4. 可总结并建立中外歌曲的多模态译介模式，提高翻译研究的阐释力，推动文化翻译研究。

第二节　研究思路与方法

一　研究思路

本书以 1949—2019 年间中外歌曲互译作品为主要研究对象，从其史料研究入手，收集、整理 1949 年以来我国中外歌曲翻译作品的史料，让很多长期隐身的歌曲翻译作品显身，并加以阐释，彰显其在翻译史上的价值，为翻译史研究提供新的研究视角。同时，本课题结合翻译学、音乐学和传播学研究的理论，系统分析歌曲翻译的过程、规律及现象，界定歌曲翻译的本质、内涵与外延，总结国外歌曲在我国的传播轨迹，挖掘歌曲翻译对我国文化建构的作用与影响，为歌曲翻译实践及翻译理论研究提供借鉴。具体研究内容涉及以下几点。

（一）翻译作品的整理与分析

收集 1949 年以来我国歌曲翻译作品的史料，以 1949—2019 年为时代背景，以歌曲翻译活动的发生先后为序，根据翻译主体、歌曲类别（爱情歌曲、少儿歌曲、革命歌曲、乡土歌曲、救亡歌曲、宗教歌曲）、歌曲语种对史料进行分类、整理与分析，纵向梳理 70 年间歌曲翻译活动中的人物及其翻译行为。

（二）理论框架的建立

本课题对歌曲翻译所涉及的一系列理论问题展开讨论，并以微观翻译史观、歌曲译配与创作的对立论与变译理论建立起课题的理论框架。

（三）文本材料的分析

对歌曲作品原文本、翻译文本的个案作平行对比分析，在内容、意义和风格上区分它们的异同，为阐释提供数据事实。

（四）歌曲翻译产生与动态研究

由于显示译歌的魅力不仅在于译者，还取决于歌手演唱的魅力。译者的作品不是直接呈现给听众，而是提供给演唱者，演唱者才是译词的第一评估人，译文的可唱性应该由演唱者来判断。演唱者在演唱过程中可能同曲作者、原唱、译者等进行沟通，最终将译词呈现出来。因此，本研究还将探讨"词作者/曲作者→原唱→译配者→演唱者→听众"过程中各自之间的合作互动关系与影响，分析歌曲翻译作品产生与动态过程（包括词作家的歌词、曲作家的音乐、歌手的表演、机构的传播、歌众①的传唱、社会的反响与影响等）。

（五）翻译活动的研究

对歌曲翻译本土化的历史语境、本土化规律，以及歌曲翻译产生

---

① "歌众"这一术语由陆正兰提出，指歌曲的受众。

的原因、对我国意识形态、音乐发展和文化建构的影响与贡献进行研究。

（六）歌曲翻译理论探索与翻译通则研究

基于 70 年间歌曲翻译实践，总结歌曲翻译的特征与规律并进行理论阐释与探索。以歌曲翻译史的研究为基础，制定"切唱""切听""切境""切情""切味""切意"的中文歌曲英译通则，为中国歌曲"走出去"提供借鉴与参考。

二 研究方法

本书主要使用的研究方法有：

（一）文献研究法

由于歌曲翻译作品数量丰厚，相关文献较多，时间跨度大，因此本研究将采取文献研究法，收集歌曲翻译作品、传记资料、评论文章、研究论文等相关文献，进行分类、整理，然后仔细研读。

（二）体系分类法

歌曲翻译涉及各种类别，本研究将收集的数据按照思想主题、创作主体、翻译主体与接受主体进行分类，对史料进行研究。

（三）描述性研究方法

侧重将歌曲翻译文本置于社会历史语境中，追踪音乐话语所受社会政治、意识形态、传统文化和诗学观念的影响，如实描述歌曲文本译入译出、歌众反应、文本接受、社会影响等情况。

（四）个案分析法

通过对典型的歌曲翻译现象和代表性歌曲翻译文本进行个案分析，以总结歌曲翻译这种特殊翻译形态的特质。

（五）定性定量法

采取定性研究和定量研究相结合的方法，根据现有歌曲翻译文本实证分析的结果，进行定量研究。基于定量研究的结果分析，做出定性研究结论。

第三节　创新点、重难点与主要内容

一　创新点

歌曲翻译是一种特殊形态的翻译行为，根据不同的使用目的，歌曲翻译的译文有着不同的存在形式。我国歌曲翻译有着悠久的历史与丰富的史料，本书首次对 1949 年以来 70 年间的歌曲翻译史进行梳理、分析与研究，具有史料新和跨学科性的特点，为促进各学科间的理论研究提供了有益补充。具体说来，本研究有以下几个创新之处：

1. 歌曲原词与译词不是单一的对等关系，而是原词通过译词在新的文化语境中获得新生的关系。歌曲翻译史从被关注到研究，是新的翻译研究和音乐研究下所获得的理据和合法性。

2. 本研究超越简单的语际翻译范畴，关注音乐研究和翻译研究的边界问题，涉及语内翻译和符际翻译，涵盖多个学科，视角上、理论上有创新性。

3. 本研究以宏观与微观翻译观为理论基础，采取史、论、法相结合的研究范式，结合特定的历史时期从特殊到一般、从一般到特殊的规律中总结歌曲翻译活动的影响，在研究方法与跨学科建设上具有创新性。

二　重难点

本研究具有以下重难点：

（一）研究重点

语料突重点：重点挖掘中华人民共和国成立以来钱仁康、邓映易、毛宇宽、盛茵、张宁、薛范等具有影响力的歌曲翻译家的作品，整理史料文本；

分析显差异：将文本在当时的时代、文化、语言背景中进行考察，分析其产生的历史原因和歌曲翻译在多元文化系统中的地位；

总结揭规律：总结国外歌曲在我国的传播轨迹、歌曲翻译的影响、文化价值及对中国歌曲创作与翻译研究的贡献，为歌曲翻译实践及翻译理论研究提供借鉴。

（二）研究难点

史料难获：歌曲文本是短篇幅文本，易于丢失。由于研究的时间区间跨度大，一些歌曲翻译作品文本可能已经消失，获取作品文本不易，数据整理工作量大。

模式化难：因 70 年间的歌曲翻译作品涉及俄、英、日、意、朝等多个语种，对研究者的语言素养要求较高。歌曲涵盖内容繁多，涉及面广，提炼歌词语篇、句法、用词与总结其翻译模式较难。

提升不易：歌曲翻译作品涉及生态、社会、宗教、语言、文化等翻译机理繁多，阐释提升不易。

三　主要内容

苏珊·巴斯内特（Susan Bassnett）在其《翻译研究》（*Translation Studies*）第三版的前言中指出，翻译史研究主要聚焦不同时期的翻译理论研究、评论界对翻译作品的反应、翻译作品的出版过程及其在历史时期的作用、翻译策略的变迁和译者作品个案研究。[①] 本研究正是基于巴斯内特的对翻译史研究内容的划定，采取文献法、分类法、描述性方法、个案法和定性定量法五种研究方法，对 70 年间各种模态形式、各种类型的歌曲翻译作品进行研读与梳理，纵向考察歌曲翻译的历程，总结外国歌曲在我国的传播轨迹与本土化规律。同时，以歌曲翻译史料为文本基础，对歌曲翻译的方法与翻译类型进行研究，对其理论进行探索，为翻译理论研究提供补充。本研究具体涉及的内容、领域与研究方法如图 0 - 1 所示。

---

① Susan Bassnett, *Translation Studies* (3rd Edition), Shanghai: Shanghai Foreign Language Education Press, 2004, p. 18.

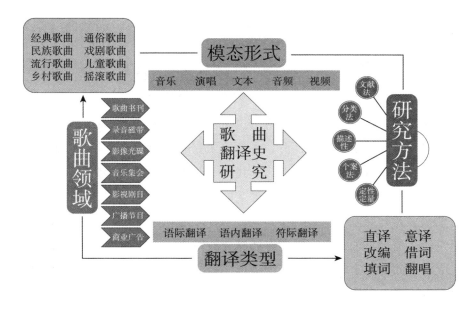

图 0 - 1　本研究涉及内容、领域与方法①

本书除绪论与结语外，共分六章，各章主要内容如下：

第一章对国内外歌曲翻译研究的现状进行回顾，并基于研究现状总结出我国歌曲翻译研究中存在概念不清、术语混乱的问题。为解决这些问题，本章还对歌曲翻译进行了分类，并对歌曲翻译的相关概念与术语进行了界定，为后文的讨论做好铺垫。

第二章对我国歌曲翻译的萌芽进行了探究。该章共有三个部分，第一部分对《越人歌》的翻译和中国同周边诸国的音乐文化交流进行了研究，指出早在春秋时期我国就已经出现了歌曲译配的现象，歌曲译配距今已有2500多年的历史。因为《越人歌》属于民歌翻译的结果，可以认为文学翻译的源头就是民歌翻译，我国现存最早的文学翻译作品就是歌曲翻译作品。第二部分对明清时期利玛窦、庞迪我、汤若望、马若瑟、钱德明、阿理嗣等汉学家对中西音乐的译介成果进行

①　该图基于 *Translating Music* 音乐翻译网站的研究模式图绘制而成（参见：http://www. translatingmusic. com/styled-6/index. html），对本书的研究内容、研究领域和研究方法进行了图示。

了梳理。同时，该部分还对我国第一首"走出"国门的歌曲《茉莉花》的翻译始末进行了探索。第三部分对学堂乐歌的产生、代表性人物以及对我国当代歌曲译配的影响与意义进行了研究。此外，该部分还梳理了中华人民共和国成立前我国译入和译出的代表性翻译歌曲，目的是为中华人民共和国成立后的歌曲翻译研究寻找源头。

第三章是本书的主体部分，本章将研究的重心转向了1949—2019年间歌曲翻译史料的收集与整理。从我国1949年后歌曲翻译发展的历程来看，我国的歌曲翻译大致经历了繁荣时期、沉寂时期、复苏时期、萧条时期、多元时期五个阶段。本章对70年间五个阶段的歌曲翻译作品数量进行了梳理，根据不同时期传播媒介的特点，对物质载体和语境载体在翻译歌曲传播上的影响与作用进行了研究，对译者构成进行了梳理与分析。同时，本章基于70年间我国代表性歌曲翻译作品的研究，对外国歌曲在我国的本土化途径、过程以及翻译策略的演变进行了探讨，并结合歌曲翻译的本土化特点总结了我国歌曲翻译的四条本土化规律。

第四章基于前文歌曲翻译实践的讨论，对歌曲翻译理论进行发思与探索。该章结合历史中歌曲翻译活动的特征，对歌曲翻译主体进行了确定，对歌曲翻译主体间性进行了研究，对歌词翻译标准和歌曲译配标准进行了总结与思考，并基于中国歌曲外译的现状与问题，对中国歌曲英译的基本通则进行了制定，为中国歌曲翻译为印欧系语言的通则制定提供借鉴。

第五章从两个方面研究了歌曲翻译对社会文化的价值。第一方面研究了翻译歌曲对我国国民文化生活的价值，第二方面研究了外国翻译歌曲对中国音乐发展的影响与中国音乐教学的价值。

第六章结合"数字音乐"时代的特点，对未来歌曲翻译译者的身份变迁、未来歌曲翻译实践及研究的发展方向进行了预测与讨论。此外，本章还对多模态语境中歌曲翻译将如何构建新关系，基于新语法使用新的多模态语言进行了初步探索。

第一章　文献综述与概念界定

　　"概念是反映事物的特有属性（固有属性或本质属性）的思维形态"①，人们只有确定了事物的概念，才能对事物产生正确的认识。本章首先将对国内外歌曲翻译研究的现状进行回顾，并基于研究现状中的问题和歌曲翻译存在的形式，拟对歌曲翻译进行分类，并对歌曲翻译的相关概念与术语进行界定，为后文的研究做好准备。

第一节　文献综述

　　歌曲翻译研究涉及文学、音乐学、传播学、符号学等学科，因其跨学科的特点，歌曲翻译研究一直很少受到译界的关注。到了 20 世纪末，随着多模态语用研究和影视翻译研究进入翻译研究视野，歌曲翻译研究才逐渐得到关注。王峰、陈文曾基于国内外主要翻译期刊，对1995—2015 年间国内外翻译研究热点进行了统计，发现国外翻译研究热点前五位中，有三个关键词涉及影视翻译，分别是"视听翻译""字幕翻译"和"配音翻译"，如表 1 – 1 所示。

　　由于现今歌曲的传播方式主要是音视频传播，因此歌曲翻译也涉及视听翻译、字幕翻译和配音翻译，于是 21 世纪后西方有关歌曲翻译

_____

① 　金岳霖：《形式逻辑》，人民出版社 1979 年版，第 18 页。

研究的相关论著日益增多。受此影响，国内歌曲翻译研究也越来越受到关注。国内外研究的具体情况如下。

表 1 - 1　　　　　　　国内外翻译研究前五位关键词对比①

中国知网 CSSCI				科学引文数据库 WOS			
序号	关键词	发文数	百分比（%）	序号	关键词	发文数	百分比（%）
1	翻译理论	413	6.42	1	literary translation	63	1.34
2	翻译批评	163	2.53	2	audiovisual translation	49	1.04
3	翻译工作者	148	2.3	3	subtitling	47	1.00
4	翻译教学	142	2.21	4	ideology	35	0.75
5	翻译策略	124	1.93	5	dubbing	32	0.68

一　国内研究综述

歌曲翻译研究是近二十余年才受国内学术界关注的研究内容。近十年来，歌曲翻译研究才得到较大发展（见图 1 - 1）。在中国知网（CNKI）和万方数据库，以"歌曲翻译"为关键词进行搜索，可检索到相关学术论文 319 篇，以"歌词翻译"为关键词进行搜索，可检索到 193 篇，以"歌曲译配"与"歌曲配译"为关键词进行搜索，可检索到 50 篇。在上述检索论文中。硕士论文占 53 篇，博士论文占 1 篇。

其中，发表在外语类核心期刊（CSSCI 与北大核心期刊）的论文仅有 8 篇。相关专著仅有三部：《歌剧翻译与研究》（孙慧双，1998）、《歌曲翻译探索与实践》（薛范，2002）、《英汉歌曲译配：理论与实践》（向云，2017）。具体现状表现如下：

（一）翻译史的研究

有关歌曲翻译史方面的研究并不多，仅有薛范（2002）、何高大

---

① 王峰、陈文：《国内外翻译研究热点与趋势——基于译学核心期刊的知识图谱分析》，《外语教学》2017 年第 4 期。

（2009）和穆乐（2005）等几位学者对我国翻译的历史进行了梳理，简单地分析了我国歌曲翻译兴衰的原因，谈及了苏俄革命歌曲在中国的传播与影响。另有两篇硕士论文涉及歌曲翻译史的研究：《邓映易歌曲译配研究》（金子琦，2014）、《苏俄歌曲汉语译配研究》（曹源，2014）。前者主要梳理了邓映易译歌作品及其译歌特点，后者简单地分析了苏俄歌曲翻译作品在中国传播的原因。

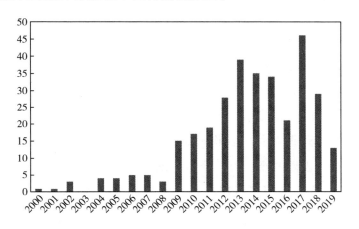

图 1-1　我国歌曲翻译研究论文历年发表数量①

（二）名与实的研究

有关歌曲翻译名与实的研究有少数文章涉及。关于该领域的术语使用，薛范先生常交叉使用"歌曲翻译"与"歌曲译配"，他（2002）曾坦言道："'歌曲翻译'这一名称从科学性的角度来看不够准确，但在还没有找到更恰当的提法之前，姑且用之。"另有胡凤华对"歌曲译配""歌曲翻译"和"歌词翻译"三个概念的界定，她（2007）认为"歌曲翻译"是一种俗称，多指"歌曲译配"，偶指"歌词翻译"，只有"歌曲译配"才能既包括译词又包括配曲，才是准确的专称，俗称与专称可以并立，但使用领域不同。笔者（2017）在讨论2016年诺

---

① 数据统计截至 2020 年 8 月 20 日。

奖获得者鲍勃·迪伦（Bob Dylan）的歌曲翻译时，区分了"歌曲译配"与"歌曲配译"的流程差异，指出前者是由一人译词，另一人配曲的翻译过程，后者是由一名译者配着曲调翻译的过程。同时，指出"歌曲翻译"是一个上位词，是统称，它包括"歌词翻译"和"歌曲配译"。"歌词翻译"的作品是用来阅读的，"歌曲配译"的作品是用来演唱入歌的。对歌曲翻译的本质认识，薛范（2002）、廖志阳（2008）认为歌曲翻译是语言、文学和音乐的交叉学科，是将原歌曲中的歌词词意、音乐性和表演要素都在目标语中再现出来的创造性文化活动。杨晓静（2010）在分析了歌曲翻译所涉及的维度后，指出歌曲翻译不仅仅是指歌词的转化，而是翻译、文学、文化和音乐四个维度上的立体转换。

（三）翻译过程及方法的研究

在歌曲翻译研究中，多半学者都集中在探讨歌曲翻译的过程及方法。其中有代表性的观点有：薛范（2002）强调为使歌词"可唱、可听、可读"，译者必须"统摄原意，另铸新词"；张志强（1997）提出"以歌译歌"的原则，强调译词韵律和节奏与原词保持一致；钱仁康（1999）研究了汉语译词的韵律、标点、声调等问题，强调译词在演唱性上做到与原曲保持和谐；张红佳（2009）总结了歌曲翻译的六种方法：直译、意译、增词、减词、重组和编译。此方面的研究大多强调译词的"可唱性"，重视译词在忠实于原词的前提下采取灵活多变的创造性翻译手段来进行歌曲的翻译。

（四）借助西方译论的研究

越来越多的学者借用了西方译论探讨歌曲翻译。其中，以德国功能主义学派的"目的论"最为突出。陈水平、何高大（2009）总结了歌曲翻译的四种目的：语言教学、诗歌赏析、歌词大意和歌曲演唱，提出译者应根据各自的翻译目的遵循"切唱""切听""切境""切情""切味""切意"的标准。吕错（2011）通过歌曲翻译案例分析，探讨了目的法则和忠实原则在歌曲翻译实践中的有效性，提出了"宜唱""宜听""忠诚"三法则。谢玲琍（2011）则基于语料库分析了歌曲翻译的基本规律与特征，用彼得·洛的"五项全能原则"从功能目的论的角度对歌曲翻译过程中译者的受限因素进行了讨论。姚丽文（2011）基于奈达的"功能对等"理论讨论了译词应根据目的进行有效调整，强调译词要反映韵律和谐，与原曲相得益彰，重现原作的美学效果。

除此之外，也有学者对歌曲翻译研究进行整理、梳理与考察，并提出了行之有效的建议，如方仪力（2019）对我国歌曲翻译研究的基本范式、译界常用的三种理论框架和歌曲翻译研究的前景与趋势进行了研究。

综上，国内歌曲翻译研究取得了一定的成果，但也存在一些问题，主要表现在：（1）对其概念与本质进行了界定，但最显著的问题是，该领域术语使用混乱，导致了研究对象不够明确；（2）对歌曲翻译技巧的讨论成果丰硕，但例证的分析大同小异，多有重复，不够深入；（3）主要集中的是英汉翻译的讨论，对我国歌曲外译的研究少有理论与技巧探讨；（4）有关歌曲翻译史的研究涉及较少，特别是对歌曲翻译史料的挖掘与系统性整理几乎为空白。

二　国外研究综述

国外学界也是在近二十余年才涉足歌曲翻译研究，相关 SSCI 论文不足 30 篇（国外普通刊物论文难以统计），但随着视听翻译在西方越来越受重视，歌曲翻译研究近些年也逐渐成为热点。国际权威刊物 *The Translator*，*Perspectives*，*Procedia—Social and Behavioral Sciences* 均刊登过歌曲翻译研究的论文。其中 *The Translator* 还出版讨论歌曲翻译的专集一部 *Translation and Music*（2008）。西方有关歌曲翻译研究的专著多于国内，共有 5 部：*Song and Significance：Virtues and Vices of Vocal Translation*（2005）、*Sounds in Translation：Intersections of Music, Technology and Society*（2009）、*Music, Text and Translation*（2013）、*Translating for Singing：the Theory, Art and Craft of Translating Lyrics*（2016）、*Translating Song：Lyrics and Texts*（2017）。其研究成果主要体现在：

（一）翻译标准的研究

有关歌曲翻译标准的讨论在西方学界取得了一定的成果，主要以新西兰学者彼得·洛（Peter Low）（2003）提出的歌曲翻译 pentathlon principle（五项全能原则）为代表，该原则包含 singability（可唱性）、sense（词意）、naturalness（自然性）、rhythm（节奏）和 rhyme（韵脚），既为译者的翻译实践做出了具体的指导原则，也为评估翻译作品提供了有效的标准。阿普特（Ronnie Apter）（2004，2016）称"歌曲译配"为 Singable Translation（可唱性翻译），他基于德莱顿（John Dryden）对翻译的分类，认为歌曲翻译应在忠实主题的前提下采取 metaphrase（直译）、paraphrase（释义）和 imitation（仿拟）的翻译手段。

（二）跨学科研究

西方学界在该领域研究成果较为显著，有关歌曲翻译的多篇文章涉及翻译、文学、音乐学、媒介学的跨学科讨论。玛丽安（Traven Marianne）（2005）从音乐修辞学角度讨论了译者的两难问题；弗兰松（Johan Franzon）（2005）以 *My Fair Lady* 为例探讨了音乐喜剧中歌词的翻译；苏珊－萨拉热瓦（Susam-Sarajeva）（2008）从跨学科性分析了歌曲翻译未被译界关注的原因，提出所有影响人们生活的文体都应成为翻译研究的对象；戴维斯（Eirlys Davies）和本塔希拉（Abdelali Bentahila）（2008）从符号学角度分析了歌曲翻译的符际翻译特征，提出了流行歌曲翻译中的语码转换问题；艾米·陈（Amy Chan）和诺布尔（Alistair Noble）（2009）在其编著的 *Sounds in Translation*（《翻译中的声音》）中分别从音乐、现代技术、新媒体视角探讨了歌曲翻译对社会产生的影响；哈里森（Mark Harrison）（2013）探讨了音乐电视翻译对轻度耳聋观众的特殊性及其处理策略。

（三）翻译过程及策略的研究

有关歌曲翻译的过程与策略研究，西方也有所涉及。安德森（Myrdene Anderson）（2005）从歌曲的种类出发，探讨了哼声歌曲与圣歌的翻译策略；佩奇（Jacqueline Page）（2013）从译者的角度探讨了歌剧中唱词的翻译方法；查默斯（Kenneth Chalmers）（2013）从译词在歌剧中的表演性特质讨论了歌词的障碍性与援助策略；阿普特（Ronnie Apter）和赫曼（Mark Herman）（2016）讨论了歌曲翻译中的改编、重译、归化与异化的翻译策略。

综上所述，其研究现状有以下特点：（1）相对于国内歌曲翻译研究，国外歌曲翻译研究更受到译界的关注，但仍属冷门领域。（2）对其本质、过程与标准的研究成果丰硕，但同样存在术语使用混乱的情况。（3）跨学科研究取得了较大的成果。（4）主要集中的是欧洲语言之间歌曲翻译的探讨，对中英/英中的歌曲翻译探讨少有成果。（5）对歌曲翻译史的研究很少涉及。

第二节　概念界定

英国爱丁堡大学苏珊－萨拉热瓦（Şebnem Susam-Sarajeva）认为，歌曲翻译涉及多个学科，涵盖多种主题，歌曲翻译研究到目前为止尚未受到真正重视，其原因有三，"一、传统的译学认为歌曲翻译不属于翻译研究范畴；二、'歌曲翻译''歌曲改编''歌曲填词''歌曲配译'几个术语之间的界限与概念模糊不清；三、既熟悉音乐又精通翻译的研究者凤毛麟角"。[①] 以上原因也导致了译界对歌曲翻译本质的认识模棱两可。因此，为正本清源，在本研究开始前对歌曲翻译的名与实进行厘清与界定是很有必要的。

一　歌曲翻译的分类

人类的任何活动都有其目的性，翻译活动也不例外。曹明伦曾指出："翻译的目的就是让不懂原文的读者通过译文知道、了解甚至欣

---

① Şebnem Susam-Sarajeva, "Translation and Music-Changing Perspectives, Frameworks and Significance", *The Translator*, Vol. 14, 2008, p. 187.

赏原文的思想内容及其文体风格。"① 那么，就歌曲翻译而言，译者也应该有让读者（或听众）"知道、了解、欣赏"原词的思想内容和原曲风格的目的。由于歌曲翻译的特殊性，译者为了达到这个目的，就不得不采取不同的处理策略。费米尔（Hans Vermeer）也曾指出，翻译的方法与策略是由翻译的目的确定的，翻译的目的有助于译者决定原文应该被"翻译"（translated）、"解释"（paraphrased）还是"改编"（re-edited）。② 翻译的过程，就是译者不断抉择的过程。在歌曲翻译中，译者的策略取决于歌曲翻译的目的，也就是歌曲翻译中的选择问题。

彼得·洛（Peter Low）在其新著《歌曲翻译：歌词与文本》中强调，"在歌曲翻译前，译者必须不断询问自己译文的用途：译文是用来在书本或屏幕上阅读，还是用来在译语中演唱?"③ 换句话说，"译文的使用方式是译者翻译策略的决定因素"。④ 这一点在歌曲翻译中尤为突出。翻译学者弗兰松（Johan Franzon）在谈到歌曲翻译时总结道，"译者在翻译歌曲时面临五个选择：（1）保留原词不翻译；（2）翻译歌词，但不受曲调的限制；（3）基于原曲重新写词，词意与原词无明显关联；（4）翻译歌词，根据译词对曲调进行改编，有时甚至重新谱曲；（5）翻译歌词，让译词在原曲里入歌"。⑤ 分析这五个选择，我们可以看出，其中第（1）条"保留原词不翻译"实则属于外语歌曲翻唱，即直接用外语演唱原歌曲。随着我国改革开放不断深入，国民外语水平不断提高，直接用外语演唱外国歌曲的现象早已屡见不鲜。但

---

① 曹明伦：《翻译之道：理论与实践》，上海外语教育出版社 2013 年版，第 131 页。

② Hans Vermeer，"Skopos and Commission in Translational Action"，trans. A. Chesterman，in Lawrence Venuti eds.，*The Translation Studies Reader*，London and New York：Routledge，2000，p. 231.

③ Peter Low，*Translating Song：Lyrics and Texts*，The Milton Park & New York：Routledge，2017，p. 3.

④ Anthony Pym，*Exploring Translation theories*，The Milton Park & New York：Routledge，2014，p. 44.

⑤ Johan Franzon，"Choices in Song Translation：Singability in Print，Subtitles and Sung Performance"，*The Translator*，Vol. 14，2008，pp. 373 – 399.

是，尽管外语歌曲翻唱现象广泛存在，因其不涉及翻译行为，故而它只是一种文化现象，并不是歌曲翻译探讨的范畴。第（2）条和第（4）条可以归为一类，两者都属于歌词翻译。不同的是，第（2）条歌词翻译的目的不是为了"入歌"演唱，只是为了阅读欣赏。第（4）条虽然译词可以"入歌"，但是曲调已经根据新词而改编，从某种意义上讲，译词已经是一首新歌。巴斯内特（Susan Bassnett）在讨论戏剧翻译时，将戏剧分为"为文学之戏剧"（drama as literature）和"为表演之戏剧"（drama for performance）。① 按照这两种欣赏方式，音乐也可分为"入眼音乐"（music to the eyes）和"入耳音乐"（music to the ears）。那么，第（2）条所说的不为"入歌"的翻译就属于"入眼音乐"，译词是用来阅读而不是用来听觉欣赏。2016 年，美国民谣艺术家鲍勃·迪伦（Bob Dylan）因其"在美国歌曲传统形式之上，创造了以诗歌传情达意的新表现手法"② 而获得诺贝尔文学奖，成为第一位获得该奖项的作曲家、音乐家。2017 年 6 月，广西师范大学出版社出版了《鲍勃·迪伦诗歌集（1961—2012）》（*Bob Dylan The Lyrics*：1961—2012），该歌集共有八册，收录了他半个多世纪创作的 31 张经典专辑中的 369 首歌曲，是目前国内唯一一部鲍勃·迪伦歌集中文版。歌集采取了中英对照的排版方式，译文采取了诗性的翻译方法，给中国读者献上了"热气腾腾"的民谣歌词。其实这套鲍勃·迪伦诗歌集就属于上述第（2）条提及的歌词翻译，译文不能"入歌"演唱，不具有表演性，只能用来阅读欣赏③。该套歌集自面市以来，仅用了一个月的时间，即

---

① Susan Bassnett & André Lefevere*Constructing Cultures*：*Essays on Literary Translation*，Shanghai：Shanghai Foreign Language Education Press，2001，p. 98.

② 出自诺贝尔奖官网：https：//www. nobelprize. org （2016 年 10 月 13 日）。原文为：The Nobel Prize in Literature 2016 was awarded to Bob Dylan "for having created new poetic expressions within the great American song tradition".

③ 中央电视台综合频道与综艺频道在 2017 年 2 月 18 日晚八点档黄金时间联合播出了大型文化情感类节目《朗读者》第一期，在该期节目中，嘉宾朗读了鲍勃·迪伦的代表作《答案在风中飘荡》（*Blowin' in the Wind*）中文版。词作家姚谦在接受采访时说，"鲍勃·迪伦的歌词可以用来阅读，它是非常接近于诗歌的，而诗歌可以让阅读者在阅读时参照自身生活经历产生很多的联想，这也是诗歌最有力量的一个原因"。

通过几家网络平台销售 8 万多册。① 关于阅读鲍勃·迪伦的歌词集，乐评人李皖建议："一是通读诗词，感受鲍勃·迪伦的深邃和庞杂，进而感受他和这个时代的关联。二是闲下来，用碎片化时间慢读。就像读杜甫，每一首都有自己的美感，串起来，每个创作时期都各尽其妙。"② 由此可见，歌词译文是可以用来阅读欣赏的，歌词翻译可以传达原词的信息内容与词作者的思想情感，也是传播文化的重要手段。与此同理，曾经的《乐府诗集》《宋词》《元曲》都是合拍入律的歌，而现今这些经典词作的英文版均属于抛开音乐限制的歌词翻译，对传播中华传统文化功不可没。综上，歌词翻译是必要，也是必须的。尤其在影视领域，歌词翻译的作用不可低估。如每年的央视春节联欢晚会、中秋晚会，CGTN 英语频道和 CCTV-4 国际频道都会在屏幕下方以飞字方式显示歌词大意，让不懂原文的观众了解歌曲的主要内容。③

第（3）条"基于原曲重新写词，词意与原词无明显关联"，这种做法早已有之。歌曲翻译家薛范在其著作《歌曲翻译探索与实践》中说道，"从当时（辛亥革命以后）直到 40 年代，……所引进的外国歌曲多半采取两种方式：一种是采用外国的曲调填以中国的古典诗词，……另一种是采用外国的曲调自行填词"。④ 不管是用中国古诗词填词，还是另起炉灶自行填词，新词都与原词无明显关联。例如，由弘一法师李叔同先生填词的最具影响力的歌曲《送别》就是一例。该歌曲实则沿用了美国曲作家约翰·奥德威（John Pond Ordway）创作的歌曲 *Dreaming of Home and Mother*（《梦见家乡和母亲》）的曲调，新词与原词除了主题相似外，意义已无任何明显关联。在此必须强调的是，这种重新填词的行为虽在音乐界早已司空见惯，但因其不涉及翻译行为，不应该将其纳入歌曲翻译研究的范畴。可令人遗憾的是，有些学者单凭

---

① 刘火雄：《一桩诺贝尔文学奖的"图书生意"——论鲍勃·迪伦作品的出版及跨界融合》，《出版广角》2017 年第 9 期。

② 周满珍：《让你了解文学史上的鲍勃·迪伦》，《长江日报》2017 年 6 月 20 日第 15 版。

③ 向云：《英汉歌曲译配：理论与实践》，世界图书出版广东有限公司 2017 年版，第 54 页。

④ 薛范：《歌曲翻译探索与实践》，湖北教育出版社 2002 年版，第 193 页。

勒菲弗尔（Lefevere）的一句话"Translation is, of course, a rewriting of an original text"[①]（当然，翻译是对原文的一种改写）（1992：vii），就宣称"翻译就是改写"，如邵斌（2010）、黄静（2012）、谢天振（2014）、鲁兴冉（2017）、李潇（2019）等。[②] 按照这种观点，歌曲的填词行为应当看作是歌的改写，属于意译。薛范在谈到"忠实"的原则时也曾说道，"（歌曲翻译）要统摄全意，另铸新词，……宁可忠于音乐而委屈原词"。[③] 同时，他又说道，"英美译者译配的歌词，不署某某人译词，而署某某人作英语歌词（English words by...）"。[④] 由此可见，薛范对"另铸新词"和"作英语歌词"是否属于翻译行为似有矛盾。因为既然是"另铸新词"，那就不是翻译行为，更谈不上是翻译的方法；既然是"英美译者译配的歌词"，那就应该署名"某某译配"，而不是"某某作词"。其实，将"重新填词"看作是翻译行为，就好似误将书名或电影名的重命名看作是翻译行为[⑤]。如同《雾都孤儿》只是 *Oliver Twist* "另铸新词"式的重命名，汉语版《两只老虎》也只是法文版 *Frère Jacques*[⑥] 的重新填词——旧曲新词。就如奈达

---

① André Lefevere, *Translation*, *Rewriting and the Manipulation of Literary Fame*, The Milton Park & New York：Routledge，1992，p. vii. 关于"翻译即改写"是个伪命题的论证，请参看曹明伦教授 2016 年第 3 期发表于《四川大学学报》的《中国译学研究须加强逻辑思维》一文，在此不再赘述。

② 参见邵斌《翻译即改写：从菲茨杰拉德到胡适——以〈鲁拜集〉第 99 首为个案》，《北京第二外国语学院学报》2010 年第 12 期；黄静《翻译即改写——陈独秀对泰戈尔诗歌的译介与改写》，《海外英语》2012 年第 2 期；谢天振《超越文本 超越翻译》，复旦大学出版社 2014 年版，第 36 页；鲁兴冉《翻译即改写——以清末民初小说翻译为例》，《河南机电高等专科学校学报》2017 年第 4 期；李潇等《论英文歌词翻译中的"改写"》，《产业与科技论坛》2019 年第 15 期。

③ 薛范：《歌曲翻译探索与实践》，湖北教育出版社 2002 年版，第 222 页。

④ 薛范：《歌曲翻译探索与实践》，湖北教育出版社 2002 年版，第 222 页。

⑤ 如冯梅在《重命名翻译是另类翻译法么？》[《重庆理工大学学报》（社会科学版）2013 年第 12 期] 中认为，"重命名翻译都是以原名为依托，经过关联的认知语用推理，……是作者语用意义（即言外之意）的翻译，归根结底是意译的一种表现形式"。刘家凤、何自然在《品牌名称翻译中的重命名——再论语用翻译的主体性》（《中国翻译》2015 年第 2 期）中指出，"翻译重命名不仅仅被看成意译，也有相当一部分被看成音译或音意合译"。

⑥ 法文版 Frère Jacques 原词及汉译分别为：Frère Jacques, Frère Jacques, Dormez vous? Dormez vous? Sonnez les matines! Sonnez les matines! Din, Dan, Don, Din, Dan, Don. 中文翻译：雅克修士，雅克修士，您在睡觉吗？您在睡觉吗？请敲响晨祷的钟！请敲响晨祷的钟！叮当咚，叮当咚。

所言，"所有翻译（包括笔译或口译）都必定在一定程度上涉及原文与译文之间的关联性"。① 既然这些新名或新词与原文之间缺少这种关联，那么这些新名或新词就不是真正意义上的译文。关于这一点，彼得·洛已经阐明，"重申翻译的内涵定义，有助于我们区分翻译文本与改编文本"。② 他还强调，区分歌词翻译与歌词改编，就如同区分苹果和梨。只有厘清了概念，才能将"某某译（translation by...）"与"某某作（lyrics by...）"对号入座。综上所述，歌曲填词是一种引进外语歌曲的方式，能促进文化交流，延续原曲的生命。但是，"如果译者忽略了意义，尽管目标语的歌词与原曲调很搭配，是一首成功的歌曲，可一旦原词意义没有保留，这就不能称其为翻译，不是翻译的研究范畴"。③

（5）条"翻译歌词，让译词在原曲里入歌。"这是一种既忠于歌词，又忠于音乐的做法。我们通常所说的歌曲翻译，其实就是指这种译词词意不变，新歌曲调不变的歌曲翻译手段。准确地讲，应该叫作歌曲配译。广为传唱的《国际歌》《莫斯科郊外的晚上》《友谊地久天长》《红河谷》《北国之春》等都属于按照这种方式配译的。这种配译方式是歌曲翻译中难度最大、抗译性最强的，也是最能完整传递原歌曲旋律、词作者思想和曲作家情怀的翻译方式。彼得·洛指出，"歌曲翻译很难！否则，读者就没必要阅读《歌曲翻译：歌词与文本》一书"。④ 他这里所说的"歌曲翻译"准确地说就是"歌曲配译"，正是"歌曲配译"的难度才让其充满了翻译的魅力。

综合上述五种选择，可以归纳如下：第（1）条（歌曲翻唱）与

---

① Eugene Nida, *Language and Culture*：*Contexts in Translating*, Shanghai Foreign Language Education Press, 2001, p. 132.

② Peter Low, *Translating Song*：*Lyrics and Texts*, The Milton Park & New York：Routledge, 2017, p. 114.

③ Ronnie Apter & Mark Herman, *Translating for Singing*：*the Theory, Art and Craft of Translating Lyrics*, London & New York：Bloomsbury, 2016, p. 58.

④ Peter Low, *Translating Song*：*Lyrics and Texts*, The Milton Park & New York：Routledge, 2017, p. 7.

第（3）条（重新填词）不涉及翻译过程，应该排除在歌曲翻译研究之外。第（2）条与第（4）条同属于歌词翻译，第（5）条属于歌曲配译。为了更加明确地区分几者之间的关系，笔者基于方梦之先生的"翻译策略三元图"① 绘制了如图1-2所示的"歌曲翻译策略三元图"。

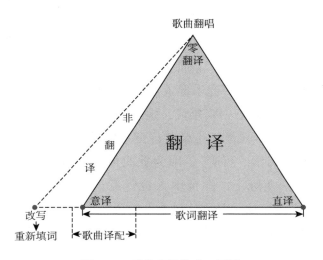

图1-2 歌曲翻译策略三元图

阴影三角形代表歌曲翻译的范畴，零翻译、意译、直译三种基本策略则为三角形三个顶点。其中歌曲翻唱直接保留原词，属于零翻译，所以此顶点为空心点。重新填词实则为翻译之外的改写行为，属于"非翻译"范畴。歌词翻译类似普通文本翻译，可采取直译、意译或直译加意译的翻译方法进行。因为歌曲配译受音乐和歌词的双重限制，所以歌曲配译主要属于意译的范畴。但是，有时为了达到最佳的"可唱性"，歌曲配译中可能采取少数"非翻译"中的改写的策略。改写策略虽不属于翻译行为，但其如同书名重命名一样也是译者在转换特殊文本时的一种必备手段。由此可见，歌曲翻译只涉及歌词翻译与

---

① 方梦之：《中外翻译策略类聚——直译、意译、零翻译三元策略框架图》，《上海翻译》2018年第1期。

歌曲配译两种方式。确定了这两种方式，也就确定了歌曲翻译研究的范围。

二　歌曲翻译之名

由于歌曲翻译研究历史较短，鲜有成果，故译界对歌曲翻译领域术语的使用尚存在不统一的情况。一是对相关术语的概念不清，二是对有的术语进行交叉使用。如薛范在《歌曲翻译探索与实践》中就曾同时使用"歌曲译配"和"歌曲翻译"表达同一概念。如："译配者只有结合作曲家所创造的音乐形象才能更深刻地理解原词作家所创造的文学形象"①；"在80—90年代，她（邓映易——引者注）还将中国歌曲二百余首和山西民歌四十余首译配成英文"②；"歌曲翻译首先应立足于'可诵、可唱、可听'，因为歌曲最终同审美主体接触时以听觉形象出现"③。实际上，薛范本人也曾意识到这个问题，他曾坦言道，"'歌曲翻译'这一名称从科学性的角度来看不够准确，但在还没有找到更恰当的提法之前，姑且用之"。④ 2017年世界图书出版公司新出版的歌曲翻译专著《英汉歌曲译配：理论与实践》虽然在书中厘清了"歌曲翻译"与"歌曲译配"的概念，但却将本不属于翻译行为的"歌曲翻唱"置于"歌曲译配"的范围，认为"歌曲翻唱"是"歌曲译配"的下位词⑤。胡凤华曾统计了大众媒体和专业研究领域使用"歌曲翻译"与"歌曲译配"的情况，其结果为"大众称为'歌曲翻译'的占绝大多数，占91.95%，而称为'歌曲译配'的较少，仅占8.05%"⑥，而专业研究领域，使用"歌曲翻译"与"歌曲译配"的差异相对较小（见表1-2）。

---

① 薛范：《歌曲翻译探索与实践》，湖北教育出版社2002年版，第72页。
② 薛范：《歌曲翻译探索与实践》，湖北教育出版社2002年版，第210页。
③ 薛范：《歌曲翻译探索与实践》，湖北教育出版社2002年版，第221页。
④ 薛范：《歌曲翻译探索与实践》，湖北教育出版社2002年版，第31页。
⑤ 向云：《英汉歌曲译配：理论与实践》，世界图书出版广东有限公司2017年版，第48页。
⑥ 胡凤华：《"歌曲译配"与"歌曲翻译"辨》，《安徽大学学报》（哲学社会科学版）2007年第5期。

表1-2　　　　　　　"歌曲翻唱"与"歌曲译配"使用情况　　　　　单位：%

领域 术语	大众媒体	专业研究
歌曲翻译	91.95	63
歌曲译配	8.05	34

以上是国内翻译界和大众媒体混乱使用有关歌曲翻译术语的情况，国外情况也相差无几，如：哈赖·戈朗布（Harai Golomb）使用"music-linked translation"[①] 一词指代"歌曲翻译"；海伦·迈纳斯（Helen Minors）使用"music translating"[②]；埃琳娜·格里岑科（Elena Gritsenko）使用"translation of song lyrics"[③]；罗尼·阿普特（Ronnie Apter）使用"singable translation"[④]。特别值得一提的是，彼得·洛在《歌曲翻译：歌词与文本》中分别使用了三个词"translation""adaptation"和"replacement"。由此可见，不管是国内还是国外学术界，对于歌曲翻译这一领域术语的使用还尚未统一，概念还尚未厘清。

要厘清相关概念，确定相关术语，我们不得不提及歌曲翻译的流程。就一般作品的翻译来说，其流程无非是从理解到表达的过程，经过"作者—译者—读者"三个主体。但是，歌曲翻译的流程要复杂得多，它涉及词作者、曲作者、原唱者、译者、演唱者、观众（或读者）等多个角色。歌曲翻译是多个主体共同作用的结果，"歌曲翻译作品是一个动态的综合体"[⑤]。歌曲翻译的流程可以如图1-3所示：

基于前文所分析的歌曲翻译的五个选择（排除非翻译行为的几个选择，可归纳为两类：歌词翻译和歌曲配译），结合下图可以看出，

---

① Harai Golomb, "Music-Linked Translation [MLT] and Mozart's Operas：Theoretical, Textual, and Practical Perspectives", in Dinda Gorlée, eds. *Song and Significance*：*Virtues and Vices of Vocal Translation*, New York：Amsterdam, 2005, p. 121.

② Helen Minors, *Music*, *Text and Translation*, London & New York：Bloomsbury, 2016, p. 107.

③ Elena Gritsenko, *Translation of Song Lyrics as Structure-related Expressive Device*, Procedia-Social and Behavioral Sciences, Vol. 231, 2016, p. 165.

④ Ronnie Apter & Mark Herman, *Translating for Singing*：*the Theory*, *Art and Craft of Translating Lyrics*, London & New York：Bloomsbury, 2016, p. 11.

⑤ 薛范：《歌曲翻译探索与实践》，湖北教育出版社2002年版，第221页。

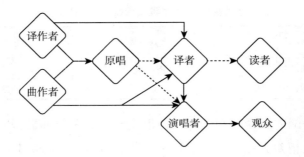

图1-3　歌曲翻译的流程

歌曲翻译的作品要么是提供给读者，用来阅读，要么是提供给观众（或叫听众），用来听觉欣赏。作品用来阅读，为读者服务时，译者只需要照词翻译即可（当然，作为唱词字幕时应考虑译词的字数空间），与普通文体的翻译方法大同小异。这种做法应该叫作"歌词翻译"（Lyrics Translation）。但是，如果作品是用来演唱入歌（singable），译者就要在词与曲的双重限制下进行翻译工作。这种翻译行为涉及两个对象，即"词"与"曲"，译者配着原曲调进行翻译，"戴着镣铐跳舞"，翻译出的词能够配上原曲的节奏、旋律和音韵，能入歌演唱。这个过程实际上是一个曲不变，词变化的过程，同译制片的配音翻译（dubbing）一样，是一个为"现成的鞋"寻找"合适的脚"的过程。这个过程应该叫作"歌曲配译"（Song Dubbing）。

　　那么"歌曲配译"与"歌曲译配"又是什么关系呢？要回答这个问题，我们必须先弄清"译配"的来龙去脉。"译配"实际上是两个动作，即"译词"和"配歌"，指旧时由一个懂外语的人译词，由另一个懂音乐的人用现成的词配歌①。关于"译配"，薛范也解释说，

―――――――――――――

　　①　在笔者与薛范先生的通信中，薛范先生这样写道："50年代以前，并没有歌曲译配一说。外国歌曲大多是填词，比如李叔同、韦瀚章、钱仁康等人。他们不仅是填词大家，而且深谙音律。真正有歌曲译配者队伍，应是在中华人民共和国成立以后才有的。我是当时第一梯队最年轻的一员。中华人民共和国成立初期，引进的外国歌曲，以苏联歌曲为主。但当时懂得俄语的人不多，而懂俄语的人又不一定懂音乐。于是，一首歌曲先由懂俄语的人把歌词译成中文，再交给懂音乐的人去配入歌曲。"

"译词和配歌的合作关系，如果我们要打个比方的话，倒令我想起了林纾（林琴南）"。① 由此可见，"译配"实则是由两个人分别做出的两个行为动作。如同林纾及其合作者的翻译过程，先由懂外语的合作者口译内容，再由林纾笔述。比如，商务印书馆分别于民国22年（1933）、民国23年（1934）出版的《吟边燕语》《块肉余生记》署名均为"译述者：林纾、魏易"②。然而，不管是曾经的歌曲"译配"，还是林纾及其合作者的翻译方式，这都是特殊时期采取的非常规翻译手段。现今的文学翻译方式已经由"译述"变成了"译"。同样的道理，"歌曲译配"也因方式改变而成了"歌曲配译"，因为其翻译行为不再是由两个人完成，而是由一名既懂外语又懂音乐的译者（包括薛范）单独配着曲翻译完成。这里"配译"是偏正结构，"译"是中心词，"配"修饰"译"，"配"是"译"的方式（如图1－4所示）。因此，"歌曲配译"才是更为准确的说法。

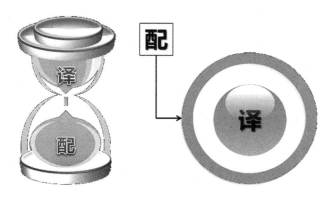

图1－4　"译配"与"配译"流程区别

不过，鉴于历史原因，"歌曲译配"一词现已广泛使用，若强行拨乱反正，要求大众统一使用"歌曲配译"也不现实。因此，本书暂使用"歌曲译配"一词。

---

① 薛范：《歌曲翻译探索与实践》，湖北教育出版社2002年版，第73页。
② 此材料来源于曹明伦教授讲座课件，特表谢意。

综上所述，"歌曲翻译"是一个上位词，是统称，它包括"歌词翻译"（Lyrics Translation）和"歌曲译配"（Song Dubbing）。"歌词翻译"的作品是用来阅读的（music to the eyes），"歌曲译配"的作品是用来演唱入歌的（music to the ears）。厘清了这些概念，译者才能根据歌曲翻译不同的用途采取不同的翻译手段，学者才能以此明确研究的对象，抓住事物的本质，从而推动歌曲翻译研究工作。

三 歌曲翻译之实

歌曲翻译是一门跨文学、翻译学和音乐艺术的一门学科。歌曲翻译工作者不但要具有较深的文学素养，还要熟悉各种翻译理论和技巧，掌握一定的乐理知识。歌曲翻译包括歌词翻译和歌曲译配，两类翻译从属性上讲都属于诗性翻译，彼得·洛指出，"有些歌词最初就是以诗的形式存在的，尽管现代歌曲中的有些歌词不一定都是好诗，但至少属于口头诗歌（oral poetry）"。[1] 中国古代的诗和歌一直是融为一体的，"从先秦的《诗经》《楚辞》到汉乐府、唐诗、宋词、元曲，无一不是合拍入律的歌词"。[2]

2015 年，歌手赵照发行了一首歌曲《当你老了》，该歌曲在同年的央视春晚上被歌手莫文蔚演唱后，一炮走红，并于 2016 年获得"2016 QQ 巅峰音乐盛典"年度十大热歌金曲奖。其实，该歌曲的歌词就是改编自袁可嘉翻译的爱尔兰诗人叶芝（William Butler Yeats）的诗歌 *When You Are Old*（《当你老了》）。[3] 歌词的文学性和音乐性决定了歌曲翻译的诗性，因此，歌曲翻译从某种意义上讲就是诗歌翻译。鲍勃·迪伦在自传中写道："无论我到哪里，我都是一个 60 年代的游吟诗人。"[4]

---

① Peter Low, *Translating Song：Lyrics and Texts*, The Milton Park & New York：Routledge, 2017, p. 20.

② 薛范：《歌曲翻译探索与实践》，湖北教育出版社 2002 年版，第 51 页。

③ 通过对该首歌曲歌词与《当你老了》众多汉译本对比，可以推断赵照的歌词改编自袁可嘉翻译的诗歌《当你老了》。

④ 徐振锋、吴宏凯：《鲍勃·迪伦编年史》，河南大学出版社 2015 年版，第 292 页。

因此，迪伦的歌词在中国也是冠以"诗歌集"之名出版的，属于前文提及的歌词翻译。再如，李正栓编译的《英文金曲赏析精华版》也属于歌词翻译一类，该书共 9 册，所选歌曲均为经久不衰的 200 多首英语歌曲经典之作，书后光盘中不单配上了原声歌曲演唱音频，还配上了外籍专家的歌词朗诵音频，将歌词当作诗歌来吟诵，对大中学生的英语学习很有帮助，产生了一定的影响。该书自出版以来深受学生读者们的喜爱，多次再版印刷，是歌词翻译的经典范例。王宏印教授翻译的《中国古今民歌选译》（商务印书馆出版，2014）也属于歌词翻译，该书按照不同的民歌类型分出四类，编为四辑，共翻译了 88 首民歌，对中国民歌"走出去"具有促进作用。

叶芝原诗	赵照歌词
When You Are Old	**当你老了**
When you are old and grey and full of sleep	当你老了　头发白了
And nodding by the fire, take down this book	睡意昏沉
And slowly read, and dream of the soft look	当你老了　走不动了
Your eyes had once, and of their shadows deep	炉火旁打盹　回忆青春
How many loved your moments of glad grace	多少人曾爱你青春欢畅的时辰
And loved your beauty with love false or true	爱慕你的美丽　假意或真心
But one man loved the pilgrim Soul in you	只有一个人还爱你虔诚的灵魂
And loved the sorrows of your changing face	爱你苍老的脸上的皱纹
And bending down beside the glowing bars	当你老了　眼眉低垂
Murmur, a little sadly, how Love fled	灯火昏黄不定
And paced upon the mountains overhead	风吹过来　你的消息
And hid his face amid a crowd of stars	这就是我心里的歌

在与笔者的通信中，薛范先生谈到歌曲翻译的"文学性"和"音乐性"时说道，"歌词翻译，姓'文'，而歌曲译配，则姓'音'。只有懂音乐的人，才能译配好歌曲"。彼得·洛认为歌曲译配像电影和卡通剧的配音一样，为了达到预期功能，译文具有非同一般的限制性，是一种"特殊的翻译任务"（special translating tasks）[1]。歌曲译配是在

---

① Peter Low, "The Pentathlon Approach to Translating Songs", in Dinda Gorlée, eds. *Song and Significance: Virtues and Vices of Vocal Translation*, New York: Amsterdam, 2005, p.186.

音乐的束缚下进行的翻译行为，既强调译词的音乐属性，又强调文学属性，既注重词义的意境美，又注重声韵美。只有这样，译配出来的作品才能达到"可吟、可诵、可唱"的要求。

综上所述，歌曲翻译是一门跨文学、翻译与音乐的学科，它包括歌词翻译和歌曲译配。歌词翻译是将源语歌词的词意用译语表达出来以"可读"为目的的诗性翻译活动。歌曲译配是将原歌曲中的歌词词意、音乐性和表演要素都在目标语中再现出来的创造性文化活动。

小　结

通过对国内外歌曲翻译现状的梳理，可以发现，歌曲翻译研究的历史并不漫长，研究视域较窄，至今仍是一个比较边缘的研究领域。由于歌曲翻译的跨学科性，翻译界或音乐界对其进行研究的视角不同、对象不一、理论相异，造成其相关核心概念模糊不清。至此，我们已对歌曲翻译进行了分类，并根据相关术语形成的渊源对其进行了厘清，对歌曲翻译的概念与本质进行了界定。

尽管歌曲翻译涉及的学科较多，译文形式多样，但归根到底，歌曲翻译还是一种以语际翻译为主的文学翻译活动。不管其译者隶属于音乐界、翻译界还是其他领域，他们的翻译行为都必须兼顾原词的形式与内容，其翻译策略都势必以受众的接受为着力点。理清了歌曲翻译的概念与本质，对观察与研究历史上的歌曲翻译活动颇有助益，对解释歌曲翻译行为在社会历史语境中的作用与影响大有裨益。

第二章　序幕:歌曲翻译的萌芽与溯源

　　《毛诗序》云:"情动于中而形于言。言之不足,故嗟叹之;嗟叹之不足,故咏歌之。"[1] 此句话道出了歌曲在人类情感表达上的重要性。歌曲是人类发展史上极其古老的艺术形式,它具有特殊的审美功能、情感调节与表达功能,是人与人之间重要的交流媒介。根据相关史料推断,中外音乐交流很可能在春秋时代就已经开始了。郭沫若曾宣称,十二律是春秋时代由国外引进的,此后才使得五音和七音成了相对的音符。[2] 然而,有关中外音乐交流最早最详尽的记载,可能是战国末年成书的《吕氏春秋·古乐》,其中一段话这样描述:

　　　　昔黄帝令伶伦作为律。伶伦自大夏之西,乃之阮隃之阴。取竹于嶰溪之谷,以生空窍厚钧者,断两节间,其长三寸九分而吹之,以为黄钟之宫,吹曰舍少。次制十二筒,以之阮隃之下,听凤皇之鸣,以别十二律。其雄鸣为六,雌鸣亦六,以比黄钟之宫,适合,黄钟之宫皆可以生之,故曰黄钟之宫,律吕之本。[3]

　　这段文字记述了黄帝命伶伦到西亚古国巴比伦学乐制的故事,由此推断,中外音乐交流这个时候已经开始了。尽管历来不少学者对文

---

① 彭吉象:《艺术学概论》,北京大学出版社 2004 年版,第 35 页。
② 郭沫若:《后记——我怎样写〈青铜时代〉和〈十批判书〉》,《文萃》1946 年第 13 期。
③ 吉联抗:《译注吕氏春秋音乐文字译注》,上海文艺出版社 1963 年版,第 16 页。

中地域有着不同理解，对故事的真实性持怀疑态度，但不可否认，中外音乐交流历史悠久的事实。据可靠史料，随着张骞出使西域，打开"丝绸之路"，秦汉文化开始作用于外部世界，可以推断，至少在两汉时期就已经开启了音乐文化交流的新纪元。[①]

在本章，我们简要回顾中外音乐交流的历程，以明清以前、明清时期、民国时期三个阶段进行探讨。其目的是说明歌曲翻译并不是中华人民共和国成立后才有的，歌曲翻译的历史甚至比文学翻译的历史更为悠久。探讨歌曲翻译的历史渊源，不仅可以弄清中外音乐交流对促进中外文化交流的影响，也可以为后文探索中华人民共和国成立以来我国歌曲翻译史的研究提供参考。

第一节　明清以前：中外音乐交流之端绪

一　《越人歌》的翻译

古代越族，是南方壮族、侗族等少数民族的先民，居住在楚国。《越人歌》为古代越族人的民歌，最早出现在西汉末年文学家刘向所著的《说苑·善说》：

（鄂君子晳）乘青翰之舟，极芘芘，张翠盖，而擒犀尾，班丽袿衽，会钟鼓之音毕，榜枻越人拥楫而歌，歌辞曰："滥兮抃草滥予昌枑泽予昌州州𩜒州焉乎秦胥胥缦予乎昭澶秦踰渗惿随河湖。"鄂君子晳曰："吾不知越歌，子试为我楚说之。"于是乃召越译，乃楚说之曰："今夕何夕兮，搴舟中流，今日何日兮，得与王子同舟，蒙羞被好兮，不訾诟耻，心几顽而不绝兮，得知王子，山有木兮木有枝，心说君兮君不知。"于是鄂君子晳乃揄修

---

① 党岱：《春秋至两汉音乐文化内外交流与传播》，博士学位论文，南京艺术学院，2019年，第1页。

袂,行而拥之,举绣被而覆之。①

这是有关《越人歌》最完备的记录。楚国令尹鄂君子晳举行舟游盛会,在盛会上,越人歌手抱着船桨,对着鄂君子晳演唱了这首越歌。越人歌手使用的是越语,史官用汉语记载了越语发音:

滥兮抃草滥予昌枑泽予昌州州䉤州焉乎秦胥胥缦予乎昭澶秦逾渗惿随河湖。

由于子晳不通越语,请在场一位越国人译成楚语歌曲形式(楚语即楚地汉语)。这便是广为人知的《越人歌》译本:

今夕何夕兮,搴舟中流,今日何日兮,得与王子同舟,
蒙羞被好兮,不訾诟耻,心几顽而不绝兮,得知王子,
山有木兮木有枝,心说君兮君不知。

《越人歌》歌词虽然寥寥几句,但情感真挚、意蕴深长,不难理解,如果用现代汉语翻译出来,便是:

今夜是什么良辰啊?
摇着船桨在河中流;
今天是什么吉日啊?
有幸能和王子同舟;
承蒙错爱,我感激不尽,
能认识王子,我心绪不止;
山上有树而树有枝,

---

① 向宗鲁:《说苑校证》,中华书局1987年版,第277—279页。

我爱王子而您不知。

据《史记·楚世家》记载，子皙为楚共王之子，他任楚国令尹的时间是在公元前 528 年，因此，《越人歌》距今约有 2500 多年的历史了。据现有资料来看，翻译界普遍认为《越人歌》为现存资料中最早的文学翻译作品。如梁启超认为，在中国古书中找翻译作品，最早的作品当属春秋时代的《越人歌》。① 张炳森经过调查指出："我国用文字记载的翻译，不是始于汉以后的佛经翻译，而是始于先秦时期的诗歌翻译。《越人歌》即是我国用文字记载下来的最早的部族之间成功的诗歌译作。"② 马祖毅在《中国翻译简史》中也说道："后世以《越人歌》名此篇，可以视为我国历史上第一篇诗歌翻译。"③ 综上，我们可以说，因为《越人歌》属于民歌，可以认为文学翻译的源头就是民歌翻译，我国现存最早的文学翻译作品就是歌曲翻译作品。

前文提及，歌曲翻译可大致分为歌词翻译与歌曲译配两种形式，那么《越人歌》是采取哪种方式翻译的呢？我们知道，现存的《越人歌》是汉语译本，原歌曲是越国歌手用越语演唱，其翻译过程是怎样的呢？要回答这个问题，首先得回到越语原文。可《说苑》中并无原文记载，不过倒是用汉字记下了越语的发音："滥兮抃草滥予昌枑泽予昌州州𬐚州焉乎秦胥胥缦予乎昭澶秦踰渗惿随河湖。"这可算作是歌曲翻译作品中最早的音译作品。由于这段音译未标记停顿，其汉字为上古音标记，越语又已为消亡的死语言，破解《越人歌》的原文意义已成为一个千古难题。不过，据观察，其音译为 32 个汉字，而汉语版本为 54 个汉字，足足多出 22 个音。因此可以推断，译语与源语语言差异较大，不能逐字对译。由于越人属于南方壮族、侗族等少数民

---

① 梁启超：《中国之美文及其历史》，贵州人民出版社 2014 年版，第 13 页。
② 张炳森：《关于我国最早用文字记载的翻译》，《中国翻译》1984 年第 6 期。
③ 马祖毅：《中国翻译简史——"五四"以前部分（增订版）》，中国对外翻译出版公司 1998 年版，第 5 页。

族的祖先,不少中外语言学家从现存壮族、侗族等少数民族语言中追根溯源,对《越人歌》的原意进行了解读、探索与研究。如日本语言学家泉井久之助,根据他对中国少数民族语言的研究成果,首次(1953)对《越人歌》进行了解读;我国壮族学者韦庆稳根据《上古音韵表稿》中的上古音,撰写了《越人歌与壮语的关系试探》(1981)一文,对《越人歌》做出了新译;中国社科院郑张尚芳通过对比上古音与泰文音,发表了《越人歌解读》(1991),对《越人歌》做了新解;北京师范大学周流溪通过对壮、侗语言与上古汉语同源词的对比研究,发表了《〈越人歌〉解读研究》(1993),重译了《越人歌》歌词;中国社科院吴安其根据古汉语方音特点,对《越人歌》越音进行了研究,发表了《〈越人歌〉解读》(2008)等等。

虽然各位学者对《越人歌》的解读结果略有不同,但各家的解读方法却是一脉相承,都是将壮、侗、泰或其他民族语言语音进行比较,以求最近的原意。因各自的解读都使用了极为复杂的音标系统,排版也颇为繁琐,在此不一一列举各自译文,单列出目前在国内影响最大的郑张尚芳解读的直译译文:

> 滥兮抃草滥——夜晚哎、欢乐相会的夜晚。
> 予昌枑泽,予昌州——我好害羞、我善摇船。
> 州𩜱州焉乎,秦胥胥——摇船渡越,摇船悠悠啊,高兴喜欢!
> 缦予乎,昭澶秦逾——鄙贱的我啊,蒙王子殿下竟高兴结识。
> 渗惿随河湖——隐藏心里在不断思恋哪![1]

将直译歌词与《越人歌》原汉译歌词对比,我们发现,当时为子皙翻译的越国人采取的是意译的手段。特别是最后两句歌词,"山有木兮木有枝"在原文中很可能是不存在的。郑张先生也认为这句

---

[1]　郑张尚芳:《千古绝唱〈越人歌〉》,《国学》2007 年第 1 期。

话为译人添加，其目的是为了满足楚辞音韵的需要，以"枝"与"知"谐音凑足六句。"因为双方歌式也不同，楚译人为了使译文合于楚辞歌式，其中还包含有一些只为凑韵而添加的起兴式游辞。"在其他几位学者的解读中，大多也未见到该句词的译文，理由与郑张先生类似。① 可见，这位越国译人不仅精通越楚两族语言，还可能精通音乐，译词不仅符合原词主题意义，还能以楚辞歌式演唱。根据前文提及弗兰松（Johan Franzon）提出的翻译歌曲时面临五个选择，《越人歌》应当属于第（4）条，"翻译歌词，根据译词对曲调进行改编，有时甚至重新谱曲"②。只有这样，楚译《越人歌》才能够在译语中朗朗上口、感人肺腑。子皙听后也才会"乃揄修袂，行而拥之，举绣被而覆之"，即立即上前拥抱船夫，并将身上的绣花被披在船夫身上。

《越人歌》以源语、译语的两种歌体、两种文本传世至今，既保留了越语的音译，又保留了楚辞歌体的汉译；既是现今看来的一篇原作，也是当时译配的一段译作，实为歌曲翻译研究中难得的珍贵史料。从翻译角度讲，《越人歌》反映了当时民族语言之间高超的译配水平，折射出当时各民族之间政治、经济、文化的交流已经比较频繁。从政治角度讲，《越人歌》表达了当时越人对鄂君崇敬的态度，反映了各族人民亲密、和谐的关系和团结相处的愿望。从文学角度讲，《越人歌》是先秦诗歌中独放异彩的艺术佳作，其真挚的情感、自然的比兴、和谐的音韵丰富了译语文学，对《楚辞》的形成产生了重大的影响。正因如此，《越人歌》近年来也越来越受到译界的关注，不但被包括汪榕培在内的学者译成英文，还被重新配曲在电影《夜宴》中当作插曲、配上英文译词走出国门。

---

① 郑张尚芳：《千古之谜〈越人歌〉》，http：//blog. sina. com. cn/s/blog_ 4b41fa86010006k4. html，2020 年 5 月 10 日。

② Johan Franzon，Choices in Song Translation：Singability in Print，Subtitles and Sung Performance，*The Translator*，Vol. 14，2008，p. 376.

二　与邻国的交流

（一）秦汉时期

中国与周边国家的音乐交流，最早可追溯到公元前960多年的周穆王时期。周穆王带领庞大的乐队抵达阿富汗附近黑湖一带，回国时带回一个叫偃师的艺人。[①]虽然尚无史料证明此次活动有哪些具体的音乐交流作品，但很有可能这就是中外音乐交流的开端。

但是，中国与周边国家大规模的音乐交流应该以汉代为开端。汉武帝时期，随着丝绸之路的开辟，中原与西域交流日益频繁。特别是张骞两次出使西域意义重大。第一次出使西域时，张骞抵达了大宛、康居、大月氏、大夏诸国，并在这些国域生活长达13年之久。后张骞又出使安息（古波斯）、身毒（古印度别译）、乌孙等国，推动了中国与西域周边国家宗教、贸易、政治、文化的往来。特别在与乌孙的交流过程中，汉武帝曾将宗室公主嫁于乌孙国。公元前115年，乌孙王迎娶了江都王刘建之女细君。汉廷除了为细君准备了丰厚的嫁妆，还为她配备了宦官、侍从，这些人员中就有大量能歌善舞的艺人。据记载，细君公主抵达乌孙国后，常常抚琴吟歌，其中《黄鹄歌》就是她创作的一首歌曲："吾家嫁我兮天一方，远托异国兮乌孙王。穹庐为室兮毡为墙，以肉为食兮酪为浆。居常土思兮心内伤，愿为黄鹄兮归故乡。"[②]这反映了乌孙已经出现了中原歌曲，双方的音乐交流已经开始。

说到中外音乐交流，多部论著提及张骞带回《摩诃兜勒》一事。《晋书·乐志》上有这样一段文字：

> 胡角者，本以应胡笳之声，后渐用之横吹，有双角，即胡乐也。张博望入西域，传其法于西京，惟得《摩诃兜勒》一曲。李延年因胡曲更造新声二十八解，乘舆以为武乐。后汉以给边将，

---

① 刘再生：《中国古代音乐史简述》，人民音乐出版社1989年版，第49页。
② 班固：《汉书·西域传》，中华书局1999年版，第2876—2877页。

和帝时，万人将军得用之。①

这段文字记载了张骞从西域带回了胡曲《摩诃兜勒》，然后，汉朝乐官李延年根据《摩诃兜勒》创作了"二十八解"军乐，供高级别的"万人将军"使用。"摩诃兜勒"是一个音译词，"摩诃"在梵文中是"大"的意思，而对于"兜勒"学界有几种不同的解释。一种观点认为"兜勒"是"歌曲"之意，"摩诃兜勒"就是"大曲"；另一种观点认为"兜勒"为人名，其依据是支谦译《佛说义足经》中《兜勒梵志经第十三》的故事；还有一种观点认为"兜勒"为国名。但不管怎样，可以肯定的是《摩诃兜勒》为张骞带回的佛教音乐成果，这种成果极大地丰富了中原音乐，使得汉代音乐开始吸收西域元素从而发生变化，特别是促进了佛教音乐进入中原，在宣传佛教讲义方面发挥了巨大的作用。

在秦汉时期，中原除了和西域国家有了音乐交流，与东邻国家也有了音乐交流。其中，时间最早、最有代表性的事件当属歌曲《公无渡河》的引入。《公无渡河》又名《箜篌引》，为朝鲜女子丽玉创作②，最早见晋代崔豹所著《古今注》中，歌词采用了《诗经》句式：

公无渡河，公无渡河，堕河而死，将奈公何！③

描述了一个失常的老夫不顾河水汹涌坚持过河，其妻子在后边追赶呼喊，阻拦丈夫。但丈夫充耳不闻，终被河水淹没。妻子悲痛万分，在河边弹起了箜篌，演唱了这首《公无渡河》。据冯文慈先生推断，《公无渡河》产生的时间约在公元前 111 年，与箜篌乐器开始流传时

---

① 房玄龄：《晋书》，中华书局 1974 年版，第 715 页。
② 对于这首词的作者，现学界仍有争议，有学者认为词作者应为故事主人公丈夫或妻子。
③ 崔豹：《古今注·音乐第三》卷中，载《古今注·中华古今注·苏氏演义》，商务印书馆 1956 年版，第 12 页。

间相近。其产生地很可能是乐浪郡治所在的朝鲜县（今平壤）。① 由于古朝鲜虽有语言，却无文字。因此可以肯定，这首歌最初是用朝鲜语言进行歌唱，后来用汉字翻译记载下来的。因为在当时，中国的汉字及其汉文古典诗词在周边国家的流传已经比较普遍。《公无渡河》歌词简短，虽然仅有寥寥四句，但却见证了中朝歌曲翻译与音乐交流悠久的历史，甚至对后来李贺、李白等诗人以"公无渡河"为题材创作诗歌提供了思想源泉。

（二）魏晋南北朝时期

随着丝绸之路的不断发展，到了魏晋南北朝时期，中国与周边各国在政治、经济、文化上的交流更加频繁。随着中原与西域人口的流动，鲜卑、龟兹、西凉、疏勒、高丽等国音乐陆续进入中原。与此同时，筚篥、琵琶②等乐器也不断从西域传入中原，并与中原传统乐器融合，经改良形成新的乐器。在佛教音乐方面，古印度对中原文化的影响更是意义非凡。

南朝梁僧人释慧皎在《高僧传》中引用高僧鸠摩罗什的话说，"天竺国俗，甚重文制，其宫商体韵，以入弦为善。见佛之仪，以歌赞为贵。经中偈颂，皆其式也"。③ 这里的"偈"为梵语音译"偈佗"的简称，为四句组成的歌词小节。在举行佛教仪式时，人们配以曲调歌颂"偈"，其曲调则被称为"呗"。"呗"为梵语的音译，也称"梵呗"。因此，"呗"本身是具有歌咏性的。《高僧传》对此也有记载，"天竺方俗，凡是歌咏法言，皆称为呗。至于此土，咏经则称为转读，歌赞则号为梵呗"。④ 可见，咏经即转读，也可称诵经。转读的过程是有曲调性的，那么，在梵语中可以咏唱的梵呗，传入汉语后还可以演唱吗？如何保留这种歌咏性呢？《高僧传》卷十三记载：

---

① 冯文慈：《中外音乐交流史：先秦—清末》，人民音乐出版社 2013 年版，第 27 页。
② "琵琶"一词为古波斯语 barbat 的音译，有别译"枇杷"或"枇把"。因来自西域，也曾被称为"胡琴"。
③ （南朝·梁）释慧皎：《高僧传》，中华书局 1992 年版，第 53 页。
④ （南朝·梁）释慧皎：《高僧传》，中华书局 1992 年版，第 508 页。

自大教东流，乃译文者众，而传声盖寡。良由梵音重复，汉语单奇。若用梵音以咏汉语，则声繁而偈迫，若用汉曲以咏梵文，则韵短而辞长。是故金言有译，梵响无授。[①]

这段文字指出了佛教音乐传入中国后的歌咏性问题。因为梵汉两种语言的差异，汉文译词会出现不能合拍配曲的现象。梵文音节较多，汉语音节较少，若强行配曲，则会出现咏唱时音调冗长的情况，无法达到宣传教义的效果。为了解决佛教经文歌咏的问题，当时佛教界采取的措施是将佛教歌曲汉化，"用汉曲以咏梵文"。也就是用当时中原流行的民间音乐或宫廷音乐去配汉语译词，或是根据汉语译词重新创作新佛曲。"金言有译，梵响无授"，反映了当时中原本土的音乐风格已比较成熟。

佛教经文的译配，既从一个侧面证明了我国歌曲译配的历史悠久，也折射出佛界译者当时已充分认识到音乐所具有的特殊号召力，将佛经译文以歌咏的形式表达，并将道家或儒家思想贯穿其中，以增强经文的传播效果。

（三）隋唐时期

隋唐时期结束了长期政治分裂的局面，中国与周边各国在政治、经济、文化等方面交流日益频繁，为中外音乐交流提供了良好的契机，使得该时期成为中国音乐发展史上一个重要的时期。虽说隋代统治时间较短，但并不影响国家对音乐的重视。隋炀帝开国之初，就重视外来音乐的引进，有意识地将西域传入的"胡乐""夷乐"与中原传统音乐融合，创造出新的歌舞形式，在各种宫廷仪式上使用。由于隋炀帝自己喜好音乐，为了推进音乐文化发展，他还专门设置七步乐。据《隋书·乐志》载：

---

① （南朝·梁）释慧皎：《高僧传》，中华书局1992年版，第508页。

　　始开皇初定令,置《七部乐》:一曰《国伎》,二曰《清商伎》,三曰《高丽伎》,四曰《天竺伎》,五曰《安国伎》,六曰《龟兹伎》,七曰《文康伎》,又杂有疏勒、扶南、康国、百济、突厥、新罗、倭国等伎。①

　　从该段文字中众多西域国名可以看出,七步乐中的大部分音乐为边疆和西域音乐,或是中原音乐与西域音乐结合的音乐。这反映出当时的中外音乐交流已非常频繁,国外音乐对中原音乐的影响颇大。

　　到了唐朝时期,中国与各国交流更加繁荣,中外音乐交流也达到鼎盛时期。唐代继承了前朝的音乐传统,继续吸收西域龟兹、西凉、高昌、天竺、高丽等国音乐,并与中原音乐融会贯通,开创了唐风音乐的新篇章。在佛教音乐方面,唐代已开始出现了"说话""变文"的音乐形式,即"说唱"形式。特别是受梵文拼音文字的影响,沈约等人还结合汉语声调和天竺字母特点创立了汉语拼音体系②,对佛教歌曲中特殊词汇的音译、注音、演唱起到了促进作用,由此大量佛曲在唐朝宫廷内流传开来。

　　如果说中国与西域诸国的音乐交流是一个"引进来"的过程,那么中国与日本的音乐交流则是一个"走出去"的过程。到了隋唐时期,中国与日本的音乐也异常频繁,达到了空前的高度。在此期间,日本以国家名义派出遣隋使4次,派出遣唐使13次,抵达中国的派使团人数最多时高达600多人,促成了中日文化交流的黄金时期。③ 日语的平假名也是在此期间由日本僧人根据汉字草书创造而成,汉字同平假名一同被带回日本,成为混合书写的两种符号,一直相传至今。因为有了文字,极大地方便日本使者将大唐的音乐传播到日本。受唐朝音乐机构的影响,日本也于文武天皇大宝元年(公元701年)在国

---

① 刘蓝:《二十五史音乐志》(第二卷),云南大学出版社2015年版,第157页。
② 刘岿:《隋唐时期古丝绸之路上的中外音乐文化交流》,《艺术研究》2018年第3期。
③ 冯文慈:《中外音乐交流史:先秦—清末》,人民音乐出版社2013年版,第115页。

内设立"雅乐寮"①，负责培养、选拔舞人和乐人。"雅乐寮"的建立标志着日本拥有了第一个音乐教育机构，为提高日本宫廷"雅乐"的水平发挥了重要作用，也成为了日本学习、传播中国音乐的重要平台。

到了日本平安时代，日本在国内兴起了演唱汉诗的热潮，称为"吟咏"（ぎんえい）或"朗咏"（ろうえい）。即一种用笛、笙、筚篥等乐器伴奏，演唱中国汉诗的艺术形式。歌词中尤其以白居易的诗作最受欢迎，在大江维时编辑的《千载佳句》中，共收录诗歌 1110 首，白居易作品就独占 535 首；在藤原公任编纂的《和汉朗咏集》中，共收录诗作 588 首，白居易作品占 139 首。"朗咏"的歌词翻译主要采用保留汉文字，以日语训读的方式。那么，何为"训读"呢？"简单来说，训读就是一种依附于原文的翻译。这是在特殊环境下产生的充分利用原有文字效果、通过两种文字共同作用实现交流目的的翻译形式。"② 如下面这首《春望》：

> 国破れて山河在り（くにやぶれて　さんがあり）
>
> 城春にして草木深し（しろはるにして　そうもくふかし）
>
> 時に感じては花にも涙を灑ぎ（ときにかんじては　はなにもなみだをそそぎ）
>
> 別れを恨んでは鳥にも心を驚かす（わかれをうらんではとりにもこころをおどろかす）

可以看出，译文只是在原文的基础上根据日文习惯添加了训读发音，译文句法基本上还是依据原文句法，少有变异。艺人在"朗咏"时，演唱的就是括号内的假名。从某种意义上来说，这种训读译法，不是真正的和译。它既不是纯正的汉语原诗，也有别于完全的日译。

---

① 冯文慈：《中外音乐交流史：先秦—清末》，人民音乐出版社 2013 年版，第 118 页。
② 王晓平主编：《从点与圈出发的诗歌解读史——训读的精神遗产》，《东亚诗学与文化互读》，中华书局 2009 年版，第 123 页。

可以算作对汉文的一种日式解读。这种方式既避免了日本人学习汉字发音，又能最大程度地保留原文形式，还能极大地丰富日语文字与词汇。可以说，"朗咏"的歌唱形式，对传播中国音乐、中国诗歌与文学作品，对中日文化的交流和融合都产生了深远的影响。

第二节　明清时期:中外音乐交流之发轫

一　传教士对西方音乐的译介

虽然有记载说，意大利著名旅行家马可·波罗（Marco Polo）曾于 1275 年来到中国，并在朝廷担任官职 17 年。在中国居住期间，他曾传播一些基督教的赞歌，也曾在《马可·波罗行纪》中记录中国民俗音乐（特别是丧葬歌曲）[①]，但要论及传教士对西方音乐的大规模译介，应该是在明朝以后。特别是明代晚期到清代戊戌变法期间，国外传教士将西方乐理、乐器、歌曲陆续介绍到中国。同时，中国音乐也被这些传教士逐渐传播到西方。从某种意义上讲，明清时期的中西音乐交流为民国初期中西音乐交流的高潮做好了准备[②]。

众所周知，传教士在早期的中西文化交流上发挥了重大的作用。明代后期，欧洲天主教耶稣会的会士开始抵达中国，他们在中国布教的同时，也将西方的天文学、地理学、几何学、历法、语言和音乐带到了中国。在这些传教士中，利玛窦（Matteo Ricci）、庞迪我（Diego de Pantoja）、汤若望（Johann Adam Schall von Bell）、徐日升（Thomas Pereira）等在西方音乐的介绍与传播上功不可没。

（一）利玛窦与庞迪我

利玛窦（1552—1610），生于意大利马尔凯州的马切拉塔，自小家中富裕，其父经营药房生意，是当地的名门。明朝万历十年

---

① 冯文慈:《中外音乐交流史:先秦—清末》，人民音乐出版社 2013 年版，第 175—178 页。
② 冯文慈:《中外音乐交流史:先秦—清末》，人民音乐出版社 2013 年版，第 243 页。

（1582）来到中国广东。之后，利玛窦开始学习中文，钻研中国典籍，并结识李之藻、徐光启等有名进士。考虑到儒家学说是中国文化之根基，利玛窦便以"西儒"的身份传播天主教义。在传教的过程中，利玛窦主要借助了当时中国罕有的地球仪、望远镜、三棱镜、自鸣钟等西方科学仪器来吸引官员，利用中国人对科学知识的渴求进行布教。同时，在此过程中，利玛窦也在不少中国学者的协助下完成了多部中文著述。其中最具代表性的是他和徐光启合译的《几何原本》，第一次将欧几里得几何学引入中国，大量几何学术语沿用至今。利玛窦的这些学术活动极大地推动了中西文化交流，其本人也被称为"近代中西文化交流第一人"。

利玛窦对西方音乐的译介也正是在上述文化交流的大背景下进行的。其中最值得一提的，就是利玛窦向宫廷进献古钢琴和为西方钢琴曲译配歌词《西琴曲意》一事[1]。明万历二十八年末（公元 1601 年），利玛窦几经周折终于见到当朝皇帝明神宗朱翊钧，并向他进献了自鸣钟、圣经、万国图志等礼品，其中也包括大西洋琴[2]。大西洋琴又简称"西琴"，在《利玛窦中国札记》中，利玛窦本人提到此琴时使用的是西班牙词汇 manicordio，英译为 clavichord。他说到："（中国的）乐器很普遍，种类很多，但他们不知道使用风琴和翼琴（clavichord）[3]，中国人没有键盘式的乐器。"[4] 由此可见，利玛窦很可能是将古钢琴介绍到中国的第一人。古钢琴进入宫廷后，深受明神宗的喜欢，他还要求乐师们学习演奏钢琴。此时，与利玛窦一同进京的西班牙传教士庞迪我就成了中国乐师们的老师。庞迪我（1571—1618）生于西班牙巴德莫拉，青年时在耶稣会初学院学习，修完学业后，他出游传教。庞迪我是利玛窦的得力助手，因熟悉汉语，常负责讲解教义

---

① 冯文慈：《中外音乐交流史：先秦—清末》，人民音乐出版社 2013 年版，第 247 页。

② 尚学钰：《古钢琴传入我国之历史溯源》，《兰台世界》2012 年第 1 期。

③ 这里的"翼琴"为中译者别译，曾也被译为"八音琴"，均指同一种琴，现统称"古钢琴"。在当时，像我们现在使用的钢琴（piano）还未问世。

④ ［意］利玛窦、［比］金尼阁：《利玛窦中国札记》，何高济等，中华书局 1983 年版，第 23 页。

等工作。在庞迪我的帮助下，乐师们学会了演奏古钢琴。之后，他们多次请求利玛窦为乐曲配上歌词，以防皇帝叫他们边奏边唱。因此，利玛窦用中文译写了八段歌词，取名《西琴曲意》。这八段歌词的标题分别为：一、《吾愿在上》；二、《牧童游山》；三、《善计寿修》；四、《德之勇巧》；五、《悔老无德》；六、《胸中庸乎》；七、《肩负双囊》；八、《定命四达》。① 此外，利玛窦还作了序言：

《西琴曲意》八章

　　万历二十八年岁次庚子，窦具贽物赴京师献上。间有西洋乐器雅琴一具，视中州异形，抚之有异音，皇上奇之。因乐师问曰，其奏必有本国之曲，愿闻之。窦对曰，夫他曲，旅人罔知，惟习道语数曲。今译其大意，以大朝文字，敬陈于左。第译其意，而不能随其本韵者，方音异也。

　　由于利玛窦熟悉"四书五经"，其译写的歌词采用了儒化过的天主教义内容，深受当时文人贵族们的欢迎。从以上序言可知，虽然利玛窦本人也使用了"译"字，但准确地说其歌词应该算作是译写或是编译作品。在《利玛窦中国札记》原稿上，利玛窦将《西琴曲意》称为 Canzone（音译为"坎佐纳"）。坎佐纳是 13—17 世纪意大利的一种抒情诗，之后被用于钢琴上演奏，形成器乐曲。由于《西琴曲意》八首歌曲的歌词均为七言诗，很难发现西方抒情诗的影子，因此可以推断，《西琴曲意》很可能是利玛窦根据意大利赞美诗的主旨编译的作品。《西琴曲意》在中国的诞生，"可以说是已知键盘乐器音乐在中国的最早传播和教学"②，它借助歌曲本身具有的社会传播力与渗透力，极大地提升了传教宣义的效果。同时，由于当时的朝鲜、日本等国都属于整个汉字文化圈，《西琴曲意》也对中国周边国家接触天主教义

---

① 　刘奇：《中国古代传入的基督教会音乐探寻》，《音乐艺术》1987 年第 1 期。
② 　冯文慈：《中外音乐交流史：先秦—清末》，人民音乐出版社 2013 年版，第 249 页。

和西洋音乐产生了积极影响。

（二）汤若望

汤若望（1591—1666），生于罗马帝国科隆（今德国科隆），耶稣会传教士。如果说利玛窦是"近代中西文化交流第一人"的话，那么德国传教士汤若望则可称为"近代中西文化交流第二人"。汤若望于1622年来华，由于精通天文、历法，学识过人，深受崇祯皇帝的喜爱。他历经明、清两朝，在中国生活47年。在华期间，他一边向民众传教，一边讲授与传播西方科学，对中国火炮制作、农历历法修订方面做出了突出的贡献。我们现今使用的农历纪年就是汤若望在前人历法的基础上修订而成的。汤若望在向中国介绍西方科技的同时，在对西方音乐的译介也功不可没。他曾长期居住北京，因为受到清朝统治者的赏识，他多次为宫廷进献和维修古钢琴，积极向中国介绍西方音乐。为使中国人了解并掌握钢琴的使用，他曾专门编写了一本《中文钢琴教材》，书中不但介绍了钢琴的构造与演奏方法，还附上赞美诗谱例供读者练习使用。此书虽未在当时的中国产生强烈的影响，但对助推西洋音乐进入中国起到了积极作用。

（三）徐日升

徐日升（1645—1708），生于葡萄牙布拉加省，耶稣会传教士。清代年间，康熙皇帝比较信任西方传教士，也很器重这些传教士带来的西洋乐理、音乐和歌曲。葡萄牙人徐日升就是其中一位颇受康熙赏识的传教士，他于1673年抵达北京，曾给宫廷进献一台风琴和古钢琴。由于音乐才能突出，"他在御前用钢琴演奏中国歌谣"[①]。最让康熙惊讶的是，他能将听到的调子用乐谱记下来，而且记完后还能把刚听到的调子演奏出来[②]。因此，徐日升不但成为康熙的音乐老师，还曾为康熙的皇三子、皇十五子、皇十六子教授音乐。为了系统地介绍

---

① ［法］白晋：《康熙黄帝》，赵晨译，黑龙江人民出版社1981年版，第74页。
② ［美］约瑟夫·塞比斯：《耶稣会士徐日升关于中俄尼布楚谈判的日记》，王立人译，商务印书馆1973年版，第134页。

西洋音乐,在康熙的推动下徐日升费时多年撰写了《律吕纂要》,并与人合编了《律吕正义·续编》。特别是《律吕纂要》,该书约在1713年完稿,原文为汉语版本,由曾奉敕将其译为满文。全书分为上下两篇,每篇有13节。书中主要介绍了五线谱、音阶、拍子、节奏等知识,另附有音乐符号和谱表。该书是第一次较系统地介绍西洋乐理知识的书籍,对中西音乐文化的交流与研究具有非凡的意义。

二 传教士对中国音乐的译介

与西洋音乐引进来相比,中国音乐译介出去的时间相对较晚。大约在清朝初期,才陆续出现来华传教士对中国戏剧、乐理、乐器与歌曲的译介。其中有几个较具代表性的传教士对中国音乐的译介案例值得提及,现分别介绍如下。

(一) 马若瑟 (Joseph de Prémare) 译元剧《赵氏孤儿》

马若瑟 (1666—1736),生于法国北部歇尔堡。受利玛窦在中国布教经验的影响,越来越多的传教士对汉文化表现出兴趣相继来到中国。法国传教士马若瑟就是这么一位会士。他于1698年抵达中国,为了方便传教,马若瑟苦学汉语,以便能用汉语著述。在学习汉语的过程中,他对中国典籍兴趣尤浓,先后翻译了《诗经》《尚书》等汉学典籍。为向西方传教士介绍汉语学习方法,马若瑟编写了《汉语札记》(*Notitia Lingae Sinicae*) 一书。后来,马若瑟了解到元代杂剧,便将纪君祥的《赵氏孤儿》译成法文,题名《赵氏孤儿·中国悲剧》(*Tcho-chi-cou-eulh*;*ou*,*L'orphelin de la Maison de Tchao*,*tragédie chinoise*)。该译本收录在杜赫德的《中华帝国志》中,于1735年在巴黎出版。

由于《赵氏孤儿》属于元剧,当中不可避免有很多唱词。马若瑟在翻译时虽然省去了很多他认为欧洲人难以理解的歌词,但仍全文翻译和改译了其中一些重要的、影响故事情节的歌词。这些歌词的翻译可算作是中国戏剧音乐较早进入欧洲的证据。《赵氏孤儿》法文版出版后在欧洲影响较大，先后被转译成英语、德语、俄语等语言。法国文学家伏尔泰读到《赵氏孤儿》后，根据该故事改编了一部新剧《中国孤儿》，并在巴黎上演，获得巨大成功。可以说，马若瑟翻译的《赵氏孤儿》中的歌曲唱词虽然数量不多，但对让西方读者认识中国元剧和戏剧音乐起到了开创性的作用，是中西戏剧和音乐文化交流史上的重要事件。

（二）钱德明（Joseph-Marie Amiot）：中国音乐译出第一人

钱德明（1718—1793），出生于法国土伦，曾加入耶稣会。除了马若瑟翻译元剧歌曲外，法国传教士钱德明在译介中国音乐的贡献上也颇为突出，他可以称为"系统向欧洲介绍中国音乐的第一人"[①]。钱德明1750年抵达中国，由于其本人"善吹笛，弹翼琴"[②]，对于中国音乐颇有感情。在评价中国音乐时，他曾这样说道："据我看来，由于中国人的音乐，或者更确切地说是由于中国人的音乐体系要比现在我们已知的任何一个其他民族的音乐体系都更为古老。所以，我觉得，为那些爱好真正古代文明的人介绍一种尽可能确切的知识是完全应该的，甚至具有某种重大意义。"[③] 由此可见，钱德明不仅认为中国音乐历史悠久，而且有一套自己的音乐体系。在他抵达北京后不久，他就翻译了康熙朝文渊阁大学士李光地的《古乐经书》[④]。该书主要介绍了中国古代乐理、音阶和十二律吕等内容。由于钱德明翻译《古乐经书》

---

① 其实在明末时期，就有西班牙传教士拉达（Martin de Rada）和马林（Jeronimo Martin）在中国买走音乐资料对其进行介绍，但他们的介绍只是零星、不成系统的。另有利玛窦也在其著作《利玛窦中国札记》中介绍过中国道教仪式音乐和中国乐器，但利氏本人对中国音乐是持消极态度的，其介绍未免客观。如他在评价中国音乐时曾说道，"他们自己非常夸耀他们的音乐，但对于外国人来说，它却只是嘈杂刺耳而已"（见［意］利玛窦、［比］金尼阁《利玛窦中国札记》，何高济、王遵仲、李申译，中华书局1983年版，第23页）。

② ［法］费赖之：《在华耶稣会士列传及书目》（下），冯承钧译，中华书局1986年版，第890页。

③ ［法］陈艳霞：《华乐西传法兰西》，耿昇译，商务印书馆1998年版，第103页。

④ 据说钱德明曾将该书原稿与译稿一同寄回巴黎，但没有公开出版。也有人认为该译文寄回法国后被歪曲修改另遗失，具体情况尚需史料证实。不过李光地《古乐经书》的原稿仍在巴黎国立图书馆的汉文特藏中保存。

时刚抵达中国不久，对中国音乐尚未深入了解，加上《古乐经书》译稿中未列出所谈及音乐的乐谱，不便于西方读者学习或研究。为了弥补缺憾，钱德明于 1776 年完成了一部对中西音乐文化交流有着重大影响的《中国古今音乐篇》①，并于 1779 年在巴黎出版，1780 年被重印。该书除了介绍了中国音乐历史、传统乐器、律学理论、音乐调式、和声等音乐知识外，还收录了《先祖颂》等中国人祭奠祖先、歌颂先辈的歌曲。书中不但使用了大量图片，还给每首歌曲附上了五线谱，方便欧洲读者理解。该书自出版后不但在法国音乐界影响颇深，甚至在整个欧洲都产生了长远的影响，被誉为"用欧洲语言系统研究中国音乐的首部专著"。

　　钱德明不仅仅关注中国乐理和乐器，对中国世俗音乐也很关注。他曾将自己收集整理的民间歌曲汇编成四卷《中国娱乐曲集》② 寄回法国皇家文库图书馆。该歌曲集共收录 54 首中国歌曲，分为两部分。第一部分为 41 首中国传统的世俗歌曲，第二部分称《圣乐经谱》（*Musique Sacrée*），内含 13 首天主教经文歌曲，包括"洒圣水、初行工夫、天主经、圣母经、申尔福、三第西玛、圣体经、卑污罪人、举扬圣体、举扬圣爵、圣时、良善、已完工夫"③ 等歌曲作品。这些歌曲虽为经文歌曲，但完全是中国人所作的南北曲。其中有北京北堂一马姓满族人（Manchu Ma André）教徒所作歌曲。④ 为便于歌曲的传播与演唱，书中部分歌曲附上了中国传统的工尺谱，部分歌曲则使用了五线谱加小节线的"西化工尺谱"。⑤

　　值得一提的是，20 世纪末以来，不断有学者对《圣乐经谱》中

---

①　原书名为 *Mémoire sur la musique des Chinois tant anciens que modern*，又译作《论中国古代和现代音乐》。
②　原书名为 *Divertissements chinois ou Concerts de musique chinoise*，又译作《中国通俗音乐曲集》或《中国娱乐或中国音乐会》。
③　李歆：《〈圣乐经谱〉早期传入欧洲的中国化天主教音乐》，《中国宗教》2019 年第 1 期。
④　宫宏宇：《来华西人与中西音乐交流》，浙江大学出版社 2017 年版，第 31 页。
⑤　洪力行：《钱德明的〈圣乐经谱〉：本地化策略下的明清天主教圣乐》，《台湾"中央大学"人文学报》2011 年第 45 期。

的歌曲重新研究。其中法国音乐学家皮卡尔（François Picard）不但将书中的工尺谱转写成现在的五线谱和简谱，还将其整理发表了论文《钱德明神圣音乐笔记：18世纪中国经文歌曲集》（*Le cahier de musique sacrée du Père Amiot：Un recueil de prières chantées en chinois du XVIIIe siècle*）① 2003年，皮卡尔还带领乐队，与北京西什库天主堂唱经班联合演奏了《圣乐经谱》的部分曲目，并为此灌制了一张名为 *Messe des Jésuites de Pékin*（《北京耶稣会士之弥撒》）的 CD 唱片。2014年，BRE（Beijing Renaissance Ensemble，北京文艺复兴小型合唱组）再次整理了《圣乐经谱》全本歌曲，首次在中国大陆进行了公开演出。

钱德明对中国音乐的译介不论在数量上，还是在影响上都是其他传教士难以比拟的。他译介到西方的乐理资料和中国歌曲，即使是在当下仍然对欧洲真正认识中国音乐发挥着巨大作用。

（三）阿理嗣（J. A. van Aalst）及《中国音乐》

阿理嗣（1858—?），生于比利时。谈及传教士对中国音乐的译介，我们无法避开比利时人阿理嗣。阿理嗣于 1883—1914 年间在北京税务司署任职，其本人擅长音乐，对中国音乐有着特殊的兴趣。为了向西方世界介绍中国音乐，他用英文撰写了《中国音乐》（*Chinese Music*）一书（如图 2－1）。该书 1884 年在上海出版，书中详细介绍了中国音乐的历史、古代音乐传说、乐器的分类、五声音阶与五行等内容。在"乐器记述"部分，作者用了大篇幅文字按照"金、石、丝、竹、匏、土、革、木"八音分类法介绍了 47 种中国乐器，并用图片对乐器形状与演奏方法进行了说明。在歌曲介绍部分，阿理嗣不但回顾了中国戏剧的历史，还介绍了《王大娘》《烟花柳巷》《十五朵花》《妈妈好明白》《十二重楼》等几首民歌及一首出殡曲和一首迎亲曲②。为真实记载歌曲原貌，阿理嗣对每首歌曲均提供了原文和译文，

---

① 宫宏宇：《来华西人与中西音乐交流》，浙江大学出版社 2017 年版，第 38 页。

② J. A. Van Aalst, *Chinese Music*, London：Cambridge University Press, 2012, pp. 38－46.

并用韦氏拼音在五线谱上标出了歌词的位置，方便还原演唱。

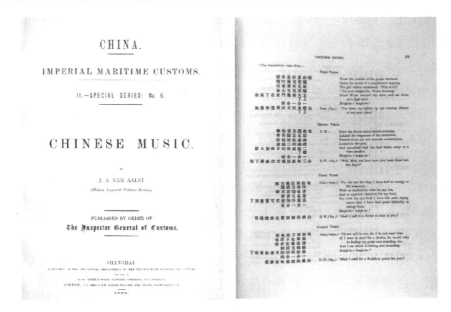

图 2 - 1 阿理嗣 *Chinese Music*（《中国音乐》）首版书影

由于阿理嗣撰写此书时才刚到中国三年时间，对中国音乐不可能处处都十分熟悉与了解，因此，书中不可避免会出现一些错误①。同时，由于阿理嗣本人作为中国音乐的"局外人"，对中国音乐的评价未免时时中立与客观，可能会给欧洲人对中国音乐带来消极的看法。但不可否认的是，《中国音乐》整体上比较完整、全面、系统地向西方世界译介了中国音乐，对促进中国音乐走向西方世界意义非凡，此书也被称为"1950 年以前几乎是有关中国音乐主题被引用最多的"②著作。

以上介绍了对中国音乐西译影响较大的几位传教士，其实还有一些传教士在中国布教或任职的同时，也参与了中国歌曲、中国乐理、

---

① 如其引用的"子在齐闻韶，三月不知肉味"并非出自《庄子》，而是出自《论语》；十二律后五律的计算数字错误；音符变更记号对照错误等。

② 韩国鐄：《阿里嗣小传》，《韩国鐄音乐文集》（一），乐韵出版社 1990 年版，第 157 页。

中国乐器的西译活动。如比利时天主教神父彭嵩寿（Joseph van Oost）就曾在中国内蒙古、陕北等地收集中国民歌，并将如《走西口》《小姑儿听房》《绣荷包》《打连城》《张生戏莺莺》《王哥儿》等 40 多首民歌翻译成法语，发表在维也纳杂志《人类学》（*Anthropos*，*Revue Interantional d' Ethnologie et de Linguistique*）第七卷的《鄂尔多斯南部地区中国民歌集》（*Chansons populaires chinoises de la regions Sud des Ortos*）上，向当时的欧洲社会介绍了中国北方民歌[①]；德国传教士花之安（Ernst Faber）撰写了《中国音乐理论》（*The Chinese Theory of Music*）对中国传统的律吕进行了介绍；法国传教士库朗（Maurice Auguste Louis Marie Courant）在巴黎出版了《中国古典音乐史论》，介绍了中国音乐理论、乐器、乐队和合唱等内容。

中国音乐进入西方世界肇始于来华传教士在特定历史时期的卓越贡献。这些传教士苦学汉语，身穿儒服，融入中国文化，积极译介中国音乐，推动了中西音乐文化交流。

三 《茉莉花》：第一首走出国门的民歌

通过上文可知，西方对我国音乐的译介已有约 200 多年的历史。他们通过记谱、记音、译词的方式译介中国歌曲，并以著作、论文、连载、歌集的形式在欧洲发表。这些歌曲中最早被译介到西方，并产生巨大影响的歌曲当属中国民歌《茉莉花》。

（一）《茉莉花》的由来

《茉莉花》最初名叫《双叠翠》和《鲜花调》，后改称《茉莉花》，是明清时期的一首江苏民歌[②]。因其为民间艺人口口相传，所以

---

① 李亚芳：《〈近代中国鄂尔多斯南部地区民歌集〉百年后的再调查》，《歌海》2010 年第6 期。

② 学界对于《茉莉花》的发源地仍有争议，但多数观点认为其属于江苏民歌。参见朱新华《江苏民歌〈茉莉花〉究竟属于谁？》，《人民音乐》2007 年第 6 期；《〈茉莉花〉发源地之争到底争什么？》，《中国消费导报》2004 年 11 月 5 日；夏玉润《〈茉莉花〉究竟是哪里的民歌？》，《文艺报》2006 年 2 月 11 日；《"四城争娶"〈茉莉花〉》，《新华日报》2004 年 12 月 6 日等。

版本众多。据钱仁康先生考察①，最早刊载《茉莉花》歌词的出版物是清乾隆年间（1736—1795）的戏曲剧本集《缀白裘》。该剧本由玩花主人选辑、钱德苍增辑而成。不过，《缀白裘》上只记录了《茉莉花》的歌词，没有曲谱。《茉莉花》的曲谱在国内最早出现在由贮香主人编撰、1838 年出版的《小慧集》上。箫卿主人在卷十二以《鲜花调》为名用工尺谱记录了该歌的曲谱，从此流传开来。

（二）《茉莉花》的西传

在中国音乐史上，《茉莉花》无论在国内还是国际都有着独特的影响力。早在 1768 年，由法国著名思想家卢梭编撰并出版的《音乐辞典》中就有了《茉莉花》的相关记载。那么，《茉莉花》是由谁翻译，又是如何走进西方世界的呢？ 在《音乐辞典》中卢梭没有给出答案，对于卢梭是如何获知《茉莉花》这首中国民歌的，我们也无法知晓。但据音乐家钱仁康的观点："卢梭的《音乐辞典》里的中国民歌，是清朝雍正、乾隆时期由法国耶稣会传教士传入西方的。"② 为了证实这个观点，钱仁康先生随后撰写了《流传到海外的第一首中国民歌——〈茉莉花〉》③ 一文，该文在梳理《茉莉花》在海外文献中的记谱、译词和流传情况后，认为英国地理学家、旅行家约翰·巴罗（John Barrow）应为将《茉莉花》译入西方的第一人。后来学界大多重复引述，并认可钱仁康先生的观点④。那么，《茉莉花》的译介情况到底是如何的呢？ 要回答这个问题，我们首先有必要了解巴罗及其著作《中国旅行记》（*Travels in China*）的情况。

约翰·巴罗是乾隆五十七至五十九年间（1792—1794）英国访华

---

① 钱仁康：《流传到海外的第一首中国民歌——〈茉莉花〉》，载钱亦平《钱仁康音乐文集》（上），上海音乐出版社 1997 年版，第 181 页。

② 钱仁康：《〈妈妈娘你好糊涂〉和〈茉莉花〉在外国》，《音乐论丛》1980 年第 3 辑。

③ 钱仁康：《流传到海外的第一首中国民歌——〈茉莉花〉》，载钱亦平《钱仁康音乐文集》（上），上海音乐出版社 1997 年版，第 181—186 页。

④ 如梁高燕、王宏印《民歌翻译：民族典籍与文化研究的源头——王宏印教授民歌翻译研究访谈录》，《燕山大学学报》2019 年第 5 期；王尔敏《〈茉莉花〉等民歌西传欧洲二百年考》，《近代文化生态及其变迁》，百花洲文艺出版社 2002 年版，第 176—191 页。

正使乔治·马戛尔尼（George Macartney）的记录员与随行翻译。回国后，巴罗将一路上在中国的所见所闻著成《中国旅行记》①并于1804年在伦敦出版。在该书的第六章，巴罗用罗马拼音和英文译词刊出了《茉莉花》的歌词，并为其配上了五线谱（如图2-2）。同时，巴罗还对这首歌曲做了简单的介绍：

I never heard but one single Chinese who could be said to sing with feeling or plaintiveness. Accompanied with a kind of guitar, he sung the following air in praise of *Moo-Lee-Chwa*, which it seems is one of the most popular songs in the whole country. The simple melody was taken down by Mr. Hittner, and I understand has been published in London, with head and tail-pieces, accompaniments, and all the refined arts of European music; so that it ceases to be specimen of the plain melody of China. I have therefore given it in its unadorned state, as sung and played by the Chinese, together with the words of the first stanza, and their literal translation. ②

这段话译为中文便是：

我从未见过，一个中国人演唱歌曲时，可以如此声情并茂、情凄意切。他用一把类似吉他的乐器伴奏，唱出了这首赞美茉莉花之歌——中国最流行的歌曲之一。歌曲旋律简约朴素，由希特纳先生记谱。据我所知，该曲曾在伦敦出版，只是出版的曲谱被添加了曲头、曲尾、伴奏和一些欧洲音乐的艺术装饰。如此，该曲调便不再是纯正的中国曲调了。为使该歌曲能像中国人那样原汁原味地演唱和演奏，我提供的歌曲未进行过任何装饰。此外，

---

① John Barrow, *Travels in China*, London: Cadell & W. Davies, 1804.
② John Barrow, *Travels in China*, London: Cadell & W. Davies, 1804, pp. 315-316.

我还附上第一段歌词原文及其直译文本。①

图 2 - 2 *Travels in China* (《中国旅行记》) 中《茉莉花》曲谱、罗马拼音及译词

通过巴罗以上的陈述,我们可以看出此段话至少蕴含了以下三个信息:(1) 在巴罗刊出《茉莉花》的曲谱之前,就已经有一个版本刊出,只是谱子有所改编;(2) 巴罗版本《茉莉花》的曲谱是由希特纳(也有译为"惠纳")先生记谱;(3) 巴罗提供的版本是原汁原味的版本。既然在巴罗版本以前,就已经有其他版本的《茉莉花》译文及曲谱在伦敦出版,那么是否可以断定,巴罗并非如学界认为那样

---

① 此译文为笔者汉译。因为此前曾有多名学者对此段话的汉译,要么对原文理解有误,要么存在漏译,要么译文翻译腔较浓,从而误导了不少学者。如钱仁康先生漏译了第一句,见钱仁康《流传到海外的第一首中国民歌——〈茉莉花〉》,钱亦平《钱仁康音乐文集》(上),上海音乐出版社 1997 年版,第 182 页;台湾史学家王尔敏译文存在错误,见王尔敏《〈茉莉花〉等民歌西传欧洲二百年考》,《近代文化生态及其变迁》,百花洲文艺出版社 2002 年版,第 176—191 页;国内学者李云译文存在错译,见李云《巴罗〈中国游记〉与中国音乐西传》,《中国音乐学》2007 年第 4 期;耿昇译文翻译腔较浓,见陈艳霞《华乐西传法兰西》,耿昇译,商务印书馆 1998 年版,第 217 页。

是将《茉莉花》带入欧洲的第一人呢？比巴罗更早的版本又是何人所译呢？

　　新西兰学者宫宏宇先生通过研究调查，发现了一本于1795年在伦敦出版的乐谱上刊有《茉莉花》的曲谱与英文歌词，该本曲谱题为《两首原版歌曲——〈茉莉花〉和〈白船工号子〉——为钢琴或羽管键琴而作》（*Two Original Songs Moo-Lee-Chwa & Higho Highau for the Piano Forte or Harpsichord*）[1]，出版者为旅居伦敦的德国作曲家卡尔·坎姆布拉（Karl Kanbra）。在对该曲谱的注释中，坎姆布拉特别标明："以下中国歌曲是由一位曾为前英国使华团成员的绅士当场记下，并带回英国的，因此，它们的真实性是可信的。"[2] 至于这里提及的"前英国使华团成员的绅士"是否就是巴罗提及的记谱人希特纳，目前尚未任何直接证据证明。但是，根据宫宏宇先生提供的信息，希特纳[3]曾随同马戛尔尼代表团访问中国。在中国时曾记录中国船工曲，撰有《一首来自中国的带有旋律的船工曲》（*Ein Ruderliedchen aus China mit Melodie*）一文，而且他曾向德国民众推荐过坎姆布拉编配的中国歌曲《白河船工号子》。由此宫宏宇先生推断希特纳与坎姆布拉相识并存在往来。[4] 因此，可以大胆猜测，《茉莉花》坎姆布拉版本的记谱人和巴罗版本的记谱人极有可能同为德国人希特纳。设想，若此两位记谱人为不同的两个人。那么，此二人都曾在当时那个年代到过中国、都懂汉语、都记录了《茉莉花》的曲谱，这种可能性未免太小了。但是，不管此猜测是否准确，巴罗都不是首次将《茉莉花》带入欧洲的第一人，这一点是毋庸置疑的。因此，据现有资料来看，可以这样总结：（1）最早记录《茉莉花》曲谱并将其带入欧洲的西人极可能为希特

---

　　[1]　宫宏宇：《来华西人与中西音乐交流》，浙江大学出版社2017年版，第86页。宫宏宇原译为：《两首原有的中国歌曲——〈茉莉花〉和〈白船工号子〉——为钢琴或羽管键琴而作》。

　　[2]　转引自宫宏宇《来华西人与中西音乐交流》，浙江大学出版社2017年版，第88页。

　　[3]　宫宏宇译为"惠纳"，其德语原名为Johann Christian Hüttner。值得注意的是，巴罗在《中国游行记》中提到此人时使用的英译名为Hittner。

　　[4]　宫宏宇：《来华西人与中西音乐交流》，浙江大学出版社2017年版，第88页。

纳，该曲谱的出版比国内首次刊载《茉莉花》曲谱的《小慧集》要早43年；（2）最早英译《茉莉花》并在欧洲发表的译者是坎姆布拉，他的译文比巴罗的译文要早9年；（3）第一次发表原汁原味的中国民歌《茉莉花》曲谱和用英文直译《茉莉花》歌词的西人是巴罗。

（三）《茉莉花》在西方的影响

《茉莉花》的坎姆布拉版本和巴罗版本在伦敦出版后，在西方世界产生了巨大的影响。就坎姆布拉改编的版本来说，因其既具有中国音乐的传统风格又带有欧洲的艺术气息，坎氏版本出版后很快就被英国主流社会所接受，而且还漂洋过海到美国，进入美国社会。由于此版本的影响力不断扩大，《茉莉花》还被收录进牛津大学音乐教授威廉姆·克罗齐（William Crotch）1807年编辑出版的教材《各种音乐风格样本》[①] 中。此外，前文提及的阿理嗣也在其著作《中国音乐》中引用《茉莉花》作为例子，介绍中国工尺记谱法[②]。美国军乐队也曾在1868年使用《茉莉花》欢迎到访波士顿的中国使节，另有美国军乐队指挥家约翰·菲利普·苏萨（John Philip Sousa）编撰的著作《各国国歌、爱国歌及典型性歌曲》（*National*, *Patriotic and Typical Airs of All Lands*）也收录有《茉莉花》。[③] 在《茉莉花》西传的过程中，贡献最大的是意大利作曲家普契尼（Giacomo Puccini）。普契尼在他的歌剧《图兰朵》（*Turandot*）中将《茉莉花》当作主旋律使用，一部演出时间约两小时的戏剧中，《茉莉花》就以不同形式出现了十多次。可以说，"西方声乐家习于唱《茉莉花》歌曲，有一定的承传与历史背景，盖受歌剧大家普契尼的影响甚大"。[④] 风靡世界乐坛的《茉莉花》，现今已不仅仅是一首中国民歌，而是一首具有全球意义的"世界民歌"。

---

① 教材原名为：*Specimens of Various Styles of Music*；*Referred to in a Course of Lectures at Oxford & London and Adapted to Keyed Instruments*。参见宫宏宇《来华西人与中西音乐交流》，浙江大学出版社2017年版，第95页。

② J. A. Van Aalst, *Chinese Music*, London：Cambridge University Press，2012，p. 19.

③ 宫宏宇：《来华西人与中西音乐交流》，浙江大学出版社2017年版，第105页。

④ 王尔敏：《近代文化生态及其变迁》，百花洲文艺出版社2002年版，第176页。

第三节　民国时期：中外音乐交流之发展

一　学堂乐歌的兴起及意义

学堂乐歌即学校歌曲，主要是指清末民初各学堂开设的"乐歌"课及音乐课上所教唱的歌曲①。这些歌曲主要是采取引进日本和欧美歌曲曲调，重新填入汉语歌词或译配歌词而成。学堂乐歌是中国近代音乐史上具有划时代意义的音乐运动，也是我国第三次翻译高潮时期中国近代歌曲译配发展的源头。

（一）学堂乐歌的产生

鸦片战争后，由于帝国主义的压迫，我国长期处于受人欺凌的地位。一些先进知识分子意识到，只有学习西方教育体制，开办学堂，培养人才，方能救国救民、振兴中华。1898 年，以康有为、梁启超为代表的维新派倡导"废科举""兴学堂"，发动了"维新变法"。他们提议在新开学堂中增设"歌乐"课程，梁启超更是明确指出，"盖欲改造国民之品质，则诗歌音乐为精神教育之一要件"；②"今日不从事教育而已，苟从事教育，则唱歌一科，实为学校中万不可缺者。"③ 在这样的情况下，清政府于 1902 年颁布了我国教育史上第一个关于学制设定的《钦定学堂章程》（亦称"壬寅学制"），确定在新兴学堂开设"乐歌"课程。同年，梁启超率先在《新民丛报》上译配发表了《日耳曼祖国歌》三首，开创了引进、吸收外国歌曲的新局面。随着大批知识分子出国留学，以求借鉴他国教育制度之长培养我国人才，达到富国兴民的目的。由于当时交通与地域的局限，加上多数知识分子对

---

① 因学堂乐歌编创作者众多，歌曲数量丰富，影响深远，其内涵远远超出了"学堂"与"乐歌"限定的范畴。据不完全统计，现有资料可查的乐歌约有 1300 多首。
② 梁启超：《饮冰室诗话》，时代文艺出版社 1998 年版，第 63 页。
③ 梁启超：《饮冰室诗话》，时代文艺出版社 1998 年版，第 81 页。

欧美不甚了解,于是多数知识分子选择留学日本,少数人留学欧美。为了宣传西方先进思想,这些知识分子归国时带回了大量日本和欧美流行歌曲。他们在这些外国歌曲的曲调上填上汉语新词,在各个学堂中教唱。这些曲调来自日本的最多、来自欧美的次之,还有极少数则是采用中国民间歌曲曲调。学堂乐歌歌词的主题大多为反对封建、倡导民主、解放妇女、唤醒民众、破除迷信、相信科学、富国强兵、振兴中华等积极向上的内容。

从严格意义上来讲,学堂乐歌中多数歌曲不能算作译配歌曲,他们只能算作"旧曲新词"的填词歌曲。但是学堂乐歌作为一种新事物,开创了一种有别于中国传统歌曲新的歌唱形式,为引进与译配国外歌曲做好了铺垫。

(二) 代表性人物

在学堂乐歌持续的几十年里,大量知识分子参与到乐歌的编写、填词、翻译与教学之中,这当中尤其以留日知识分子最多。学堂乐歌运动不但推动了我国音乐的发展,也催生了一大批乐歌创编者,如沈心工、曾志忞、李叔同、辛汉、华振、叶中冷、侯鸿鉴、赵铭传、胡君复、冯梁等[①]。他们中最具代表性、影响最大的主要是沈心工、曾志忞、李叔同等三位。

沈心工(1870—1947),原名庆鸿,字叔逵,上海人。1902 年留学日本,受到日本高等师范学校铃木米次郎教授的指导。在日本,他创作了我国第一首学堂乐歌《男儿第一志气高》,因该歌曲节奏明快、通俗易懂,深受青少年喜欢,短时间就传遍全国。他也因此获得"学堂乐歌之父"的称号。沈心工 1903 年归国后在上海南洋公学附小任教,兼任该校校长,同时还在上海其他学校兼任乐歌课老师。1904年,他出版了我国最早的乐歌教材《学校唱歌集》,同时也是我国最早使用欧洲简谱的歌集,使得简谱在我国得到快速传播、空前发展,

---

① 钱仁康:《学堂乐歌考源》,上海音乐出版社 2001 年版,第 3 页。

也让中国成为目前使用简谱最广的国家。随后几年，沈心工又出版了多本《学校唱歌集》。他在 1912 年出版的《重编学校歌唱集》的"编辑大意"中说道，"余观社会现状，家庭少隙地，城市无公园，彼天真活泼之儿童，若无正当之游乐地，自然发生种种败德伤身之事矣。欲求补救之方，唱歌其一也。"① 由此可以看出沈心工对儿童音乐教育的重视，以期通过音乐促进青少年身心健康发展。因此，他在 1905 年编译了日本石原重雄的《小学唱歌教授法》，并在上海出版，成为较早译介引进国外教育理论的先驱。1937 年，沈心工将所创作的乐歌重新结集出版，命名为《心工唱歌集》，在全国各地学堂使用。

沈心工一生翻译、创作乐歌 180 多首，大多选择日本和欧洲曲调。其中流传最广的有《男儿第一志气高》（曲调选自日本歌曲《手戏》）、《杨柳花》（曲调选自苏格兰歌曲 Auld Lang Syne）、《革命军》（曲调选自日本歌曲《勇敢的水兵》）等。沈心工的一生，是为国民音乐教育事业奔走的一生，他翻译和填词的歌曲为提升国民素质、解放国民思想、弘扬爱国主义精神发挥了重要的作用。

曾志忞（1879—1929），号泽霖，福建人，成长于上海。1901 年留学日本，在早稻田大学攻读法律，1903 年在东京音乐学校学习音乐。1907 年归国后编写、翻译了多部音乐著作、音乐教材和多篇音乐论文，创作了大量乐歌。自 1904 年起，曾志忞在梁启超主编的《新民丛报》上以连载形式发表了《音乐教育论》，分析了中国音乐落后的原因及其应对策略。1904 年 8 月，他根据日文转译并补充而成了一部《乐典教科书》②，该书为我国最早的中文乐理教材，其内容和术语为后来的乐理教科书奠定了基础。③ 他在该书序言中说道，"音乐之于社会，改良一般人民性质更大"④，强调音乐教育在改造国民及社会教育

---

① 冯文慈：《中外音乐交流史：先秦—清末》，人民音乐出版社 2013 年版，第 300 页。
② 该书原著为英国亚科司福大学艾艾拜尔教授编撰的教科书 Text-Book of Musical Grammar.
③ 冯文慈：《中外音乐交流史：先秦—清末》，人民音乐出版社 2013 年版，第 301 页。
④ 曾志忞译补：《乐典教科书》，广智书局 1904 年版，第 3 页。

中的作用。1907 年，曾志忞在秋瑾主编的《中国女报》上匿名发表了他创作的乐歌《勉女权》，号召国民妇女摆脱思想枷锁，勇敢地加入到推翻清王朝的革命中去，在社会上引起了强烈反响。

曾志忞一生创作了如《练兵》《游春》《新》《扬子江》《秋虫》等多首乐歌，但他却颇有见解地指出，"以洋曲填国歌"不是长久之计，那只是过渡时期不得已之办法。不论在音乐教育、音乐理论，还是乐歌创作上，曾志忞都贡献巨大、成绩斐然，是学堂乐歌发展史上一位代表性人物，也被梁启超称为"我国此学（指音乐学）先登第一人也。"①

李叔同（1880—1942），学名文涛，字叔同，生于天津，后皈依佛门，号弘一，精通音乐、美术、话剧。曾与黄炎培等人共同发起"沪学会"，宣传新知、兴建学堂、培养人才。1903 年，编辑出版了早期乐歌教材《国学唱歌集》。1905 年留学日本，攻读绘画和音乐，并在日本加入同盟会，自费创立了我国第一本音乐期刊《音乐小杂志》。他在该杂志的创刊号上发表了译述文章《乐圣比独芬传》②，并在扉页附上了他亲自绘制的贝多芬炭笔肖像画，该文为 300 字左右贝多芬小传③，是最早向国人介绍贝多芬的文章。

李叔同是早期学堂乐歌的代表性作者，创作了《送别》《大中华》《忆儿时》《梦》《春游》等多首歌曲。特别是《送别》是其中最为脍炙人口的一首乐歌，电影《城南旧事》《早春二月》都曾将其作为插曲，即使在今天，它仍耳熟能详、经久不衰。《送别》歌词清新淡雅、情真意挚、曲调婉转。该歌曲调出自美国作曲家约翰·P. 奥德威（John P. Ordway）创作的通俗歌曲《梦见家乡和母亲》（*Dreaming of Home and Mother*），后经日本词作者犬童信藏改编填词成日文歌曲《旅愁》，于 1907 年发表在日本杂志《中等教育唱歌集》。歌词汉译为：

---

① 梁启超:《饮冰室诗话》，时代文艺出版社 1998 年版，第 81 页。
② "比独芬"为"贝多芬"旧译。傅雷 1946 年翻译出版罗曼·罗兰的《贝多芬传》后，该译名才得以固定。
③ 小传原文可参见新世界出版社 2013 年出版的《弘一法师全集》。

西风起，秋渐深，秋容动客心。独自惆怅叹飘零，寒光照孤影。忆故土，思故人，高堂念双亲。乡路迢迢何处寻？觉来归梦新。西风起，秋渐深，秋容动客心。独自惆怅叹飘零，寒光照孤影。①

从歌词可知，李叔同《送别》歌词的基本内容、意境均与犬童的《旅愁》接近②，都表达了淡淡的哀愁与沉沉的相思，这种基调正是对故人的不舍，也是对故土的思念。因此，与其把《送别》看作是李叔同的填词作品，还不如将其看作是对歌曲《旅愁》灵活变通的译配作品。这种"统摄全意，另铸新词"的翻译方法，对中华人民共和国成立后的歌曲翻译活动，乃至当下的歌曲译配行为都具有特殊的启发作用。

（三）学堂乐歌的意义

学堂乐歌是一个危难中的民族在特殊时期主动的选择，是具有启蒙意义的音乐运动，对提升国民素质，促进中外音乐文化交流，推动中国近代社会行程具有重要作用，具体表现为：

1. 学堂乐歌是中国传统音乐和中国近代音乐之间的分水岭。如此大规模地引进日本、欧美歌曲，提供了中国音乐不断吸纳国外音乐营养的机会，促进了中国近代音乐的发展进程，对中国 20 世纪的音乐影响深远，具有划时代的意义。

2. 学堂乐歌作为国人向西方学习先进文明的载体，在潜移默化中向国民传播了爱国、励志、平等、民主等新思想、新观念，提升了国民素质，促进了人类文明的发展进程。

3. 学堂乐歌借助国外音乐，展示了音乐审美、育人、陶冶情操的社会功能，吸收了西洋记谱法③、乐理、乐器并让其在国内推广、使

---

① 钱仁康:《学堂乐歌考源》，上海音乐出版社 2001 年版，第 239 页。

② 因《送别》已是脍炙人口的歌曲，此处略去歌词。

③ 比如简谱就是在此时期引入我国的。简谱由卢梭发明的数字谱发展而来，后传到日本，再由留日学生传到中国。具有"学堂乐歌之父"称号的沈心工是简谱的积极传播者。简谱起源于欧洲，但现在欧洲国家早已使用五线谱代替简谱。目前简谱只在亚洲的一些国家使用，尤其是在中国，简谱的使用率和普及率仍很高。

用、接受,提升了国民音乐素质,促使我国音乐教育走上了系统化、正规化的道路。

4. 学堂乐歌破除旧体诗词格律,引领歌词由"雅"至"俗"向"新语言"方向发展,催生了新诗的萌芽。

5. 学堂乐歌首次大量将国外歌曲通过填词或翻译的方式引进到国内演唱,扩充了当时翻译活动的视野,是我国近代歌曲译配发展的源头,对中华人民共和国成立后的大规模歌曲译配活动产生了深刻的影响。

二 译入的代表性歌曲

彼得·洛曾指出:当一首歌用外语演唱时,其歌词文本可能是"翻译文本"(translation)或"改编文本"(adaptation),也可能是"填词文本"(replacement text)。① 从严格意义上讲,歌曲填词保留原曲却舍弃原意,是一种"以洋曲填国歌"的活动,不属于翻译行为。上文谈及的学堂乐歌大多就是采取这种方式而作。其中有些歌曲因为传播太广、深入人心,不少人已误认为这些歌曲本身就是中国原创歌曲,如《两只老虎》②《小星星》③《三大纪律八项注意》④ 等。虽然在学堂乐歌时期,多数词作者采取的是填词作歌,但也有不少歌曲是通过译配而成,其中也不乏家喻户晓、脍炙人口的佳作。

根据音乐家钱仁康先生的调查,近代我国最早的几首译配歌曲应

---

① Peter Low, "When Songs Cross Language Borders Translations, Adaptations and 'Replacement Texts'", *The Translator*, Vol. 19, No. 2, 2013, p. 229.

② 填词自法国儿歌《雅克兄弟》(*Frère Jacques*)。1926 年,在国民革命军政治部担任宣传科长的共产党员邝墉曾根据此曲还填词了歌曲《打倒列强》,后被作为黄埔军校校歌《国民革命歌》,唱遍大江南北。

③ 该歌曲调出自法国民歌《妈妈请你听我说》(*Ah! vous dirai-je, maman*),后被填词为英文歌曲 *Twinkle Twinkle Little Star*。中文歌《小星星》是根据英文填词版译配而成。1912 年沈心工在他的《重编学校歌唱集》第四集中还根据此曲调填词了《英文字母歌》,流传至今。

④ 由红十五军团政治部秘书长程坦 1935 年填词而成,曲调出自德意志皇帝的"卫队练兵进行曲"。

为无名氏①译配的法国歌曲《马赛曲》，叶中冷 1908 年译配的美国歌曲《飞渡鸠迦》，马君武译配的德国歌曲《迷娘之歌》，刘半农译配的爱尔兰歌曲《最后之玫瑰》。② 后来，随着国外音乐不断进入国内，陆续又出现了越来越多的外国歌集译配作品。如王光祈 1926 年翻译出版的《各国国歌评述》，刘半农 1927 年翻译出版的《国外民歌译》，柯政 1932 年主编的《世界名歌一百曲集》（第一册十首歌曲由许地山翻译），1932 年钱歌川主编的《世界民歌选》等等。这些歌曲大多来自日本、英国、法国、德国、美国等，其中有三首传播最广、影响最大、代表性最强，这三首歌曲是法国的《马赛曲》《国际歌》和《伏尔加船夫曲》。

（一）《马赛曲》（*La Marseillaise*）

《马赛曲》原名《莱茵河军队战歌》（*Chant de guerre de l'Armée du Rhin*），由共和主义者鲁日·德·李尔（Claude Joseph Rouget de Lisle）作于 1792 年。当时法国革命受到德、奥两国干扰，法国人民在争民主、反暴政的斗争中浴血奋战，保卫革命成果。在这个紧要关头，李尔按捺不住满腔义愤写下了《马赛曲》战歌。马赛市义勇军唱着这个战歌攻入巴黎，随即这首歌传遍法国全国。由于《马赛曲》曲调慷慨激昂，充满了法国人民的革命斗志和爱国热情，1795 年《马赛曲》被定为法国国歌。

据目前资料看，第一个将《马赛曲》译成中文的是改良派思想家王韬。他的译文于 1871 年发表，题为《麦须尔诗》，采用七言诗形式翻译，颇具古文典雅特色。该译文也被认为是"迄今发现的最早的法国文学作品的汉译文"③。1902 年梁启超在其《饮冰室诗话》中再次刊发了这首译作。后来翻译《马赛曲》的译者不计其数，翻译形式也

①　就目前资料来看，第一个将《马赛曲》译成中文的可能是改良派思想家王韬。但王韬的译文为平仄与辞藻都很讲究的七言古体诗文体，不能配曲演唱，只能算作诗歌翻译。

②　钱仁康：《谈歌词的翻译》，《音乐艺术（上海音乐学院学报）》1999 年第 4 期。

③　邹振环：《影响中国近代社会的一百种译作》，中国对外翻译出版公司 1996 年版，第 253 页。

各具特色。如侠民在 1904 年 10 月 26 日出版的《新新小说》上刊发了他译配的《马赛曲》，题为《汉译法兰西革命国歌》。其中还为法语原词配上了五线谱，第一段中文译词配上了简谱；1917 年刘半农以诗歌形式翻译了《马赛曲》；1920 年马骥良也在《新人》上发表了他的三段译文；1926 年王光祈在其编著的《各国国歌评述》中发表了《马赛曲》的第一段歌词译文，等等。《马赛曲》的演唱版本在中国广为传唱，大约在 20 世纪 20 年代以后，其歌词出自《世界名歌 101 首》。抗日战争期间，《马赛曲》深受中国人民的喜爱，成了中国人民抗战救亡的战斗武器。中华人民共和国成立后，大家演唱的《马赛曲》通常采用的是宫愚译配的歌词。

《马赛曲》不仅是中国人民心中有力的精神武器，也对中国音乐家创作抗战歌曲产生了强烈的影响[1]，是"影响中国近代社会的一百种译作"之一的作品。

（二）《国际歌》（*L'Internationale*）

《国际歌》是在 1871 年代表法国人民的巴黎公社与法国资产阶级政府斗争的背景下产生的。歌词为巴黎公社委员欧仁·鲍狄埃（Eugène Pottier）创作的诗歌《英特纳雄耐尔》（*L'Internationale*），该诗在很长一段时间一直使用《马赛曲》曲调演唱。直到 1888 年，法国工人作曲家皮埃尔·狄盖特（Pierre De Geyter）为该诗谱写了新的曲子，《国际歌》才真正诞生。随着《国际歌》影响力不断增强，该歌逐渐被翻译成各种语言传唱到世界各地。俄国十月革命后，苏维埃政府决定以俄文版的《国际歌》作为苏联的代国歌。1931 年中华苏维埃共和国成立时，《国际歌》也被认定为国歌。

《国际歌》在中国的传播是在五四运动之后。据现有资料，《国际歌》最早的译文出自 1920 年 10 月出版的广东共产主义小组主编的

---

①　如田汉、聂耳合作的《义勇军进行曲》很可能就受到《马赛曲》和《国际歌》词曲风格的影响。《义勇军进行曲》中有"前进！前进！前进！"，《马赛曲》中有"Marchons! Marchons!"，《义勇军进行曲》中有"起来"，《国际歌》中有"Debout!"

《劳动者》，译文题为《劳动歌》，译者为"列悲"①。同年 11 月，留法勤工俭学会主办的《化工旬刊》第 1 年第 5 号也刊出 3 段译文，题为《劳动国际歌》，译者署名为"逃狱译投"②。1921 年 9 月出版的《小说月报》第 12 卷号外刊出了由耿济之和郑振铎（当时署名为"T. Z C. T 合译"）合作的译文，题为《赤色的诗歌——第三国际党的颂歌》③。不过，值得注意的是，以上这些译文均是以诗性翻译的形式进行的，无法配曲演唱，不能算作《国际歌》的译配版本。

《国际歌》的演唱版译文最早出现在瞿秋白主编的《新青年》1923 年 6 月 15 日创刊号上。译者为瞿秋白本人，中文歌词配有曲谱，并在附文中对原词、"international"的音译和翻译情况进行了说明，④后来瞿秋白本人也多次在各种场合演唱《国际歌》。据说，1935 年瞿秋白就义时也是唱着《国际歌》走向刑场的。萧三和陈乔年的演唱版译词最早出现在 1925 年 3 月出版的《工人读本》上，后多次被其他刊物转发，据说该版本曾被萧三带到延安，一直传唱到 20 世纪 60 年代。现在通行的《国际歌》汉语版译词，是 1962 年中国音乐家协会和中央人民广播电台邀请有关专家在以前的版本上修订而成的⑤。

（三）《伏尔加船夫曲》（ЭЙ, УХНЕМ）

《伏尔加船夫曲》是一首古老的俄罗斯民歌，俄文名为 ЭЙ,

---

① 据邹国义先生考证，"列悲"为"五四"时期北大学生、无政府主义者区声白，参见邹国义《〈国际歌〉最早的译者列悲考释》，汤勤福主编《历史文献整理研究与史学方法论》，黄山书社 2008 年版，第 119—139 页。

② "逃狱译投"实为"张逃狱"，参见高陶文《〈国际歌〉的汉译及其在中国的传播》，林煌天主编《中国翻译词典》，湖北教育出版社 1997 年版，第 261 页。

③ 据陈福康考证，耿济之和郑振铎着手翻译《国际歌》的时间可能在 1920 年 7 至 8 月间，因此他认为耿郑译文才是《国际歌》的最早译文。笔者认为，考证只能以译文见刊时间为准。若以着手翻译时间为准，那么，或许列悲在见刊前也早已动手翻译了《国际歌》，而这些时间现都难以考证。参见陈福康《我国最早的〈国际歌〉译词》，《民国文坛探隐》，上海书店出版社 1999 年版，第 69 页。

④ 其实瞿秋白早在 1920 年 11 月至 1921 年 10 月撰写的《饿乡纪程》中就将 L'Internationale 翻译成了《国际歌》，瞿氏可能是最早使用"国际歌"称呼该歌的人，他的译词应该是通过俄文转译成汉语的。参见瞿秋白《新俄国游记》，商务印书馆 1923 年版，第 71 页。

⑤ 据宋士峰先生考察，现在的通行本主要是在瞿秋白的译词上修订而成的，参见宋士锋《〈国际歌〉中文译配版权应属瞿秋白》，《文汇报》2015 年 4 月 13 日第 T06 版。

УХЕМ（意为劳动号子，类似"哎哟嗬"）。伏尔加河被俄罗斯人民称为"母亲河"，在沙皇统治下的俄罗斯人民生活艰难，饥寒交迫，但他们却深爱着滋养着他们的"母亲河"。《伏尔加船夫曲》描绘了伏尔加河上纤夫们迈着沉重步伐拉纤的场景，刻画了纤夫们坚韧不拔、砥砺前行的精神。

该歌曲在 20 世纪 20 年代传入中国，由于时代久远、资料匮乏，多数时候这首歌的中文版译词被署名"佚名"。薛范谈到这首歌的译者时也曾说道，"这首民歌最早在什么时候、是哪一位翻译的，至今无从查考"[1]。不过据留生先生考证[2]，《伏尔加船夫曲》是由英文转译成中文的。1926 年美国无声电影 The Volga Boatman（中译片名《冤声》）在上海上映，《伏尔加船夫曲》作为影片中的插曲开始在国内流传。1928 年 4 月，通俗文学作家包天笑根据英文转译成汉语版，随后歌星王人美还将其录制成唱片。

留生还考证，如今的通行版本歌词应是在音乐家张昊译配的版本上修改而来的，张昊的译文于 1942 年发表在《理想家庭》杂志上，后由男低音歌唱家斯义桂在百代唱片公司灌制成唱片。笔者在多个收藏网搜到这张唱片（如图 2－3），唱片片芯署名为"Keneman 改编，张昊译"，可见此唱片确实存在。中华人民共和国成立后，《伏尔加船夫曲》又出现了多个汉语译配版本。直到 1963 年，音乐出版社出版了《伏尔加船夫曲》的单行版，至此该歌曲的中文译词才最终得以确定，演唱至今。

《马赛曲》《国际歌》《伏尔加河船夫曲》是上世纪初传入我国最重要的几首歌曲，这些歌曲不但激励了中华儿女成功地向旧世界发起反抗与斗争，也成为了鼓舞我国人民不断前行、自强不息的精神力量。

---

[1]　薛范:《歌曲翻译探索与实践》，湖北教育出版社 2002 年版，第 199 页。

[2]　留生先生还提供了唱片图片为证，参见留生《一个经典"文本"的确立——中文译配〈伏尔加船夫曲〉的定型及其译者考》，《人民音乐》2016 年第 10 期。对此也有学者持不同看法，认为哲学家艾思奇 1928 年译配的《伏尔加船夫曲》为该歌曲最早中文版本，参见达生《谁翻译了〈伏尔加纤夫曲〉》，《炎黄春秋》2004 年第 6 期。

这些歌曲的译者们在我国近代翻译史上的赫赫之功不应该被遗忘。

图 2 - 3   上海百代公司唱片《伏尔加船夫曲》片芯

三　译出的代表性歌曲

一般说来，翻译总是由弱势文化主动学习和借鉴强势文化的内容，以丰富本民族文化，这便是"译入"。民国时期，由于我国常年闭关锁国，经济、科技、思想落后，我国文化处于弱势地位，歌曲翻译主要以译入模式译介和引进日本和欧美歌曲。虽然在此期间，我国歌曲译出数量不多，但在为数不多的译出歌曲中，也不乏成功"走出"国门的译配案例。

（一）《义勇军进行曲》

《义勇军进行曲》最初是电影《风云儿女》的主题曲，由田汉1934年作词，聂耳1935年作曲而成。由于当时中华民族正处于生死存亡的关头，《义勇军进行曲》一诞生，就像一支战斗的号角鼓舞着中华儿女，很快传唱到全国各地。随即又被译成英文传播到西方，产生了广泛的国际影响。其中两个英译本影响最大，值得着墨书写。

1. 《义勇军进行曲》的首译本

《义勇军进行曲》的首译本为音乐家李抱忱所译。李抱忱1930年毕业于燕京大学，是我国早期合唱事业的领军人物。1939 年，国民党宣传部为了向西方世界宣传抗日，他们邀请李抱忱编写一本英文版抗日歌集。受此邀请，李抱忱在音乐家刘雪庵、贺绿汀、陈田鹤、杜庭修的协助下编辑了英文版 *China's Patriots Sing*（《中国抗战歌曲集》），并在香港出版。该书共收录了《义勇军进行曲》《党国歌》《国旗歌》《自卫》等 12 首抗战歌曲①。译词采取译配形式翻译，配有五线谱，方便英美读者配曲演唱。《中国抗战歌曲集》英文版的出版，标志着抗战时期中国人民自己第一次主动地有目的地用英文向国外传播中国音乐，促进中西音乐文化交流，同时也是第一次将《义勇军进行曲》以英文可唱译词的形式推向西方世界②，对中国抗战精神的译介具有划时代意义。

2. 《义勇军进行曲》的刘良模译本

刘良模 1909 年生于浙江镇海，1932 年毕业于沪江大学社会学系，是我国著名爱国人士。在国家危难之际，刘良模曾组织多个歌咏会，为民众教唱抗日救亡歌曲。《义勇军进行曲》就是刘良模在上海"民众歌咏会"上教唱次数最多的歌曲之一。1939 年，刘良模因编写歌曲集和教唱抗日歌曲被捕，后经基督教会营救后，被迫于次年前往美国留学。后为当时在美国的冯玉祥将军担任翻译，兼任美国支援中国抗战的机构援华会（United China Relief）讲员。③ 1941 年，刘良模经人介绍认识了美国著名黑人歌唱家保罗·罗伯逊（Paul Robeson）。刘良模向罗伯逊介绍了中国歌咏运动的情况，并将《义勇军进行曲》译配成英文给他看④。罗伯逊对中国人民非常同情，顿时喜欢上这首歌曲，当即表示，"我们黑人和中国人民同样是被压迫的民族，我们要向坚

---

① 这 12 首歌曲分别是《义勇军进行曲》《党国歌》《国旗歌》《自卫》《救国军歌》《牺牲已到最后关头》《长城谣》《大刀进行曲》《出发》《中华民族不会亡》《游击队歌》《抗敌歌》，属于抗战初期中国最为流行的抗战歌曲。

② 袁斌业：《抗战时期对外译介的中国抗战歌曲》，《上海翻译》2005 年第 3 期。

③ 赵晓阳：《刘良模与〈义勇军进行曲〉》，《中国宗教》2003 年第 9 期。

④ 钱仁康：《中外国歌纵横谈》，上海教育出版社 1989 年版，第 9 页。

决抗日的中国人民致敬。我要学会几首中国歌；我要把中国人民的歌曲唱给全美国和全世界的人听"。① 这样，《义勇军进行曲》就随着罗伯逊在各地的演唱会走遍了美国。1942 年，刘良模和罗伯逊继续合作，打造了一套中国革命歌曲唱片 Chee Lai：Songs of New China（《起来：新中国之歌》）。

在唱片里，《义勇军进行曲》被翻译成 Chee Lai（起来），罗伯逊先后用中英文进行了演唱。宋庆龄得知此事后，欣然为这张唱片撰写了英文序言。罗伯逊本人也在唱片套封上写道："《起来》是一首被千百万中国人民传唱的歌曲。它代表着这个民族无往不胜的精神。能够演唱这首歌的英文版本是我的特殊荣誉。"这样，《义勇军进行曲》在美国越传越广，还被转译成其他语言，传到西方世界，成为当时代表中国人民抗击日本侵略者的最强音，激励着世界上被欺凌的各民族人民。

如果说李抱忱的《义勇军进行曲》译本奠定了该歌曲走向西方世界的基础，那么刘良模与罗伯逊的译本则是将《义勇军进行曲》推向了更广泛的国际社会。在刘良模与罗伯逊合作的唱片发布后，《义勇军进行曲》的歌声就传遍全美国。1941 年 3 月 24 日晚，全美助美联合总会举行"中国前进广扩剧"，华人组织合唱队演唱了《义勇军进行曲》并向全美广播②。1944 年，美国好莱坞米高梅电影公司根据赛珍珠同名小说改编，耗巨资拍摄了一部反映中国抗战体裁的故事片 Dragon Seed（《龙种》），《义勇军进行曲》英文版 Chee Lai 就被选作这部电影的插曲。除美国外，在当时的南洋，新加坡电台将《义勇军进行曲》作为"开始曲"天天播放；马来西亚抗日队伍将这首歌里的歌词"中华民族"改为"马来西亚族"，译成马来西亚文演唱；印度的德里广播电台每天 5 次对华广播节目，均以《义勇军进行曲》作为前

---

① 参见人民网《〈义勇军进行曲〉曾唱响美国，宋庆龄为唱片作序》，http：//culture. people. com. cn/n/2015/0820/c172318 – 27491128. html，2015 年 8 月 20 日。

② 参见美国援华大会办刊《中华（上海）》1941 年第 101 期。

奏曲。① 1945 年，联合国成立时，该曲作为代表中国的歌曲演奏。② 第二次世界大战即将结束之时，在反法西斯盟军胜利凯旋的曲目中，《义勇军进行曲》也赫然名列其中。③ 另外，在英国、法国、苏联、捷克等地，《义勇军进行曲》也被翻译成不同语言并被录制成唱片传播。正是因为《义勇军进行曲》在国内国际的影响力，才使得它在 1949 年 9 月 25 日在中南海丰泽园召开的国旗、国徽、国歌、纪年、国都协商座谈会上，得到毛泽东和周恩来的肯定，被确定为《中华人民共和国国歌》。

（二）《玫瑰玫瑰我爱你》

《玫瑰玫瑰我爱你》原名为《玫瑰啊玫瑰》，由吴村作词、陈歌辛作曲，创作于 1940 年，是电影《天涯歌女》的插曲。由于歌曲节奏轻松明快，思想奔放向上，深受国民的喜爱。该歌被 20 世纪三四十年代上海著名歌星姚莉演唱后，更是风靡全国，火遍华语流行乐坛，台湾、香港等地歌手也相继翻唱。由于歌曲影响力越来越大，很多在华外籍人士纷纷将其翻译成英文传唱。约在 40 年代末，英国电台节目主持人威尔弗雷德·托马斯（Wilfred Thomas）将其带回英国，受到英国人的热捧。后来，受查普尔音乐公司（Chappell Music Group）的委托，托马斯又将这首歌译配成英文版④，命名为 *Rose Rose I Love You*（《玫瑰玫瑰我爱你》），从此这首歌走上了国际化的道路，越传越广。特别是在 1951 年，*Rose Rose I Love You* 被美国歌星弗兰克·莱恩（Frankie Laine）演唱后，更是登上了全美音乐流行排行榜第三名。后来，英国女歌星佩图拉·克拉克（Petula Clark）又将其改编成中英混唱的版本 *May Kway*，登上了英国流行歌曲排行榜第十六名。

《玫瑰玫瑰我爱你》是在中华人民共和国成立前后被译介出去，

---

① 苏全有：《〈义勇军进行曲〉缘何化身国歌》，《福建论坛》（人文社会科学版）2016 年第 8 期。

② 李菁：《危亡时代的不屈之声》，《三联生活周刊》2009 年第 36 期。

③ 吴北光：《几度沧桑话国歌》，《新湘评论》2011 年第 14 期。

④ 准确地说，托马斯的英文歌词是翻译与填词结合的成果。

并引起很大反响的一首中国歌曲，也是时至今日荣登全美音乐流行排行榜榜首的唯一出自中国本土作曲家的音乐作品。由于该歌曲英文版在西方音乐世界知名度很高，目前仍有不少中国人误以为该歌曲是一首外国歌曲①。

小　结

　　歌曲翻译史其实就是一部中外音乐文化交流史，我国歌曲翻译历史悠久，最早可追溯到春秋时期民族语言之间的歌曲翻译。特别是随着张骞出使西域，秦汉文化与外界文化开始交流，开启了中外音乐文化交流的新纪元。本章简要回顾了歌曲翻译的历史渊源，通过对明清以前、明清时期、民国时期中外音乐交流史进行梳理，可寻找歌曲翻译的历史渊源。同佛教翻译一样，明朝以前，我国的音乐交流主要是与西域诸国的交流，在此期间大量佛教歌曲与西域乐器进入中原。如支谦、康僧会、觅历等高僧都曾翻译过佛教歌曲，在歌曲翻译史上也存在"改梵为秦"、用中国的音调来配唱汉译经文的做法，通过歌曲的感染力、传播效果来扩大经文的受众。可以说，佛经当中的歌曲翻译为中国传统音乐的形成奠定了基础。

　　明清以后，我国的音乐交流转向与欧洲各国的交流。大批天主教传教士在推动中西音乐交流和中西歌曲翻译上做出了卓越的贡献。特别是 20 世纪初期，学堂乐歌的兴起，成为中国近代音乐史上具有划时代意义的音乐运动，也是我国第三次翻译高潮时期中国近代歌曲译配发展的源头。

---

　　① 也有人误认为该歌曲是唯一且最早译配出去的中国歌曲。如歌曲翻译家薛范先生在 2012 年 12 月 8 日在西安召开的"第二届陕北民歌全国译介学术研讨会"上发言时就表达了类似观点。实际上前文已经介绍，我国最早走出国门并引起很大反响的歌曲是江苏民歌《茉莉花》。不过，由于《玫瑰玫瑰我爱你》属于流行歌曲，因此它在曾经很长的一段时间，可能是国际上知名度最高的一首中文歌曲。

　　纵观中外音乐交流史，中外音乐交流有两次高潮，一次是隋唐时期的中外音乐交流，一次是学堂乐歌后的音乐交流。这两次交流高潮是中外音乐文化交流史上举足轻重的文化遗产，对中华人民共和国成立后的大规模歌曲译配活动产生了深刻的影响。

第三章 发展:1949 年以来歌曲翻译的历程与本土化

　　1949 年中华人民共和国成立，百废待兴。在共产党人和中国人民共同的努力下，国民经济逐步恢复，社会渐渐稳步发展，我国歌曲翻译事业呈现出新的面貌，迎来了发展机遇。歌曲翻译活动逐步从"散兵游击"式翻译向有规划、有组织的翻译方向转变。特别是改革开放后，经济发展突飞猛进，各国文化不断融合，海外大量流行歌曲被译介进入我国，我国不少经典歌曲也逐渐被翻译"走出"国门，成为传播中国声音的载体。然而，由于歌曲作品不属于严肃文学，这一段歌曲翻译史一直被译界所忽略，为数不多的论著也被文学翻译、翻译理论研究等主流话语所遮蔽。本章拟从歌曲翻译史料研究入手，收集、整理 1949—2019 年间我国中外歌曲翻译作品，归纳中华人民共和国成立 70 年以来我国歌曲翻译的历程，对歌曲翻译作品数量进行统计，对不同时期的传播媒介和译者构成进行分析。

　　此外，"一部翻译历史，在很大程度上可以说是一部翻译策略研究史"[1]，换句话说，在某种意义上，翻译策略的研究就是翻译史研究。如从文字层面的"文质之争"到"直译"与"意译"之争，再到如今文化层面的"归化"与"异化"之争，无不是将翻译策略置于翻译史的语境展开讨论的。我国 70 年间的歌曲翻译史同样是一部翻译策

---

　　① 袁榕:《文学翻译中陌生化和本土化的策略取向与冲突》,《解放军外国语学院学报》2010 年第 3 期。

略演变的历史。本章还将从歌曲翻译策略的演变,总结异语歌曲的本土化过程,并对翻译歌曲的本土化规律及价值进行探讨。

第一节　歌曲翻译的 70 年历程

一　50 年代:繁荣时期

20 世纪五十年代,歌曲翻译进入一个全新的发展阶段。黄雯(Wong Man)率先于 1950 年 4 月由香港建设出版社(Creation Books)联合赫希菲尔德兄弟有限公司(Hirschfeld Brothers Ltd.)出版了中英对照版的《诗词译选》(*Poems from China*)。该译集共分为“古诗”“词”“新诗”和“新歌”四个部分。在“新歌”板块,黄雯选译了《中华人民共和国国歌》《八路军军歌》《我们是人民的子弟兵》《跟着你走》《口唱山歌手插秧》《修路工人歌》《唱出一个春天来》和其他六首民歌。严格按照歌曲译配的标准来看,这当中有些歌曲的译词可能难以入曲演唱,但这是中华人民共和国成立后我国第一次将本土歌曲翻译成英文并在大陆以外的出版社出版。特别是将刚刚确立的《中华人民共和国国歌》第一时间译介到西方世界,意义重大。

讨论歌曲译配与翻译歌曲的传播,有两本刊物成绩突出,影响巨大。一本是由华东、上海人民广播电台编辑的《广播歌选》。1949 年 5 月 27 日上海解放后,上海人民广播电台开办了《教歌》栏目,每周教唱一两首新歌,所选的歌曲大部分来自他们编辑的《广播歌选》。《广播歌选》是中华人民共和国成立后第一本也是当时唯一的歌曲刊物[①](如图 3 - 1)。

后来,《广播歌选》改版为月刊,每期都刊登国外歌曲的译配版本,大多为苏联和俄罗斯歌曲,偶尔也有朝鲜、捷克、日本、德国等

---

① 薛范:《歌曲翻译探索与实践》,湖北教育出版社 2002 年版,第 199 页。

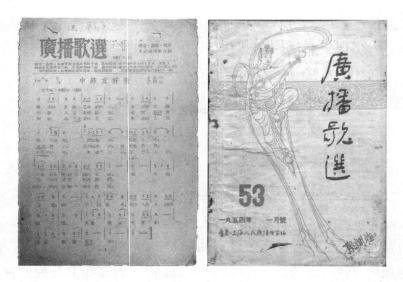

图3－1　《广播歌选》创刊号（左）及改版后的月刊（右）书影

国歌曲。如《少先队的节日》《春之歌》《唱吧，我的手风琴》《友好！统一！和平！》《人民在前进》《春之歌》《海港之夜》《遥远的地方》《小路》《喀秋莎》等歌曲最初都是在《广播歌选》上发表的。《红莓花儿开》最早的译本也是发表在1951年10月号《广播歌选》上的，当时的歌名为《哦，雪球花在盛开》，译者为王毓麟。薛范同样是1953年第一次在《广播歌选》上发表歌曲，从此走上了歌曲翻译的道路。

薛范的代表作《莫斯科郊外的晚上》于1957年发表在《广播歌选》9月号上，随后被其他刊物和电台转载、播放，受到广大民众的喜欢，风靡全国，成为用汉语演唱《莫斯科郊外的晚上》的人远超用俄语演唱的人的一首译配歌曲。后来，这首歌曲传唱得更广，用薛范自己的话说，"几乎没有一种音乐刊物、一本外国歌曲集子没有发表过这首歌，也几乎没有一家唱片公司没有录制过这首歌。"①

《广播歌选》每期发表一两首翻译歌曲，到1959年共发表翻译歌

_____

① 薛范：《歌曲翻译探索与实践》，湖北教育出版社2002年版，第14页。

曲近 300 首。1959 年后,《广播歌选》更名为《上海歌声》,由上海音乐家协会主办,因为政治原因,该刊物后来很少再刊登外国歌曲。1996 年,该刊再次更名为《东方歌声》,由上海东方电视台和上海音乐家协会共同主办。

《广播歌选》除了在刊物上选登译者寄来的翻译歌曲外,还组织翻译、编辑了不少外国翻译歌集。如 1956 年出版了《印度电影歌曲选》,主要译者为孟广钧、慕容婉儿、薛范等。歌集中不少歌曲深受大众喜爱,传唱至今,如《拉兹之歌》《丽达之歌》《告别》《摇篮曲》等。

另一本对译介外国歌曲贡献巨大的刊物是《歌曲》,该刊于 1952 年 4 月 16 日创刊(如图 3 − 2),由中国音乐家协会主办。由于该刊早期的两任副主编都精通外语,自己又擅长歌曲译配[①],因此从创刊之日起,该刊就特别重视翻译引进外国歌曲,几乎每期都刊登译配歌曲。歌曲涉及的国家特别广,有来自苏俄、美国、英国、法国、德国等发达国家的歌曲,也有来自非洲、南洋等小国家的歌曲。歌曲体裁涉及艺术歌曲、群众歌曲、民歌、革命歌曲、影视歌曲、流行歌曲、乡村歌曲、摇滚歌曲等等。[②] 20 世纪 50 年代是《歌曲》发表外国歌曲的繁荣时期,十年来发表外国歌曲约三四百首。其中像《青年之歌》《有谁知道他》《莫斯科大学生之歌》《含苞欲放的花》《山楂树》《小杜鹃》《蜻蜓姑娘之歌》最初都是发表在《歌曲》月刊上,受到歌众的关注从而传唱至今的。在《歌曲》上发表外国歌曲的译者大多为自由投稿,有些译者的作品屡见此刊,有些译者只是偶尔为之。但是该刊刊登的译配歌曲质量均属上乘,对外国歌曲的引进与传播功不可没。

除了上述以刊物形式发表翻译歌曲外,不少出版社也组织编译了不少歌曲集。如人民唱片厂就于 1954 年编辑了《人民唱片歌曲选》,

---

① 如钟立民副主编曾译配《含苞欲放的花》《山楂树》等歌曲,张宁副主编曾译配《往日的时光》《三套车》《萤火虫》等歌曲。

② 薛范:《歌曲翻译探索与实践》,湖北教育出版社 2002 年版,第 203 页。

图 3 - 2　《歌曲》创刊号书影

其中刊有《红莓花儿开》《金日成将军之歌》《莫斯科颂》《从这边境到那边境》《祖国进行曲》《伏尔加河》《歌唱斯大林》《我们举杯》等 25 首歌曲。译者有署名集体译词，也有袁水拍、陈原、吕骥、赵枫、任虹、郭沫若、周广仁等。可能为了迎合当时的俄语学习热潮，这本歌集中所译配的歌曲大部分为苏联歌曲。

　　1954 年，我国第一家国营出版社——音乐出版社成立，极大地推动了外国歌曲的译介。① 音乐出版社邀请了国内歌曲译配专家，或参与翻译，或为他们编译外国歌曲集。这些歌曲译配专家主要有薛范、毛宇宽、周枫、尚家骧、邓映易、林蔡冰等。1955 年，音乐出版社出版了尚家骧编译的《意大利歌曲集》，薛范编译的《苏联歌曲集》（第 1 集）、《苏联歌曲集》（第 3 集），毛宇宽编译的《苏联歌曲集》（第

———————————

① 后更名为"人民音乐出版社"。

2 集);1956 年,又出版了周枫编译的《莫扎特歌曲集》;1957 年,出版了尚家骧编译的《古典抒情歌曲选》;1959 年,出版了薛范编译的《苏联优秀歌曲选:1917—1957》,沈笠、周枫编译的《柴可夫斯基抒情歌曲集》。此外,又以出版社的名义编译出版了《俄罗斯独唱歌曲集》《俄罗斯合唱歌曲集》《格林卡歌曲选》《世界人民歌曲集》等。

特别值得一提的是,音乐出版社 1958 年出版了最具影响力的《外国名歌 200 首》。该歌集分为"现代歌曲和民歌"与"古典歌曲"两大部分,共刊载译配歌曲 224 首,参与译者达一百多人,涉及苏俄、法国、乌克兰、波兰、捷克、朝鲜、美国、加拿大、古巴、墨西哥、南非、意大利、苏格兰、瑞士、德国、丹麦、西班牙等多国歌曲。这 224 首歌曲大多曾经在音乐出版社出版过,和在其他刊物发表过的比较受欢迎的歌曲,部分译词做了修订。该歌集的出版有效推介了外国歌曲在人民群众中的推广与普及,深受青年人的喜爱,短短两年时间增印 4 次,"累计印刷达到几十万册,当时的音乐爱好者几乎人手一册"①。

除音乐出版社外,其他出版社也积极编辑选登外国歌曲。如,1953 年新音乐出版社出版了钱仁康编译的《波兰民歌十二首》。同年,自立书店出版了《新生歌选》4 集,共刊载了近 30 首外国歌曲,还出版了陈歌辛编译的《苏联歌曲》。1957 年,上海音乐出版社出版了《广播歌选选集》,刊载了如《是我们——青年人》《前进,青年们》《友谊之歌》《幸福的土地》等 20 首外国歌曲。同年还出版了由钱仁康编译的《柴可夫斯基独唱歌曲选》;1958 年,该出版社出版了由林蔡冰等编译的《苏联青年新歌集》,共刊载苏联歌曲 23 首;同年出版了薛范编译的《苏联歌曲汇编》和《拉丁美洲歌曲集》;1959 年出版了薛范主编的 3 辑《世界歌曲》。1959 年,上海文艺出版社出版了由朱笙均和林蔡冰主编的《保罗·罗伯特演唱歌曲集》等。

除了出版物外,不少译者还译配了一些国外电影中的插曲。如孟

---

① 薛范:《歌曲翻译探索与实践》,湖北教育出版社 2002 年版,第 205 页。

广钧和徐徐合作译配了苏联电影《幸福的生活》、印度电影《流浪者》和《两亩地》中的插曲，薛范译配了墨西哥电影《生的权力》、苏联电影《心儿在歌唱》《青年时代》中的插曲等。①

二 60—70 年代：沉寂时期

60 年代初，歌曲翻译仍然保持了 50 年代的发展势头。继音乐出版社 1958 年出版的《外国名歌 200 首》后，因其影响巨大，音乐出版社又于 1960 年出版了《外国名歌 200 首续编》。《续编》仍然分为"现代歌曲和各国民歌"与"古典歌曲"两大部分，共刊载歌曲 230 首，并非为《外国名歌 200 首》的补遗，而是多为新歌。《续编》的主要特点是"加重了对兄弟社会主义国家现代歌曲及各国民歌的介绍"②。因印数有限，《续编》曾于 1961 年、1962 年两次修订重印，变更为袖珍本，并对其中十几首歌曲的译词做了改动。③ 随后，音乐出版社还出版了由尚家骧、周枫、邓映易、汤雪耕等译者参与译配的《法国歌曲》《舒曼歌曲选》《李斯特歌曲选》《勃拉姆斯歌曲选》等歌集。

1960 年上海文艺出版社出版了《反帝之歌（翻译歌曲集）》，收录了薛范、张碧清、康普、曹永声等译配的 22 首歌曲。值得一提的是，1960 年商务印书馆出版了由林蔡冰主编的《俄汉对照世界名歌选》。该歌集共收录苏联、保加利亚、波兰、丹麦、意大利、美国、印度尼西亚、墨西哥、苏格兰、朝鲜等国 15 首歌曲。歌曲以俄汉双语排版，俄译为苏联歌曲翻译家们从源语译出，汉译多转译自俄文。值得提及的是，排在该歌集的第一首歌曲为我国当时流行最广的群众歌曲《歌唱祖国》，由苏联歌曲翻译家鲍罗金译配成俄文，这是当时我国歌曲译出不多的案例之一。④

---

① 薛范：《歌曲翻译探索与实践》，湖北教育出版社 2002 年版，第 206 页。
② 音乐出版社编辑部：《外国名歌 200 首续编》，音乐出版社 1960 年版，第 1 页。
③ 音乐出版社原计划在 1962 年底再出版编辑体例类似的《新编》，后因故作罢。
④ 鲍罗金的俄文全名不详，该歌曲下仅署名为"鲍罗金　俄译"，"歌曲说明"中提及鲍罗金为"苏联歌曲翻译家"。

　　1958 年，我国发生了轰轰烈烈的"大跃进"运动，在这些运动中产生了大量的歌谣。郭沫若和周扬认为，在"大跃进"运动中，"劳动人民的这股干劲，就在他们所创作的歌谣中得到了最真切、最生动的反映。新民歌是劳动群众的自由创作，他们的真实情感的抒写"①。带着这种想法，郭周二人编辑了《红旗歌谣》，并于 1961 年在作家出版社出版。同年，翻译家亚奇·巴恩斯（Archie Barnes）将其译成英文在外文出版社出版，书名为 Songs of the Red Flag（《红旗歌谣》），其中共选译了 300 首歌曲，分为"党的颂歌""农业大跃进之歌""工业大跃进之歌"和"保卫祖国之歌"四个部分。此外，由于《红旗歌谣》当时的影响巨大，长期身居海外的翻译家、《世界日报》编辑许芥昱（Kai-yu Hsu），也在其编译的 Twentieth Century Chinese Poetry：An Anthology（《二十世纪中国诗歌》）的末尾部分选译了 18 首"红旗歌谣"歌曲②。依照笔者在绪论中对歌曲翻译的分类来看，巴恩斯和许芥昱的译词都属于"歌词翻译"的类别，不能算作"歌曲译配"，因为他的译词无法配曲演唱。

　　后来，"60 年代正值亚洲、非洲、拉丁美洲各国民族运动高涨，于是应运涌现了一批翻译的亚、非、拉美歌曲"③。这些歌曲有一些是在《歌曲》杂志上刊出的，有一些则是以歌集形式出版的。如音乐出版社出版了《亚、非、拉丁美洲歌曲集》《前进，拉丁美洲人民》和《战斗吧，觉醒的非洲》等。

　　有一首歌被称为"世界最流行的歌"，根据《基尼斯世界之最》，这首歌也被认为是"全世界唱得最多的歌曲"，该歌就是《生日歌》（Happy Birthday to You）。该歌曲最初是 1893 年美国肯塔基州米尔德丽德·希尔（Mildred Hill）和帕蒂·希尔（Patty Hill）姐妹创作的歌曲

---

　　①　郭沫若、周扬：《红旗歌谣》，作家出版社 1961 年版，第 1 页。

　　②　Kai-yu Hsu, Twentieth Century Chinese Poetry：An Anthology, Doubleday, 1963, pp. 441 – 454.

　　③　薛范：《歌曲翻译探索与实践》，湖北教育出版社 2002 年版，第 207 页。

《祝你早安》（*Good Morning to You*）。1935 年，她们姐妹又将这首歌的歌词更改为 *Happy Birthday to You* 再次发表，立即传遍全球。1973 年，我国著名音乐家、作曲家潘振声与徐华英将其译配成中文版本①，传唱至今，成为现在生日活动上的必唱曲目。

到了"文化大革命"时期，歌曲翻译几乎处于停滞状态。直至 70 年代末才零星出现刊登外国歌曲的刊物，如 1978 年 7 月，《歌曲》才复刊。1979 年，由广州市中学音乐教研会编辑的《中学生歌集》上刊登了 14 首外国歌曲，这些歌曲也只是老歌重刊，没有选译新的外国歌曲。

综上所述，因国际国内政治局势的变化，六七十年代我国歌曲翻译整体处于沉寂时期，特别是后期我国不少歌曲翻译家在"文化大革命"中受到不公正待遇，有人辞世，有人出国，有人改行，不少歌曲译配工作者从此离开了歌曲翻译的阵地，对我国歌曲翻译事业产生了长期的不良影响。

三 80 年代：复苏时期

党的十一届三中全会后，我国进入改革开放和现代化建设新时期，文化事业开始复苏，歌曲翻译也逐渐回到正轨。不过，因为受 10 年"文化大革命"的影响，从事歌曲翻译的译者少了很多。80 年初期，《歌曲》杂志上刊登的外国歌曲大多为老歌重刊，出版社编辑的外国歌集也多选自 1958 年出版的《外国名歌 200 首》中的歌曲。如 1980 年由张永年、周启德、何瑞镛选编、广西人民出版社推出的《英语歌曲选》就收录了 80 首外国歌曲，大多为曾经发表过的歌曲，对其中没有译配歌词的歌曲，书中也只是在曲谱后以"歌词大意"的形式附上了不能"入歌"的译词。此外，为了迎合学习英语的热潮，也有一些学校收集了英文歌曲作为内部教材，供学生使用。如 1980 年，贵阳师范学院外语系就编辑了《英语歌曲选》，供教学使用。该选集共刊登

---

① 潘振声译配歌曲只是偶尔为之，他的一生主要以创作儿童歌曲为主。潘振声的代表作有脍炙人口的《小鸭子》《一分钱》《好妈妈》《春天在哪里》等。

了 100 首曾经由尚家骧、周枫、薛范、邓映易、盛茵等译配的歌曲。

　　1980 年,上海译文出版社推出了 2 集《外国名歌选》,周枫与董翔晓译配了一些新的欧美歌曲。同年,上海译文出版社还推出了《美国歌曲选》,上海文艺出版社推出了由崔东均、韩昌熙等人译配的《朝鲜电影歌曲选》。1981 年,四川人民出版社出版了《外国名歌 100 首》,其中译者主要为盛茵、廖晓帆、贺锡德、张宁等。同年,春风文艺出版社推出了《世界名歌 100 首》,译者除了常见的薛范、尚家骧、周枫外,也出现了一些新译者,甚至还出现了如"北影制片厂"以单位署名的译者。人民音乐出版社也在这一年推出了《外国名歌 201 首》。

　　1982 年,文化艺术出版社推出了章珍芳编译《美国歌曲选》,该歌集第一次系统地向我国介绍了美国传统歌曲和美国民歌。四川人民出版社也在这一年推出了张宁选编的《外国名歌》,该选集共选译了110 首外国歌曲,其中绝大部分由张宁自己翻译,少数歌曲由林蔡冰、韩昌熙、戈漪译配。上海文艺出版社出版了《拉丁美洲歌曲集》。1983 年,广播出版社出版了第一本译介亚太地区的歌集《亚太歌曲选集》,其中收录了包括中国、日本、印尼、马来西亚、尼泊尔、新西兰等国歌曲。紧接着,上海外语教育出版社又推出了由西班牙与葡萄牙语教学研究会主编的《狂欢节的早晨——西班牙葡萄牙歌舞曲集锦》,参与译配的译者有徐瑞华、黄锦炎、段若川、谷文娴等。同时,张宁,赵金平选编的《拉丁美洲名歌 100 首》在山东人民出版社出版,人民音乐出版社编辑部编辑的《拉丁美洲歌曲集》也同步出版。

　　值得一提的是,1981—1983 年间,上海文艺出版社推出了 3 集《中外抒情歌曲 300 首》,该歌曲是中华人民共和国成立后首次较大篇幅介绍中外抒情歌曲的歌集。其中中文歌曲约占 60%,外文歌曲约占40%,外文歌曲有 200 多首。该歌集出版后在群众间引起了很大的反响,不少歌曲传唱至今。在日文歌曲译配方面,罗传开贡献突出,他分别于 1982、1984 年在上海文艺出版社和上海译文出版社出版了《日本歌曲选》和《日本名歌选》,较为系统地介绍了日本传统歌曲和日本名歌。

1985 年，张权编译的《世界独唱名曲选》在中国文联出版社出版，该歌集共刊登了 15 首歌曲，全是最新译配引进的歌曲。1986 年，花城出版社推出了《山口百惠演唱歌曲集》，这本歌集主要由李世勇译配，属于当时为数不多日本歌手歌曲集，受到了国内日本歌曲爱好者的青睐。同年，上海文艺出版社推出了《世界歌星大会串》，该书以中外对照形式排版，收录了世界著名歌星演唱的流行歌曲 46 首，如《你是我的阳光》《蒙娜·丽莎》《答案在风中飘荡》《昨天再来》等。

1987 年，尚家骧在中国电影出版社推出了《环球银幕歌声（一）：美国电影歌曲精选》。同年，上海文艺出版社继承了《中外抒情歌曲300 首》的风格，继续推出了《中外通俗歌曲 300 首》，并配有吉他伴奏。由于这本歌集影响较大，1990 年又出版了《中外通俗歌曲 300 首（续编）》，两册共选载外国歌曲 200 首。

1989 年，贺锡德编著了《365 首外国古今名曲欣赏》上下 2 册，由人民音乐出版社出版。同年，上海教育出版社推出了钱仁康编著的《中外国歌纵横谈》，该书第一次系统介绍了中国、朝鲜、日本、孟加拉国、罗马尼亚、法国、苏联、荷兰、英国、德国、美国等 30 多个国家国歌产生的历史背景和创作国歌的珍闻轶事，还将除中国国歌外的其他国家国歌译配成汉语，并配有简谱。

在苏俄歌曲方面，由于中苏关系逐步恢复正常化，苏俄歌曲再次被结集出版。在这方面薛范贡献最大，他分别于 1987 年、1988 年、1989 年在上海音乐出版社、中国电影出版社、中国文联出版社出版的《1917—1987 苏联歌曲佳作选》《环球银幕歌声（二）：苏联最新电影歌曲 100 首》和《苏联抒情歌曲 100 首》。1988 年，卢双，梁德沁、卢天齐等人也译配了《苏联流行歌曲 123 首》，在吉林人民出版社出版，郑兴丽等人译配了《钟情者之歌：苏联抒情歌曲选》，在海峡文艺出版社出版。

此外，由于英美文学热潮在国内的兴起，歌曲也被当作文学研究

中重要的体裁进行研究。如1985年,袁可嘉在外国文学出版社推出了
《美国歌谣选》,其中翻译了印第安人歌谣18首、黑人歌谣21首、士
兵歌谣13首、农民歌谣10首、工人歌谣26首,共计88首美国歌谣。
袁译歌词虽不能配曲"入歌",但其译词也颇具歌词特点与文学性,
为研究美国民间文学提供了难得的素材。

众所周知,改革开放后,世界语在中国得到了有力的推广。楚图
南、胡愈之、巴金、冰心、白寿彝、叶圣陶、夏衍等社会名流还成立
了世界语之友协会。中国世界语出版社也首次用世界语向外译介了有
关中国政治、经济、文化的书籍。据统计,到1986年我国共有40万
人学习世界语。[①] 在这种情况下,《世界语学习》编辑部首先推出了罗
加、黄家忻选编的《世界语歌曲45首》;西安世界语协会灌制了由林
芳演唱的CD《世界语歌曲15首》;中国世界语出版社又推出了李士
俊编著的《世界语歌曲集》(如图3-3)。

图3-3　《世界语歌曲15首》CD及《世界语歌曲集》书影

《世界语歌曲集》共收录歌曲125首,其中含原创世界语歌曲10

---

① 陈阿娇:《当代中国人为什么疯狂热衷学英语?》,https://www.zzwb.cn/news_ 69713,
2017年1月13日。

首，用世界语译配中国歌曲 15 首，用世界语译配德国、日本、苏格兰、英国、朝鲜等外国歌曲 100 首。需要说明的是，《世界语歌曲 15 首》CD 和《世界语歌曲集》是中华人民共和国成立后最早用世界语译配中国歌曲的 CD 和书籍。如《义勇军进行曲》《我们在太行山上》《洪湖水浪打浪》《泉水叮咚响》等中国名歌首次被译配成世界语，后来被多本世界语教材转载。

在中国歌曲外译方面，有三本歌集值得一提。一是人民音乐出版社 1980 年推出的《中国歌曲选》（*Selected Chinese Songs*），该歌集以汉英对照版式选录了《绣金匾》《南泥湾》《花儿为什么这样红》等 29 首中国歌曲。歌词不能入曲配歌，但是改革开放初期中国歌曲"走出去"较早的尝试。二是 1982 年上海文艺出版社推出了汉英对照的《中国音乐会独唱歌曲选》（*Selected Concert Vocal Solos of China*）。该歌集是 80 年代首次以译配的方式英译中国歌曲，并配以五线谱方便演唱。译者主要为沈显瑛和张承谟，译配歌曲有《我爱你，中国》《思乡曲》《吐鲁番的葡萄熟了》等 12 首。三是 1989 年邓映易译配、北岳文艺出版社出版的《黄河女儿情（汉英对照歌曲集）》（*Love of the Yellow River's Sons and Daughters*）。该歌集选译的主要为山西民歌，配有五线谱，是我国较早将中国民歌译配成英文歌词演唱的歌集。

顺便提及，80 年代，除上述出版的歌集外，《歌曲》杂志仍然坚持每期刊登外国译配歌曲。另外，人民音乐出版社编辑的《银幕歌声》和中国电影出版社编辑的《电影歌曲选》也偶尔有外国歌曲刊出。

80 年代的歌曲翻译是"文化大革命"后歌曲翻译的复苏时期，随着国门敞开，多国海外歌曲被译介到我国。特别是随着英语成为我国学习的主要外语，引进的歌曲由以俄文歌曲为主向以英文歌曲为主转向。同时，由于中国国际地位的不断提高，中国歌曲也开始以歌词翻译和歌曲译配的方式走出国门。

四 90 年代：萧条时期

据统计，我国图书出版在 1986 年达到峰值，随后因各种原因出版业市场萎缩,逐渐出现萧条和不景气的状态。① 受此影响,歌曲翻译也呈下滑趋势。据薛范调查,90 年代,《银幕歌声》与《电影歌曲选》相继停刊。唯有《歌曲》杂志每期还坚持刊登一两首外国歌曲。② 另外,80 年代伊始,我国大力推广英文学习,到了 90 年代,国民整体英文水平有了较大提高,直接演唱英文歌曲的人数大幅度增加,不少歌集都以中英对照形式出版。如 1990 年,林蔡冰和舍予选编的《童安格歌曲集》中,就将少量外国歌曲以双语形式排版刊印。这样的歌集在当时并不少见,还有上海音乐出版社推出黄知真译配的《英汉对照甲壳虫乐队演唱歌曲选》,1991 年该出版社推出的《世界歌星大会串——英语流行歌曲专辑》,1998 年人民音乐出版社推出崔陟、俞志富译配的《英汉对照世界儿童歌曲集》③,1997 年,东方出版中心推出薛范译配的《爱情歌曲选粹》等。这些歌集中,大部分为老歌重刊,鲜有新歌译配。不过,因为该类歌集采用双语对照,并配有简谱,受到了英文学习者的喜爱。

此外,按照时间顺序,各出版社还推出了以下外国歌集。如 1990 年,中国电影出版社推出了《环球银幕歌声(4):日本影视流行歌曲》,上海文艺出版社推出了《中外通俗歌曲 300 首(续编)》。1991 年,漓江出版社推出了李凌和赵枫主编的《中外名歌大全》,该歌集除了刊有原来的老歌,还译配了一些新的外国歌曲;人民音乐出版社推出了《苏联歌曲 101 首》;北京出版社推出了郭奇格、杨绍澄、郭莹编译的《苏联名歌 220 首》。1992 年,上海音乐出版社推出了薛范编译的《奥斯卡金像奖电影歌曲荟萃》,该书是第一本译介历届获奥斯卡金奖最佳电影插曲的歌集。

1994 年,人民音乐出版社推出了白煤编译的《东南亚五国名歌

---

① 王益:《对当前出版形势的一点看法——"萧条"、"不景气"辨析》,《出版工作》1990 年第 8 期。

② 薛范:《歌曲翻译探索与实践》,湖北教育出版社 2002 年版,第 216 页。

③ 该歌集收集的多为法国、英国、美国著名的儿童歌曲,虽然书中配有汉语译词,但该类译词却很少得以传唱,多数人将此当作少儿英语启蒙教材使用。

选》。1995 年，人民音乐出版社又推出了雪冬、张宁、钟立民等译的《约翰·丹佛演唱歌曲选（中英文线简谱对照）》；上海市新闻出版推出了钱亦平编辑的《钱仁康歌曲集》；海文音像出版社推出了罗传开编译的《日本名歌集》，该歌集以日韩对照形式排版，赢得了当时日语爱好者的青睐。

90 年代，在译配外国歌曲方面，薛范先生仍然成绩不菲。他分别于 1995 年、1996 年、1997 年、1999 年在中国电影出版社推出了《苏联歌曲珍品集 1917—1991》《世界电影经典歌曲 500 首》《俄罗斯民歌珍品集》和《俄罗斯和苏联合唱珍品集》，1997 年，还在上海译文出版社推出了《俄语名歌 88 首》等。

此外，90 年代推出的最大的歌集，是 1997 年中国青年出版社推出的吴瑾编著的《外国名歌》，该书共选录外国歌曲 280 多首，涵盖多国著名歌曲。不过这些歌曲大多在以前的刊物上发表或是被其他歌集刊载过。

值得提及的是，80 到 90 年代，磁带随身听和黑白电视在我国逐步得到推广，极大地促进了外国歌曲的传播。不过这些歌曲均为以前在书刊上发表过，且深受歌众喜欢的歌曲。总之，由于出版界不景气、社会观念的改变以及英语的普及等多种原因，90 年代的歌曲翻译整体呈现萧条下滑的状态。

五　21 世纪：多元时期

进入 21 世纪后，越来越多的发展中国家逐步脱离西方强国的掌控，世界的多样化发展日趋明显。同时，随着中国综合国力不断增强，国际地位显著提高，越来越多的西方国家开始关注中国。因此，21 世纪的歌曲翻译呈现出多元发展的特点。

首先，在外国歌曲翻译上，出版传统的歌曲集仍占主导地位。按照时间顺序，有如下歌集得以出版。从 2000 年开始，李正栓主编了一套《英文金曲赏析》，共分 5 辑。每辑都含有原曲演唱（磁带版）、歌词朗诵、歌词译文和歌曲赏析，书籍以小手册版式印刷，方便携带，受到了当时大中专学生的喜爱，掀起了一股英文歌曲演唱热潮。其次，人民音乐出版社推出了蒋英编的《外国艺术歌曲：德沃夏克艺术歌曲选》；中国青年出版社推出了张宁编的《圣诞节名歌精选》；湖南文艺出版社推出了钱仁康编译的《汉译德语传统歌曲荟萃》，首次译配了 13—20 世纪 176 首德语传统歌曲。

2001 年，人民音乐出版社推出了邓映易译配的《英文经典歌曲101 首》，该歌集主要为美国和其他国家的歌曲，多首歌曲为邓氏旧译，也有少数歌曲译词为她新修订的译词。同年，人民音乐出版社还推出了喻宜萱、蒋英编的《法国艺术歌曲选——外国艺术歌曲》和章民编辑的《英汉对照歌曲集》。

2002 年，出版的翻译歌曲集较少，仅有中国时代经济出版社推出的邓映易、张鹿樵编译的《拉赫玛尼诺夫歌曲集》。

2003 年，钱仁康的歌曲翻译作品最多，上海音乐出版社推出了钱仁康编译的 5 本歌曲集：《舒伯特艺术歌曲精选》《舒曼艺术歌曲精选》《布拉姆斯艺术歌曲精选》《李斯特艺术歌曲精选》和《贝多芬艺术歌曲精选》，每本歌集都附有歌词原文、汉语译词、歌曲创作背景与相关注解。2003 年钱仁康推出的作品在歌曲翻译界影响较大，这一年也是钱仁康译歌生涯的高峰之年。此后，由于他年岁已高，再也没有推出歌曲译配作品。

2004 年，上海音乐出版社推出了徐宜译配的 4 本歌集，分别是《马勒艺术歌曲精选》《柴可夫斯基艺术歌曲精选》《拉赫玛尼诺夫艺术歌曲精选》和《穆索尔斯基艺术歌曲精选》。2006 年，世界图书出版公司推出了周枫编译的《意大利歌曲 108 首》。

2011 年，中央音乐学院出版社推出了《泰戈尔歌曲精选集》，这本歌集曲谱由刘月宁翻译，歌词由白开元翻译，首次将泰戈尔的歌词译介到中国，使得中国人认识到泰戈尔在印度的音乐家身份，他一生创作了 2000 多首歌曲，是世界上唯一为两个国家撰写国歌歌词的诗人①。次年，商务印书馆又推出了白开元编译的《泰戈尔经典歌词选》，共选译泰戈尔创作的爱国歌曲 17 首、爱情歌曲 87 首、祈祷歌曲 50 首、自然歌曲 34 首及其他歌曲 20 首，大致反映了泰戈尔创作歌曲的全貌。

2016 年，美国民谣艺术家鲍勃·迪伦（Bob Dylan）获得诺贝尔文学奖，成为第一位获得该奖项的作曲家、音乐家。为向中国读者介绍迪伦的歌曲，广西师范大学出版社于 2017 年出版了《鲍勃·迪伦诗歌集（1961—2012）》（*Bob Dylan The Lyrics*：1961—2012），该歌集共有八册，收录了迪伦一生创作的 31 张经典专辑中的 369 首歌曲，是目前国内唯一的中文鲍勃·迪伦歌集。

2000 年后，薛范仍旧编译了不少外国歌曲翻译作品。2004 年，他在中国国际广播出版社出版了《当我们年轻时光——英文名歌 100 首》。2005 年，他在安徽文艺出版社出版了《警钟长鸣·珍爱和平——世界反法西斯歌曲 100 首》和《欧美音乐剧名曲选萃》；在上海译文出版社出版了《雪绒花——快乐少儿英语歌曲精选》；在人民音乐出版社出版了《世界通俗合唱珍品集·线谱版》（共 4 册）。2006年，他在人民音乐出版社出版了《世界通俗合唱珍品集》。2007 年，在安徽文艺出版社出版了《世界少儿合唱珍品集》；在上海音乐出版社出版了《俄苏名歌经典 1917—1991（简谱版·共两册）》和《俄苏歌曲珍品选集（线谱版）》。2009 年，他在安徽文艺出版社出版了《世界通俗名歌选萃》，该书选编了 40 首耳熟能详的各国通俗歌曲。2013 年，他在上海音乐出版社出版了《薛范 60 年翻译歌曲选》，这本歌集选载了 1953—2013 年间薛范译配歌曲中的 200 多首精选歌曲，多数歌曲为在世界上具有代表性的名歌。2015 年，安徽文艺出版社推出了目前薛范最新的翻译歌曲集《珍爱和平：世界反法西斯歌曲精选集》。

---

① 印度音乐评论家沙弥尔·达斯古卜笃宣称泰戈尔写有 2500 首歌。泰戈尔创作的两首国歌为印度国歌《印度命运的主宰》和孟加拉国国歌《金色的孟加拉》。

如前文所述,进入 21 世纪后,随着我国国际地位的显著提升,越来越多的国家开始了解中国文化。特别是 2004 年后,我国陆续在多国开办孔子学院,进一步增进了世界人民对汉语和中国文化的了解,促进了世界多元文化的发展。在这种背景下,越来越多的中国歌曲被翻译成外文(特别是英文),走出国门。如:

2003 年,上海音乐出版社推出了钱仁康任音乐顾问、熊若磐和梁联发编译的《汉英对照怀旧金曲》,该书选译了中国歌曲 35 首、中词外曲歌曲 12 首、外国歌曲 56 首。颇具特色的是,该书首次将《达阪城的姑娘》《黄土高坡》《天涯歌女》等中国歌曲译配成英文。为了便于演唱,译者在一个乐句内译词音节多于或少于原词音节时,便将原有的音符一分为多或多音符合一,保持乐句总长度不变。这样既保留了原曲的旋律,又方便用英文演唱,是中国歌曲英文译配独具开创性的做法。

2004 年,王宏印在商务印书馆出版了《中国古今民歌选译》。接着,2009 年他又在商务印书馆出版了《西北回响——陕北民歌英译》,虽然这两本书中的英文译词不能配曲演唱,但是这些译词作为一种可以欣赏、可以阅读的歌词文学,对助推陕北民歌外译意义重大。

2012 年,安徽文艺出版社推出了唐安琪编译的《龙船调的故乡:中国·恩施土家族传统民歌钢琴小曲 65 首》。该书中每一首民歌都配有钢琴谱和汉英歌词,是第一本系统介绍恩施土家族民歌的歌集。2014 年,颜健生在华中科技大学出版社出版了《瑶族民歌选译》,选取了具有民族风味的瑶族民歌进行英译,向世界展示了瑶族民歌的原生态风貌。

2016 年,世界图书出版公司出版了向云撰写的《英汉歌曲译配:理论与实践》,该书收录了笔者译配的《六口茶》《龙船调》《康定情歌》《漂洋过海来看你》等 10 多首中文歌曲。

2017 年,花山文艺出版社推出了李正栓、王密卿主编的《英文歌曲欣赏简明教程》,该书汉译了 52 首英文歌曲,英译了 30 首中国歌曲

（包括少数民族歌曲），是 21 世纪为数较少的英汉歌曲赏析教材。

2018 年，商务印书馆推出了卓振英编译的《古今越歌英译与评注》，将流传于百越之地的历代民歌 70 首译成英文。译词不能入曲演唱，以译诗的形式再现了原词的音韵美、形式美、风格美、情感美、思想美和意境美。

2019 年，为了响应党的十九大报告提出的"坚定文化自信，推动社会主义文化繁荣兴盛"的号召，广西师范大学出版推出了四川音乐学院尹艳、郭静编著、笔者英译的《中文经典歌曲选（国际音标注音·汉英双语版）》。该书首次以钢琴谱、中文原词、国际音标、逐词对译、每行意译并用的版式，介绍了 9 首中国民歌和 15 首中文艺术歌曲。根据西方读者的购买和阅读习惯，该书还在美国亚马逊网上架，并制作了 Kindle 电子书版本，方便读者在线阅读①。

值得注意的是，随着科技的不断发展，21 世纪已经成为一个数字时代。歌曲传播的载体也逐步从书刊、广播转移至网络传播。特别是近年来，在"数字音乐"的引领下，中国歌曲迎来了对外输出的良好契机，用歌曲传播中国声音成为助推文化"走出去"的重要手段，这当中既有中国本土译者和歌手的介入，也有外国译者与歌手的参与。

如 2010 年，杨振宁及其夫人翁帆将广州亚运会会歌《重逢》翻译成英文版 *Here We Meet Again*，在网络音乐平台受到网友热捧，后又被仁增华周译配成藏语版演唱。2010 年以来，延安职业技术学院文世龙将《山丹丹开花红艳艳》《沙梁梁上站个俏妹妹》《毛眼眼》等 70 多首陕北民歌译配成英文，并亲自演唱。由于其出色的翻译与深厚的演唱功底，文世龙被邀请参加中央电视台《与您相约》《非常 6 + 1》《我要上春晚》《回声嘹亮》、山西民歌春晚、浙江卫视跨年晚会、《中国梦想秀》《中国喜剧星》等节目，在中国音乐电视圈产生了较大的影响，被称为"陕北民歌英文翻译与演唱第一人"。他还曾与美国歌

---

① 受国外新冠疫情的影响，该书的 Kindle 版本实际于 2020 年 4 月在亚马逊上架。

手 Babis 共同用英文演绎陕北民歌，先后赴土耳其、澳大利亚、美国等国参加文化交流活动，用英文演唱陕北民歌，将陕北民歌推上了国际化舞台。

再如，2016 年来，上海外国语大学的 MelodyC2E 团队译配、演唱并推广了多首中国歌曲，这些歌曲被上传到网易云音乐、微信公众平台、抖音、B 站及美国 YouTube 网播放，吸引了上千万粉丝。由于其影响巨大，中国外文局在 2017 年 "第一届讲好中国故事创意传播国际大赛" 上曾授予该团队 "特别作品转化奖"。另外，有必要提及的是，2019 年 5 月在北京召开的亚洲文明对话大会上，大会主题音乐短片《声声慢·致文明》被译配成 6 种外语，由包括中国在内的 7 位青少年以本国语言进行演唱，被多国音乐平台转发，是一次用音乐传播中国文化成功的尝试。再有，中央电视台近年来打造了品牌节目《经典咏流传》，节目中也时而将中文诗词翻译成英文演唱。如在该节目 2018 年第 1 期中，中法印蒙四国顶尖音乐家演唱了中英文版《登鹳雀楼》；2019 年第 2 季中，余笛用英文演唱了《春晓》等。近些年，笔者也用业余时间译配了《我和我的祖国》《西海情歌》《原来你也在这里》《领悟》《往事只能回味》等多首歌曲，邀请了中外歌手演唱并录制成 MV，在 YouTube、优酷、网易云音乐、B 站、抖音、腾讯视频等多个平台播放，播放量达数千万次。

外国歌手在对中国歌曲的译介上，有两位歌手特别突出。一位是瑞典歌后索菲娅·格林（Sofia Kallgren）。格林在瑞典闻名遐迩，素有 "瑞典银狐" 之称，是首位签约中国内地唱片公司的西方歌手。2006 年她在中国唱片广州公司出版了中国民歌专辑《民歌新语》，收录了《茉莉花》《小河淌水》《在那遥远的地方》《半个月亮爬上来》《彩云追月》等 12 首中国经典民歌的英文版。后来，这些歌曲全被上传到多个网络音乐平台，供中外音乐爱好者欣赏。

另一位是新西兰歌手罗艺恒（Laurence Larson）。罗艺恒精通中文，热爱中国歌曲，曾参加北京卫视音乐节目《歌手是谁》和 CCTV-3

原创音乐真人秀节目《中国好歌曲第三季》，2016 年曾推出个人中英双语 EP 专辑《罗艺恒的好歌曲》。近年来，他翻译、演唱了《童话》《好久不见》《青花瓷》《菊花台》等多首中国流行歌曲，在 YouTube、网易云音乐等国内外音乐平台赫赫有名。

除了普通的歌曲翻译外，西方的音乐剧也在 21 世纪不断进入国内，音乐剧中的歌曲成了歌曲译配中的重要翻译对象。自 2002 年来，我国共引进了《名扬四海》（2008）、《妈妈咪呀!》（2011）、《猫》（2012）、《为你疯狂》（2012）、《红男绿女》（2012）、《理发师陶德》（2012）、《拜访森林》（2013）、《摩登米莉》（2013）、《Q 大道》（2013）、《寻找初恋》（2013）、《触摸》（2014）、《三只小猪》、（2014）、《森林诱惑》（2014）、《Play Me》（2014）、《一步登天》（2015）、《我，堂吉诃德》（2015）等来自不同国家的多部音乐剧。

总体来说，21 世纪的歌曲翻译整体呈多元发展的趋势。这当中既有老一辈歌曲翻译家的参与，也有新一代的自由译者、网络歌手、外国歌手，甚至是音乐爱好者或粉丝团的加入；有如《昨日重现》《我心永恒》等经典流行音乐的翻译，也有如《冰雪奇缘》《猫》《悲惨世界》《剧院魅影》《迪士尼后妈茶话会》等影视歌曲或音乐剧歌曲的译配；有不能"入歌"的歌词翻译，也有能够配曲的歌曲译配，甚至有重新调整曲调的译配形式；有通过音乐电视、音乐平台传播翻译歌曲，也有通过微信、抖音、微博、vlog 等短视频方式传播翻译歌曲。可以相信，随着信息技术的不断发展，国际交流的日趋频繁，歌曲翻译将继续融合多种语言、多种文化，以多种模态的形式，在多种载体的传播下多元化发展得更好。

第二节　译作数量、传播媒介及译者构成

一　译作数量梳理

翻译是一种社会活动，具有社会属性。"翻译的社会属性决定了

中国翻译活动的发生、发展不能脱离其所处的国内社会环境。"① 国家政策、意识形态、国际国内局势和社会发展都会对翻译活动产生影响。自1949年以来，我国歌曲翻译取得了较大的成就，走过了辉煌的70年历程，构建了一部中西文化交流史。梳理70年的歌曲翻译作品，不但可以使翻译研究兼顾文本内与文本外，还可以帮助我们考察翻译活动的内外环境，探究歌曲翻译活动发生、发展的社会动因。

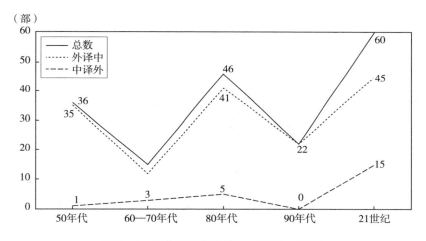

图3-4　歌曲翻译数量统计（1949—2019）

由于歌曲翻译作品发表形式多样，有以单首歌曲在期刊上发表，有以歌集形式成书出版，有以CD专辑形式发布。为方便统计，本研究以"部"为单位②，梳理了1949—2019年70年间外译中歌曲和中译外歌曲的数量。70年共有歌曲翻译作品179部，其中外译中155部，中译外24部（如图3-4）。由图可知，1949年以来我国的歌曲翻译事

————————

① 魏清光：《改革开放以来中国翻译活动的社会运行研究》，中国社会科学出版社2014年版，第61页。

② 这里将一本歌集、一张CD、一本期刊所载翻译歌曲均当作一部看待。这样计算虽不是十分精确，但可大致统计出翻译歌曲的数量。如《广播歌选》自1949年开始，每期刊登两首翻译歌曲，10年约刊登240首歌曲，到了60年代，该刊物很少再刊登翻译歌曲，那么，该期刊10年刊载翻译歌曲数量和一本翻译歌集数量差别不大。

业经历了繁荣、沉寂、复苏、萧条和多元的发展时期。整体来说，以外国歌曲译入为主，我国歌曲译出为辅。

中华人民共和国建立后，社会恢复稳定，国民经济开始复苏。中国人民进入一个扬眉吐气的新时代。在这种新生活、新生产的氛围中，人民迫切需要一些反映国家新面貌、抒发劳动人民建设新中国热情的群众歌曲。据统计，50 年代共有 35 部外国歌曲被译介到我国，约有 5000 多首。除 7 本综合歌曲集外，还有苏俄、奥地利、意大利、拉丁美洲、英美等国歌曲集。其中苏俄歌曲集占比最大，约占82%（如图 3 – 5）。

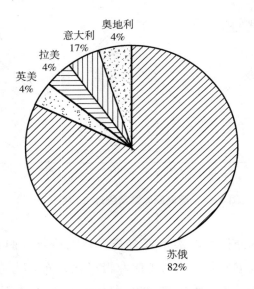

图 3 – 5　50 年代各国专门翻译歌集数量比较

苏俄歌曲被大规模译介到我国，主要是政治因素影响的结果。50年代中苏关系密切，苏联又有着几十年支持中国人民革命的基础与渊源，为苏联歌曲进入中国提供了很好的契机。特别是 1950 年，中苏两国签订了《中苏友好同盟互助合约》，进一步巩固了两国的友谊，开启了中苏经济、文化、教育、科技的全面合作关系。在 1949—1958 年间，苏联共派出 112 个艺术团访问中国，中国有 134 个艺术团访问苏联，747 部苏联电影在中国放映。[1] 在这种政治背景下，大量苏俄歌曲被译介到中国，通过杂志、歌集和广播的方式在我国传播。

如，50 年代影响最大、最具代表性的歌曲集是音乐出版社推出的《外国名歌 200 首》，该歌集刊载了苏联、奥地利、德国、意大利、美国、加拿大等 30 多个国家 224 首[2]世界名歌。其中苏俄歌曲约占 41%，比重最大，其次是奥地利、德国、意大利等国歌曲（如图 3 - 6）。这些歌曲内容真挚，曲调优美，格调高雅，是当时所有文艺青年的枕边书，不少世界名曲如《国际歌》《莫斯科郊外的晚上》《红莓花儿开》《红河谷》《三套车》《山楂树》《喀秋莎》《鸽子》《哎呀妈妈》《小路》等歌曲就是在这个时代被传唱到千家万户的。

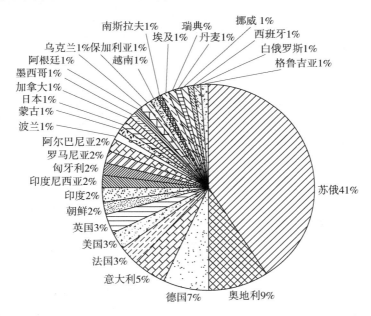

图 3 - 6　《外国名歌 200 首》各国歌曲数量比较

到了 60—70 年代，歌曲翻译呈下滑趋势，20 年间外国歌曲译介

---

① 黄定天：《中俄关系通史》，黑龙江人民出版社 2007 年版，第 150 页。

② 书名取名 "200 首" 只是一个约数。

仅有 12 部，成为歌曲翻译的沉寂时期。这主要是由当时国际国内政治局势造成的。60—70 年代 20 年间有关苏俄歌曲的专门歌集所占比例迅速下降，约占所有专门歌曲集的33%（如图 3 –7）。值得注意的是，60 年代为亚洲、非洲和拉美各国民族运动的高峰期，多国人民经过长期的斗争取得胜利，宣布成为独立国家。因此，在此期间，亚洲、非洲和拉美国家的歌曲受到重视，陆续被译介进来。就专门翻译歌集来说，拉美歌曲占比提高较大，约占所有歌曲集的33%，日本歌曲集占比也提升至17%。

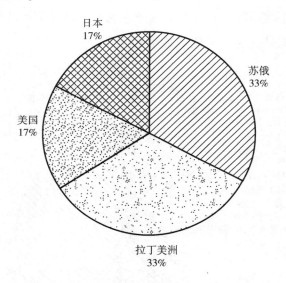

图 3 –7　60—70 年代各国专门翻译歌集数量比较

由于 1966—1976 年间"文化大革命"的发生，国内对外部世界采取闭关锁国的抵制态度，除了中央编译局针对马列主义作品的翻译还在进行外，其他所有文艺作品的翻译几乎全被禁止。再后来，常刊登外国歌曲的期刊《广播歌选》和《歌曲》也被停刊，翻译歌集禁止出版，歌曲翻译遭到重挫，成为 70 年间歌曲翻译事业中的低谷时期。

20 世纪 80 年代，中国开始实施对外开放政策，随着中国经济的不断发展，国际地位日趋提高，文艺作品的翻译开始复苏。10 年间，

共有歌曲翻译作品 46 部,其中外译中 41 部,中译外 5 部。可见,80
年代的歌曲翻译不但从总量上超过了 50 年代的繁荣时期,也首次出现
了中译外数量的递增,达到了 1949 年后中国歌曲外译的最高值。

但从 10 年间出版发行的外国专门歌曲集来看,英美国家歌曲①的
译介数量首次超过苏俄歌曲数量,占比 28%,位居第一,苏俄歌曲与
日本歌曲分别各占 22%,位居第二(如图 3 - 8)。这也从侧面反映出
我国与三国关系的改善,直接导致了歌曲翻译作品增多。如 1979 年,
中美发表建交公报,两国相互承认并正式建立外交关系;80 年代开
始,中苏恢复了交换留学生和两国经贸、文化、科技等领域的往来;
1978 年,中日签订了《中日和平友好条约》,中日关系总体不断发展。
虽然这些事件都发生在 70 年代末或是 80 年代初,但由于"文学翻译
作为文化产品,其生成、出版和传播有较强的滞后性"②,到了 80 年
代这些歌曲翻译作品才得以发行与传播。

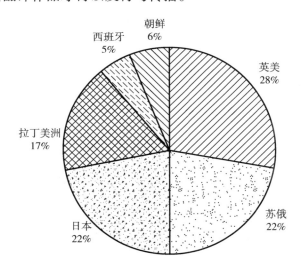

图 3 - 8　80 年代各国专门翻译歌集数量比较

---

① 本研究将英美国家歌曲放在一起统计,是因为这两国语言同为英文,当时出版的多部歌
集也常将两国歌曲集中出版。

② 廖七一等:《抗战时期重庆翻译研究》,南开大学出版社 2015 年版,第 31 页。

歌曲翻译在 20 世纪 80 年代达到了一个小高潮，可到了 90 年代却出现了骤跌的状况。90 年代十年间仅出版歌曲翻译作品 22 部，中译外作品为 0 部。这一数据甚至趋近六七十年代我国歌曲翻译作品总量。究其原因，可能存在三方面因素。一是 1992 年，我国加入相关公约组织，《保护文学和艺术作品伯尔尼公约》与《世界版权公约》在我国生效。翻译出版版权保护期内的作品，必须得到原始著作权人授权。由于国内译者和出版社对于刚生效的国际公约尚不适应，造成外国歌曲翻译数量下降。二是 90 年代社会心态的变化。人们追求财富、注重实用性、功利性的心态逐渐占主导地位，对于能给精神上带来享受与慰藉的歌曲翻译作品，受到冷遇。三是国民外语水平整体有所提高，直接演唱外文歌曲的人数增多。同时，歌曲翻译家人才呈现老龄化，出现青黄不接的局面。

在各国专门歌集翻译方面，90 年代的歌曲翻译仍以苏俄歌曲、英美歌曲和日本歌曲为主，分别占比 43%、36% 和 14%（如图 3－9）。一方面是因为自 80 年代以来，中国与这些国家关系整体平稳发展。另一方面是因为这些国家为经济强国，势必也是主要文化输出国。

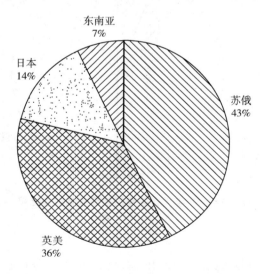

图 3－9　90 年代各国专门翻译歌集数量比较

　　进入 21 世纪后，我国经济不断发展，人民物质生活水平显著提高，他们对精神文化的需求也迅速增长，迫切需要更多、更好、更加多元化的文化产品来满足他们的文化消费。因此，歌曲翻译作品在 21 世纪也呈递增趋势，共发行作品 60 部，其中外译中 45 部，中译外 15 部，达到了 1949 年以来歌曲翻译作品的峰值。仔细分析这 45 部外译中作品，可以发现，歌曲译配作品相对减少，歌词翻译，特别是英文歌曲赏析类作品明显增多。这主要是因为 21 世纪后，我国国民外语水平普遍明显提高，直接用外语（特别是英文）演唱外国歌曲的现象越来越常见。歌词译文更多只是用来辅助听众或演唱者理解词意。如 21 世纪几本主要的英语学习杂志《英语沙龙》《疯狂英语》《音乐天堂》，也经常刊登外国歌曲，但是其汉语译词只能是帮助读者理解原文的"歌词大意"，不能入歌演唱。同样，各大网络音乐平台上也有不少外文歌曲，其汉译字幕也多为"歌词大意"。

　　当然，21 世纪也出版了不少外国歌曲译配作品，其中以英美歌曲最多，占比 27%，其次分别是苏俄歌曲、德国歌曲、法国歌曲、奥地利歌曲等，分别占比 23%、14%、9%、9%（如图 3-10）。值得注意的是，这些歌集中的译配作品有不少只是 50—70 年代作品的重刊或重编（也有少数译词为修订译词）。这些为数不多的新译歌集，如《浪漫英文经典歌曲》《奥斯卡歌曲》《同一首歌外国歌曲》等，虽然收录了上百首新译配的外国歌曲，但真正被歌众演唱而从此流行起来的却是少之又少。

　　必须强调，从图 3-5 可知，21 世纪后中国歌曲外译作品达到 15 部，呈现剧烈增长的趋势。这种作品中既有歌词翻译作品、逐词对译＋汉字注音作品，也有中国歌曲译配作品（主要是译配成英文）。这一方面反映了中国国际地位显著提高后，国际社会越来越注重认识与了解中国，同时，也反映了中国实施文化"走出去"战略后，中国歌曲也逐步"走出"国门，成为传播中国文化的有力载体。

　　综上所述，1949—2019 年间，我国歌曲翻译作品数量整体较多，

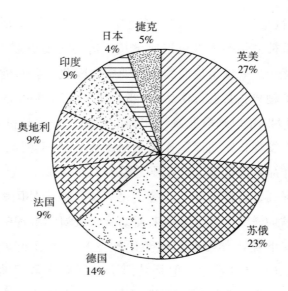

图 3 – 10　21 世纪各国专门翻译歌集数量比较

达 2 万多首，其中以外国歌曲（特别是苏俄歌曲和英美歌曲）译入为主。不过，80 年代后，外国歌曲翻译作品的数量整体增幅不大，苏俄歌曲卓乎不群的地位逐渐被英文歌曲所取代。特别是进入 21 世纪后，歌曲翻译形式也从歌曲译配形式向歌词翻译形式转向。但从整体来看，随着中国文化"走出去"战略的实施和"数字音乐"技术的推广，中国歌曲外译成良好发展趋势，正迎来一个用音乐"讲好中国故事、传播好中国声音"的有利契机。

二　译作传播媒介分析

歌曲是一种特殊的文体，从生产到流传至少要经过五个环节：（词作家的）歌词，（曲作家的）音乐，（歌手的）表演，（机构的）传播，（歌众的）传唱。[①] 歌曲的价值不仅在于词与曲组合起来表达意义，更在于它能够通过歌众的传播传递信息、沟通心灵、抒发情感。

---

① 陆正兰：《歌词学》，中国社会科学出版社 2007 年版，第 1 页。

没有得到传唱的歌曲只是冰冷冷的词与曲，"倒是和戏剧剧本、电影剧本有些相似，是一个未完成的艺术品"①。"传播是检验歌曲存在价值的唯一途径"②，歌曲被传播、传唱后，歌曲各个符号元素才真正彼此融合，歌曲才完成其本身的使命。

就目前来看，歌曲的传播大致有这几种类型：乐谱传播、唱片传播、广播传播、影像传播、网络传播。其实，乐谱传播就是基于印刷媒介的传播，唱片传播和广播传播是基于电子媒介的传播，影像传播和网络传播则是基于数字媒介的传播。这种传播类型的转变与发展，其实是传媒技术进步与发展的结果。整体来看，我国翻译歌曲同其他类型的歌曲一样，也经历了从印刷媒介—电子媒介—网络媒介的传播过程（如图3-11）。这些传播媒介的更新与发展对翻译歌曲的传播、传唱起到了功不可没的推动作用。

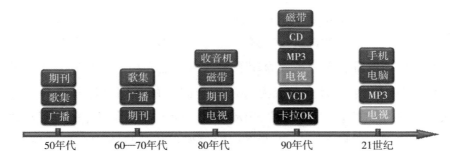

图3-11 翻译歌曲传播媒介发展（1949—2019）

（一）50年代

受传媒技术的限制，50年代我国的翻译歌曲主要以印刷媒介的方式传播。简单地说，就是将外国歌曲的译词与乐谱印刷在纸质书刊上，供歌众学习、传唱。这也是上文提及的乐谱媒介。乐谱媒介的介入，

---

① 陆正兰：《歌词学》，中国社会科学出版社2007年版，第1页。

② 陈自勤：《歌曲传播途径的思考》，《安徽师范大学学报》（人文社会科学版）2009年第4期。

克服了以往口头传播的模糊性，让翻译歌曲跨越时空后仍能最大程度地"保真"，为歌曲的传唱奠定了基础。

歌曲杂志《广播歌选》和《歌曲》就是 50 年代印刷媒介的杰出代表，如《红莓花儿开》《海港之夜》《小路》《莫斯科郊外的晚上》等脍炙人口的歌曲，最初就是发表在《广播歌选》上被歌众接受从而传唱开来的。《青年之歌》《莫斯科大学生之歌》《山楂树》等歌曲则是首先发表在《歌曲》月刊上的。

必须提及，乐谱传播对歌众的音乐素养较高，至少歌众具有识谱（当时主要为简谱）的能力。或者歌众需要依靠音乐专业人士对乐谱进行"翻译"方可演唱。但是，即使我国音乐教育开展到现在，能够自由识谱的人也并不多见，更不要说在中华人民共和国成立初期的 50 年代。因此，单靠印刷媒介传播翻译歌曲收效甚微，其他媒介的辅助作用不可忽视。如薛范译配的《莫斯科郊外的晚上》首先发表在 1957 年第 9 期的《广播歌选》上，随后立即被全国多家音乐刊物转载。但是，该歌曲并没有因为被多家印刷媒介的传播而被歌众传唱。真正助推该歌曲走进千家万户，成为"永恒金曲"的是因为电子媒介的介入。1958 年，恰逢"大跃进"运动开始，为了宣传当时党的思想与政策，我国有线广播在全国范围得到空前发展。从城市到农村，机关、企业、学校、公社都建立了有线广播系统。上海人民广播电台当时有一档节目叫作《每周一歌》，每周从《广播歌选》《歌曲》《上海歌声》《解放军歌曲》等音乐杂志中挑选一首歌曲进行教唱。《莫斯科郊外的晚上》当时就是首先被上海广播合唱团的歌手们演唱，再被广播出来的[①]。由于传播具有大众性特点，传播媒介的介入，使得广大歌众（不论是否识谱）都能理解与接受歌曲，从而将其传唱开来。

---

① 其实，1956 年在第六届世界青年联欢节参赛节目中获得金奖的共有 5 首歌曲，薛范先生当时译配了其中 3 首。笔者于 2018 年 6 月 22 日在薛范先生家里对他进行访谈了，他自己在谈到《莫斯科郊外的晚上》的翻译时也曾说道，他并未对这首歌曲"刮目相看"，是与他译配的其他俄苏歌曲"一视同仁"对待的。可见，翻译歌曲的传播很大程度上受传播媒介的影响。

（二）60—70 年代

60—70 年代中苏的关系变化，不少苏俄歌曲被禁止演唱。后来"文化大革命"发生后，多家音乐杂志停刊，广播中除了播放那些时代口号、政治语录和激进歌曲外，所有外国歌曲均被贴上了"封资修"的标签禁止播放。那么，这个时代的翻译歌曲主要是通过什么媒介传播的呢？

要回答这个问题，不得不提及两本重要的歌集《外国名歌 200 首》和《外国名歌 200 首续编》（如图 3 - 12），分别出版于 1958 年和 1960 年。两本歌集共选译外国名歌 450 多首（分别为 224 首和 230 首），涵盖了多国优秀的经典歌曲。两本歌集出版不久就被重印多次，每版数以万计，在三四年内销售七八十万册。[1] 该出版社社长黎章民在这两本歌集修订版的"编后记"中谈及《外国名歌 200 首》及其续编时说道：

> 这时，《200 首》及其续编更被视为"臭名昭著的大毒草"，当事者成了罪魁祸首，有关负责人也无不受到严厉批判。但许多下乡知识青年出于对外国名歌的偏爱，仍珍存不舍这两本歌集，使其中很多歌曲得以继续流传。[2]

可见，这两本歌集对促使这些翻译歌曲在群众中流传功不可没。特别是数千万下乡知青的口头传播，更是将当中的一些"金曲"传遍全国。因为歌曲的口头传播，从某种意义上讲，就是一种口头文学。不同的场合，不同的歌手的表演能力使得这种口头文学的表现更具有新意和感染力。[3] 下面摘录一些下乡知青的回忆，对于这个特殊时代翻译歌曲的口头传播方式或许能说明一二。

---

① 章民、王怡：《外国名歌 200 首（修订版）》，人民音乐出版社 2001 年版，第 278 页。
② 章民、王怡：《外国名歌 200 首（修订版）》，人民音乐出版社 2001 年版，第 279 页。
③ 段峰：《文化翻译与少数民族文学对外译介研究——基于翻译研究和民族志的视角》，外语教学与研究出版社 2016 年版，第 72 页。

图 3-12 《外国名歌 200 首》及其续编书影

摘录 1：

记得上小学的时候，我曾看到同学家有本《200 首》，有时他妈妈拿着它唱里面的歌，我觉得非常好听。上中学时，我从同学小贝那里借了一本 48 开袖珍本的《200 首》，后来又不知从哪里又搞到一本《200 首续编》，一发不可收拾地学唱起来。文革开始，我也烧了家里不少书和老唱片，但唯独这两本《200 首》被我隐藏起来。①

摘录 2：

在插队知青中谁要是有《200 首》，那是很受尊敬和推崇的，大家都忙不迭借阅传抄传唱。我的《200 首》也不例外，以至于伤痕累累。《200 首》几乎涵盖了人类的所有感情，知青们在"受苦"（老乡管干活儿叫受苦）、快乐、憧憬、惆怅、迷惘、痛苦、

_____

① 参见微信公众号"成蹊当代艺术中心"2016 年 4 月 4 日推文：《〈70 年代〉于彪：情系"外国名歌 200 首"》。

消沉、思念、恋爱时总能准确、贴切地用上《200 首》里的歌来抒发自己的情感。①

摘录 3：

在拉犁时突然有一个熟悉的音符、一个旋律在耳边响起——"哎嘿哟吼，哎嘿哟吼，拉完一把再来拉一把"。啊！是《伏尔加船夫曲》，我脱口唱出来，知青们一听马上附和。②

摘录 4：

我那时候是初中生，似懂非懂。我有一个邻居大哥，他是家里的独子，他会吹口哨，到后来我知道他吹的是《田野静悄悄》。再后来我又听到同学在台上演唱，然后跟着学唱起来。③

摘录 5：

这种事好像是地下工作者一样，秘密进行的。当时崇明还没有电，在煤油灯下，我们拿着简单的一页纸，用铅笔快速抄写《200 首》歌词。生怕被人看见。然后在没人的地方偷偷学唱。④

特殊的年代，歌曲有着特殊的传播媒介，翻译歌曲也不例外。

---

① 参见微信公众号"成蹊当代艺术中心"2016 年 4 月 4 日推文：《〈70 年代〉于彪：情系"外国名歌 200 首"》。
② 参见微信公众号"成蹊当代艺术中心"2016 年 4 月 4 日推文：《〈70 年代〉于彪：情系"外国名歌 200 首"》。
③ 上海纪实频道：《上海故事：难忘的外国名歌 200 首》（上），http：//jishi. cctv. com/2018/11/29/VIDEqKmkyE92vtQ5kT9BF1xR181129. shtml。
④ 上海纪实频道：《上海故事：难忘的外国名歌 200 首》（上），http：//jishi. cctv. com/2018/11/29/VIDEqKmkyE92vtQ5kT9BF1xR181129. shtml。

60—70年代，人民群众通过手抄歌集、学唱、偷唱等方式传唱翻译歌曲，使得如《海港之夜》《红河谷》《三套车》《红莓花儿开》《哎哟妈妈》《不要责备我妈妈》等歌曲流传于世，增强了翻译歌曲的生命力，于此也成了几代人的回忆。70年代末，粉碎"四人帮"后，不少音乐期刊开始复刊，广播曲目逐步放开，单位或民间艺术团体恢复演出，翻译歌曲的传播媒介又由此丰富起来。

（三）80年代

80年代初期，人们生活水平有了较大改善，收音机逐渐进入普通百姓家庭。可以毫不夸张地说，在整个80年代，对歌曲传播起过重要作用的媒介就是无线广播（或叫收音机）。各大广播电台开办了多种音乐类节目，其中颇长一段时间，观众通过给电台写信或是打电话的方式点播歌曲，很多翻译歌曲就是通过音乐节目或是观众点歌得到传播的。

如日本歌曲《北国之春》。这首歌诞生于70年代末，当时日本正是"卡拉OK"中兴时期，在卡拉OK的助推下，《北国之春》迅速火遍日本全国。1979年，这首歌被带到中国，由于当时没有中文版，歌唱家蒋大为最初曾在节目中用日语演唱。后来，曲作家钟立民邀请我国音乐家吕远将其译配成中文。当年年底，蒋大为就在一个大型音乐会上第一次演唱了中文版的《北国之春》。但这首歌在我国真正流传开是在80年代。中央人民广播电台在一次节目中播放了《北国之春》，随后全国多家电台相继播放这首歌曲，《北国之春》顿时火遍大街小巷，风靡全国。到了80年代中期，这首歌曲的中文版甚至还"返销"回了日本，在各大中日交流活动中演唱。华为首席执行官任正非曾专门撰文谈及《北国之春》，他感叹道，曾经数百次听过《北国之春》，每一次都热泪盈眶，它是一首歌颂创业者的歌曲。[①] 1988年，《北国之春》被评选为"近10年最为人们所熟悉的外国歌曲"。

---

① 任正非：《北国之春》，《经理人》2001年第8期。

广播电台是 80 年代翻译歌曲最有力的传播媒介，听众通过收音机将电磁波运载的外国歌曲还原为动听的声音。为翻译歌曲的传播插上了腾飞的翅膀。到了 80 年代中后期，磁带和电视逐渐进入百姓生活，外国歌曲传播进入了新的发展阶段。如林蔡冰译配的印尼歌曲《哎哟妈妈》和《单程车票》在 89 年央视春晚演唱后，一夜火遍大江南北。如果说《生日歌》是当时传唱最广的外国歌曲，那么《哎哟妈妈》则是排名热度第二的外国歌曲。

（四）90 年代

随着技术的发展，90 年代音乐的传播媒介变得异常丰富起来。1979 年，广州太平洋影音公司成立，我国大陆开始发行磁带。但由于人们消费观念和磁带成本的原因，磁带真正在我国大规模流行起来大约是在 80 年代后期。90 年代随着便携式随身听的出现，磁带发行达到了顶峰时期。各大音像出版社纷纷发行外国歌曲磁带专辑，如上海音像公司出版了薛范译配的《奥斯卡金奖电影歌曲荟萃》磁带专辑、中国唱片总公司发行了《世界儿童名歌 100 首》系列专辑、华盛音像出版社发行了《外国歌曲》、广西音像出版社发行了《外国经典歌曲》、滚石唱片有限公司发行了《世界名歌经典》等。此外，由于大量留学生赴俄学习深造，他们通过磁带带回了不少俄罗斯歌曲。如欧美同学会留苏分会在 1995 年出版了苏俄歌曲磁带《难忘的旋律》（上辑 13 首，下辑 15 首）。①

到了 90 年代中后期，CD 的价格更加平民化，逐步取代了磁带媒介的位置。因为 CD 与磁带相比，有着无法比拟的优势。磁带播放歌曲是线性播放，听众无法自由选择自己喜好的歌曲。而 CD 增添了选曲、曲目移动、删除、重复等功能，让播放方式变得更加容易、轻便、迅捷。因此，不少音像公司推出了各国翻译歌曲 CD 专辑。虽然这些歌曲大多为 60—80 年代翻译的老歌，但是对于率先使用 CD 的年轻人来说，这些歌曲却是新歌，由此延续了翻译歌曲的生命力。正当 CD 在我国方兴未

---

① 刘莹：《俄苏群众歌曲在中国的传播》，《大舞台》2010 年第 2 期。

艾的时候，卡拉 OK、VCD、MP3、音乐电视（MTV）也迅速占领音乐市场，取而代之成为传播外国歌曲的重要媒介。

值得特别强调的是，在我国的传统文化里，特别是在音像传播媒介出现以前，歌手的地位是最低的。如在 90 年代以前，有关外国歌曲的书籍上只有曲作者、词作者、译配者署名。可随着 MTV、电视介入歌曲传播后，歌手从幕后走到台前，从隐身转为现身。这种现代传媒技术"使以声音和'视觉形象'出现的歌手占据中心地位，歌成了歌星之歌，歌词也经常成为歌星之词"①。在歌曲翻译领域也一样，如大家常说，"蒋大为的《北国之春》""邓丽君的《我只在乎你》""刘若英的《后来》"等，译配者、曲作者、词作者常被歌众忽略②。

（五）21 世纪

进入 21 世纪后，互联网开始为音乐服务，为音乐传媒带来了革命性与颠覆性的变化。互联网利用数字通信设备将全球数以万计的音乐网络传播源连在一起，让人人成为音乐艺术消费者的同时又成为生产者。特别是随着智能手机的普及，音乐媒介变得单一起来，智能手机几乎成为无所不能的"万能机"，促成了新媒体时代的"媒体融合"。歌曲借助各种音乐网站、微信平台、微博平台、音乐 App 等方式进行传播，翻译歌曲作品也不例外。如前文提及瑞典歌后索菲娅·格林，她的英文版中国民歌专辑《民歌新语》均可在 YouTube、优酷、网易云音乐、B 站等平台播放。新西兰歌手罗艺恒也在网易云音乐开有音乐人专栏，用英文演唱中国歌曲。

网络媒介与电视、广播、VCD、DVD 等媒介相比，有着方便查询和更新便捷的优势，不少歌曲译配出来后，能够第一时间在网络平台推广。如音乐剧《迪士尼后妈茶话会》上映后，其中深受网友喜爱的

---

① 陆正兰：《歌词学》，中国社会科学出版社 2007 年版，第 2 页。
② 在现代传媒出现以前，译者常被看作是外国歌曲的中心人物。如大家曾经常说"薛范的《莫斯科郊外的晚上》""邓映易的《友谊地久天长》""林蔡冰的《哎哟妈妈》"等。薛范因为翻译过多首外国歌曲，还曾应粉丝要求举办过多场"演唱会""歌迷会"和"歌友会"，这种现象在现代传媒出现后恐怕再难出现。

歌曲 *Tough Love* 很快就被译配成《恨爱》并被制作成视频在网上播放。同时，网友还可以根据自己的喜好分享转发，进一步推动了翻译歌曲的传播。

此外，网络媒介还是一个"去中心化"的开放系统。歌众是音乐消费者，也是互动者与生产者。如 2019 年亚洲文明对话大会主题音乐短片《声声慢·致文明》被译配成 6 种外文，由亚洲 7 个国家的 7 位青少年用本国语言进行演唱。这个多语种音乐短片能够在短时间火遍全国，很大程度上是由于听众的参与和分享。当每一个听众都是分享者时，这种传播力量就变得无穷之大。网络媒介的"去中心化"还体现在，歌曲的译配者由曾经的权威译者变为平民译者。每一个歌曲翻译爱好者都可以成为翻译歌曲作品的生产者，虽然这样可能会造成译作质量鱼龙混杂，但也不乏翻译经典。"高手在民间"的情况在歌曲翻译领域也屡见不鲜。

后来，随着 5G 无线网络的应用，各种短视频平台又成为新的音乐传播媒介。如在"抖音"平台上，就有不少抖音用户对 50—70 年代翻译的外国歌曲进行老歌重唱。如"音乐大师""黑猫放映室""音悦印象馆"等抖音用户就每天定期用中文演唱苏俄歌曲，让经典永远流传于世。

"人类的社会音乐实践，其本质就是音乐的传播实践。没有音乐传播，就没有人类的音乐。"[①] 中华人民共和国成立后，我国的翻译歌曲经历了从"印刷媒介—电子媒介—网络媒介"的传播过程，经历了多次的媒介变革，进入一个"媒体融合"时代。歌曲翻译工作者不能只顾埋头苦干做翻译，还应该具备一些传播学的知识，要把握时代媒介特征，发挥各种媒介优势，不但要"译"，还需要"介"，才能让歌曲翻译作品焕发其应有的生命力。反之，"如果我们只关注语言文字的转换，而忽视了跨文化交际的大目标，那么翻译则失去了意义"[②]。

---

① 　曾遂今:《从音乐的自然传播到技术传播（上）——当代音乐传播理论探索思考之一》，《黄钟（武汉音乐学院学报）》2003 年第 3 期。

② 　王志勤、谢天振:《中国文学文化走出去：问题与反思》，《学术月刊》2013 年第 2 期。

三 译者构成

译者是翻译行为中最核心的因素，在翻译过程中，译者的行为涉及原作的选择、翻译策略的确定、翻译风格的把握、译本的发行、译本的使用目的等。歌曲翻译也不例外，译者自原歌的选择到译歌的传唱整个过程中，都发挥着不可忽视的作用。歌曲翻译工作者既是翻译活动的发起者，也是歌曲作品的共同创造者，更是音乐艺术传播的文化使者。中华人民共和国成立以来，我国涌现了一大批歌曲翻译工作者，有的一生以歌曲翻译为己任，取得了卓越的成就；有的只是一时兴起、灵感造访，偶尔涉足歌曲翻译，但他们都为中外歌曲传播以及中外音乐文化交流做出了巨大的贡献。

据不完全统计，1949—2019 年有近 500 人涉足歌曲翻译。他们当中有翻译家、音乐家、诗人、作家、学者、歌手、学生和音乐爱好者等。他们的歌曲翻译作品要么发表在《广播歌选》《歌曲》等杂志上，要么以歌曲翻译集的形式出版，要么以磁带、CD 等形式公开发行，要么通过网络等新媒体传播。由于参与歌曲翻译工作的人数众多，限于篇幅，在此仅列出较具影响的主要歌曲翻译家及其译配作品（表 3 – 1）。

表 3 – 1 　　　　　主要歌曲翻译家及其代表作（1949—2019）

译者	译配语言	代表作	译者	译配语言	代表作
钱仁康	英语、德语、俄语	《神圣的战争》	章珍芳	英语	《雪绒花》
毛宇宽	俄语	《唱吧，我的手风琴》	盛茵	英语	《吉卜赛之歌》
赵沨	俄语	《喀秋莎》	陆圣洁	英语	《金发银丝》
曹永声	俄语	《从前有位好船长》	喻宜萱	德语	《离别》
尚家骧	意大利语	《重归苏莲托》	蒋英	德语、英语	《草原上的家园》
孟广钧	俄语	《红莓花儿开》	张权	法语	《假如我的歌声能飞翔》
周枫	俄语、德语、意大利语	《合唱幻想曲》	钟立民	俄语	《山楂树》
薛范	俄语、英语、日语等	《莫斯科郊外的晚上》	高山	俄语	《三套车》
邓映易	英语	《友谊地久天长》	范继淹	英语	《红河谷》

续表

译者	译配语言	代表作	译者	译配语言	代表作
林蔡冰	印度尼西亚语	《哎哟妈妈》	安娥	朝鲜语	《春之歌》
李焕之	俄语	《列宁山》	吕远	日语	《北国之春》
张宁	俄语、英语	《爱情的故事》	刘淑芳	俄语	《鸽子》
贺锡德	英语	《老人河》	崔东均	朝鲜语	《阿里郎》
罗传开	日语	《四季歌》	赵金平	葡萄牙语	《小红帽》
姜椿芳	俄语	《祖国进行曲》	王毓麟	俄语	《海港之夜》
郭沫若	俄语	《保卫和平之歌》	白煤	印度尼西亚语	《种玉米》

在以上歌曲翻译家中，有几位作品最多、贡献最大、影响最广，他们是钱仁康、赵沨、邓映易、周枫、尚家骧、毛宇宽、林蔡冰、薛范、张宁等。下面分别简单介绍如下。

（一）钱仁康（1914—2013）

生于江苏，音乐学家、曲作家、音乐理论家。历任中央大学（南京大学前身）、北平师范学院、苏州国立社教学院等多所高校教授，为我国第一位音乐学博士生导师。钱仁康先生学贯中西，在中西音乐研究、世界国歌译配与研究、学堂乐歌考源、外国歌曲译配等方面颇有建树。他出版著作21本，主编、编注图书42本，发表文章300余篇，出版译著24本，译配歌曲800余首。

1946年，钱仁康出版的教材《中学音乐教材》（共上、中、下三册）中译介的数十首欧美歌曲，是他最早译配的外国歌曲。钱仁康是"歌曲翻译史上最早有意识地从'译词'和'配歌'这一整体立场来从事歌曲译介的一位"[①]。他译配的歌曲涉及英语、德语、俄语等多种语言，最具代表性作品有《波兰民歌十二首》《柴可夫斯基独唱歌曲选》、歌剧《费加罗的婚礼》《世界国歌博览》《汉译德语传统歌曲荟萃》《舒伯特艺术歌曲精选》等。钱仁康是一位学者式翻译家，他译配的歌曲大多是在其研究作品种出现的。在他所有译配的歌曲中，苏

---

① 薛范：《歌曲翻译探索与实践》，湖北教育出版社2002年版，第51页。

联歌曲《神圣的战争》是其中传唱最广的一首。

（二）赵沨（1916—2001）

生于开封，著名音乐理论家、音乐教育家、新中国专业音乐教育的开拓者。曾与李凌、联抗等革命音乐工作者在重庆创建新音乐社，任《新音乐月刊》主编。

赵沨最初对歌曲译配持反对态度，认为翻译的歌曲难以配曲演唱，后见到他人译配作品改变态度，加入歌曲译配的行业。[①] 赵沨译配的歌曲达两三百首，代表性歌曲有《夜莺曲》《喀秋莎》《人不犯我，我不犯人》《共青团员之歌》《伏尔加之歌》《假如明天战争》《莫斯科青年歌》等，其中又以《喀秋莎》和《共青团员之歌》影响最大。

（三）邓映易（1920—2004）

生于北京，著名歌曲译配大师、音乐教育家、女高音歌唱家，1963 年任山西大学教授。一生译配了数百首中外歌曲，其中最具代表性的有《欢乐颂》《友谊地久天长》《老人河》《铃儿响叮当》等。出版多部歌曲集，如《舒伯特歌曲集》《海顿、莫扎特、贝多芬歌曲集》《英语经典歌曲 101 首》《拉赫玛尼诺夫歌曲集》《普罗科菲耶夫歌曲集》《柴可夫斯基歌曲集》等。她是老一辈歌曲译配家中唯一涉足中国歌曲外译的专家，译配有《黄河儿女情》《黄河一方土》《为毛主席诗词谱曲英译》等。

（四）周枫（1928—　　）

生于四川江津，音乐文学翻译家、国家一级编剧。长期从事德语、俄语、意大利语、法语艺术歌曲与歌剧的译配工作，翻译歌剧数十部，如《被出卖的新娘》《弄臣》《卡门》《唐帕斯夸勒》《乡村骑士》《阿伊达》《托斯卡》等，其中多部歌剧被演出或作为影视脚本使用。一生译配歌曲 200 余首，如贝多芬的《合唱幻想曲》、勃拉姆斯的《命运之歌》、海顿的《创世纪》等。他 90 年代编译的《意大利歌曲 108

---

① 赵沨：《我怎样译歌的》，《中央音乐学院学报》2004 年第 1 期。该文原发表在 1944 年 9 月 4 日的重庆《音乐艺术》第 2 期，《时事新报》副刊第四版。

首》，是国内首部系统介绍意大利歌曲的选本。

（五）尚家骧（1929—2022）

生于上海，著名声乐理论家、声乐教育家、译配家。早年留学意大利和奥地利，熟悉意、英、德、法多种语言。1955 他出版的《意大利歌曲集》是我国首部较全面介绍意大利声乐的著作。一生译配歌曲百余首，主要为德、意、奥经典艺术歌曲和美国电影歌曲。改革开放后移居海外，2003 年在海外出版《欧洲声乐发展史》，深受国内音乐史学家和声乐家好评，不少高校音乐学院将其选作教材使用。

（六）毛宇宽（1931— ）

生于上海，音乐学家、翻译家。常年研究俄罗斯音乐，是该领域的资深专家，曾任《国外乐讯》月刊主编。在海内外出版、发表著作、译著约百万字，译配苏俄歌曲，或通过俄语转译其他外国歌曲二百余首。其较具影响的歌曲有《唱吧，我的手风琴》《在阳光照耀的草地上》《我从柏林出发》《故乡》《迎接》《小海军进行曲》等。毛宇宽先生因年事已高，双目失明，现居住香港。

（七）林蔡冰（1931—2016）

生于福建漳州，著名歌曲译配家，其父母为印尼归侨。1950 年进入厦门大学外语系学习俄文。最初翻译了不少苏联和美国歌曲，后来转为翻译印尼歌曲。其中在国内传唱最广的有《哎哟妈妈》《划船歌》《故乡》《我们的火车头》《单程车票》等。特别是《哎哟妈妈》在 89 年央视春晚演唱后，风靡全国，成为当时热度仅次于《生日歌》的外国歌曲。

80 年代初期，林蔡冰率先引进港台歌曲。曾将《思念我故乡》《一支小雨伞》《望春风》《雨夜花》等多首闽南语歌曲译配成国语版本。他还将苏格兰歌曲《友谊地久天长》和美国电影歌曲《我心永恒》译配成闽南语版本。1971 年，林蔡冰迫于生计以修锁为生，在街头修锁 30 余年，直至去世。他曾写过一首自嘲的打油诗，"大学念了三个校，教书廿年十把跳，引进歌曲千百首，锁匙配了三万条"。

（八）薛范（1934—2022）

生于上海，著名音乐学家、歌曲翻译家。因患有小儿麻痹症，下肢瘫痪，被大学拒之门外。自学了俄语、英语、法语、日语、音乐学、文学、翻译学等大学课程。自 19 岁开始，一生从事外国歌曲译配和研究工作，译配各国歌曲 2000 余首，最为脍炙人口的是《莫斯科郊外的晚上》，该歌曲在国内影响巨大，至今仍经久不衰。

薛范编译的歌曲集达 30 多种，有《苏联歌曲珍品集 1917—1991》《最新苏联抒情歌曲 100 首》《俄罗斯和苏联合唱珍品集》《俄罗斯民歌珍品集》《世界合唱歌曲集》《世界电影经典歌曲 500 首》《拉丁美洲歌曲集》《英汉对照爱情歌曲精选》《反帝之歌》《珍爱和平：世界反法西斯歌曲选集》等。筹划录制了 20 多种外国歌曲磁带和 CD 唱片，举办多场"歌友会"，为电视台、广播台筹划了多套音乐节目。他撰写的《歌曲翻译探索与实践》是我国首部研究歌曲翻译的专著。

（九）张宁（1937—　　）

歌曲翻译家，70 年代开始从事歌曲译配工作，一生共译配俄语、英语、日语歌曲 600 余首，散见于《歌曲》等音乐杂志上。他出版的翻译歌曲集有《我们的时刻》《爱情的故事》《绿袖姑娘》《亚历山德拉》《俄罗斯民歌精选》等。80 年代中期，张宁任《歌曲》常务副主编，负责选编、合译、译配了多首外国歌曲。

第三节　歌曲翻译的本土化过程

翻译是一种跨文化传播活动，翻译的目的是将源语信息内容通过媒介传递给译语受众。从传播学角度来讲，翻译活动同样涉及传播主体、传播内容、传播媒介、传播受众、传播效果和传播目的。[①] 在歌曲翻译中，译者、歌手、歌众都是翻译歌曲的传播主体，但是，译者作为歌曲信息的发送者，决定传播的内容以及内容的形式，是第一传

---

① 谢柯、廖雪汝：《"翻译传播学"的名与实》，《上海翻译》2016 年第 1 期。

播主体。歌手与歌众既是传播受众,又是传播主体,影响着翻译歌曲进一步的传播效果。歌曲翻译时,译者不能忽视歌众的传播主体性。因为歌众往往不是被动地接受译者提供的歌曲,而是凭借兴趣与需求选择性地接受作品并进行再次传播。因此,翻译只有生成、传播并被受众了解、实现共享,才有意义。①

如前文所述,歌曲翻译(特别是歌曲译配)是一种特殊形态的翻译行为,它在两种不同的文化、音乐体系间转换言语。面对充满异质化、陌生化的异域歌曲,译者始终处于陌生化与本土化的策略取向与冲突中。② 这时,译语的音乐体系便在隐形地控制并引导译者翻译策略的取向。换句话说,译词只有符合译语的音乐体系,所译歌曲才可能在译语受众中被接受,也才可能被译语歌众所传唱。这种以译语歌众和译语音乐体系为导向的策略,其实质就是歌曲翻译的本土化过程。所谓"本土化",最初出现在商业领域,是指跨国公司将生产、销售、管理等模式融入东道国的文化与管理模式中,以适应新环境获得更大的商业发展空间。在歌曲翻译中,翻译的本土化是译者为顺应目标语本土文化与音乐体系,根据不同时代歌众的需求,采取消除源语异质性,保留音乐性,为促使翻译歌曲被目标语歌众接受并传唱的翻译方法。

歌曲是词与曲高度融合的艺术形式,歌曲的本土化就是通过译者的艺术化处理,让译词表达自然,符合音乐的旋律与节奏,适合演唱。歌曲译配与其他文学作品的翻译不同,多数时候仅通过直译或异化的翻译策略难以得出可入曲、可唱、可诵、可听的译词。总结起来,歌曲译配必须采取本土化手段是由以下三方面因素决定的。

(一)中外文化差异较大

在歌曲译配中,文化差异错综复杂,难以在译语中找到文化的等

---

① 邓天奇、侯小天:《翻译传播视域下基于模因理论的归化翻译研究——以日本流行歌曲汉译为例》,《文化与传播》2018 年第 5 期。

② 袁榕:《文学翻译中陌生化和本土化的策略取向与冲突》,《解放军外国语学院学报》2010 年第 3 期。

值体。众所周知，翻译的本质是阐释，对于普通文学文体的翻译，译者可通过"厚翻译"的手段对原文进行阐释。但是，因为歌词受音节、音调限制，具有无注性特点，无法通过"厚翻译"进行注解。因此，根据译语文化对歌词进行本土化处理是歌曲译配之必须策略。

（二）中外歌曲韵律差异较大

旋律是歌曲的重要组成部分，由于源语和译语常不属于同一语系，在翻译的转换过程中，原本与曲调融合一体的源语歌词被译语歌词所替换，势必造成译词与曲调的矛盾与冲突。为调和这种矛盾，译词不得不采取本土语言的韵脚和韵式来传递原词蕴含的情感。

（三）译词节奏匹配难度大

一般说来，歌曲的创作是依词定曲，曲作家根据歌词的语言结构、语调轻重和节奏缓急来"量体裁衣"。而歌曲译配则刚好相反，"歌曲的旋律线、节奏类型和节拍式都已由原作者框定，我们译配歌曲时，译出的歌词必须服从于原作者已经框定的旋律走向、节奏类型和节拍"①，并希望译词像原词一样和音乐完美结合。换句话说，就是将译出的词配好已有的曲。这个过程离不开对译词"大动手术"，必须根据本土语言的特点调整译词的表达、译词的位置与停顿，才能"亦步亦趋地"表达曲作家的意图。

关联理论认为，翻译是一种依据动态语境进行动态推理的活动。读者的认知环境不仅左右着译者的翻译策略，也影响着翻译质量。然而，认知环境是动态的。读者在不同的时代有着不同的认知环境，他们的认知环境会跟着他们所处的社会环境、意识形态、文明进程，以及个人认知能力等因素变化而变化。时代在变，语言在变，读者也在变，这就决定了不同时代的翻译策略也会因为读者认知环境的变化而变化。换句话说，读者的认知环境隐形地操控着翻译策略，"不顾及听众认知环境的信息传递是荒谬的"②。纵观我国 70 年间歌曲翻

---

① 薛范：《歌曲翻译探索与实践》，湖北教育出版社 2002 年版，第 107 页。

② E. A. Gutt, *Translation and Relevance*: *Cognition and Context*, Oxford：Blackwell, 1991, p. 97.

译史，其歌曲翻译策略也随着歌众认知环境的变化而变化，歌众成为歌曲翻译与传播中不可忽视的重要因素。整体来看，我国歌曲翻译呈现以译语歌众和译语音乐体系为导向的本土化特征，大致经历了"译配演唱—填词翻唱—原唱传播"三个阶段，现分别简述如下。

一　译配演唱（50—70 年代）

译配演唱是在不改变原歌曲曲调的前提下，将歌词翻译成目标语，配上原曲用译语演唱的方法。我国 50—70 年代的歌曲翻译大多是以这种形式进行的。此外，通过笔者对该时段众多歌词译文与原文的对比发现，歌曲译配时，变译是歌曲译配家使用得最多的翻译技巧。变译是相对全译来说的，它是指"译者根据特定条件下特定读者的特殊需求，采用变通手段摄取原作有关内容的思维活动和语际活动"①。翻译目的论认为，翻译目的决定翻译方法与策略，决定原文应该是被全译、释译还是改编。② 鉴于歌曲译配的特殊性，"只将'忠实'作为翻译的标准，显然其译文不能达到相应的功能目的"③，因此，变译成了 50—70 年代歌曲译配常用的手段。换言之，"'变通'是歌曲变译的灵魂，'需求'是歌曲变译的原动力"。④

变译是黄忠廉在对严复翻译实践的个案考察中提炼出的理论，他认为严氏的"信达雅"是非全译（翻译变体）的理论原则，"以达旨术为纲"是严氏的实践原则，两者存内在统一关系。⑤ 在此基础上，黄忠廉提出了 11 种变译方法：摘译、编译、译述、缩译、综译、述评、译评、改译、阐译、译写、参译等。这 11 种方法的结构关系如图 3 - 13 所示。⑥

① 黄忠廉等：《翻译方法论》，中国社会科学出版社 2009 年版，第 12 页。

② Hans Vermeer, "Skopos and Commission in Translational Action", in Lawrence Venuti, eds. *The Translation Studies Reader*, London and New York：Routledge, 2000, p. 231.

③ Peter Low, "The Pentathlon Approach to Translating Songs", in Dinda Gorlée, eds. *Song and Significance：Virtues and Vices of Vocal Translation*, New York：Amsterdam, 2005, p. 186.

④ 杨晓静：《歌曲翻译三符变化说》，博士学位论文，黑龙江大学，2012 年，第 103 页。

⑤ 黄忠廉：《变译理论》，中国对外翻译出版公司 2002 年版，第 17 页。

⑥ 黄忠廉：《翻译变体研究》，中国对外翻译出版公司 2000 年版，第 6 页。

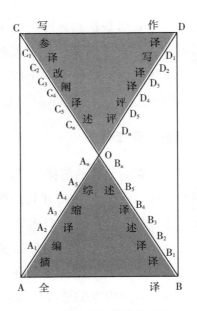

图 3 – 13　变译结构关系图

　　由图可知，△OAB 是囿于原文的变译形式，而△OCD 是涵盖翻译与写作的变译形式。在△OAB 中，从底边到顶角，原作的内容信息逐渐减少或浓缩，形式逐渐削弱或消失，译的内容越来越少，述的内容越来越多，开始带有评和写的成分，变译种类自成体系，呈阶梯状逐级上升，难度随之加大。在△OCD 中译或述的内容逐渐减少，译或述可采用△OAB 中的任何一种形式。由图可知，全译（线段 AB）与写作（线段 CD）之间的空间正是翻译变体大显身手的领域。①

　　变译理论为翻译研究提供了一种新的视角，它不仅是一种翻译的宏观理论，也涵盖了翻译的具体手段与方法。如果说翻译的最终目的是"表达出词语背后的'道说'，'道说'的靶语表达就是转渡的彼岸目的"，② 那么变译则是转渡的过程与手段。特别是在歌曲译配中，变

---

① 黄忠廉：《变译（翻译变体）论》，《外语学刊》1999 年第 3 期。
② 胡兆云：《美学理论视野中的文学翻译研究》，中国书籍出版社 2013 年版，第 40—41 页。

译是原歌音乐元素转渡彼岸的策略，更是译歌重塑过程中的语境重构。歌曲融音乐性、可唱性、可听性为一体，变译通过"无中生有""有中生无"的方法保留、再现原歌曲的音乐素性。换言之，歌曲译配中以"译"为方法，以"变"为结果，以"配"为效果，变中见通，通中见创，对歌词文本进行本土转渡，实现本土语言与异域曲调的融合。下面将从译者运用"增益""减修"和"变异"三种变译策略的现象对异域歌曲的本土化特征进行讨论。

（一）增益

增益是指歌曲译配时，根据目标语的句法惯习、音韵节奏需要、字词限制及可唱性要求，在译歌中增添一些原词没有的表达，以达到译歌为可诵、可唱，具有本土歌曲特征的目的。增益以"增"为手段，以"益"为目的，从原词语境出发，"以'填补语义''化隐为显''衔接语义'为方法，实现语义明确，行文流畅，合乎习惯表达"，[①] 追求译歌的音乐效果。

《喀秋莎》（«Катюша»）原是诗人伊萨科夫斯基（Михаил Исаковский）的同名诗歌，被谱曲后成为二战时苏联的经典歌曲。它描绘了苏联春暖花开时节，一位名叫喀秋莎的姑娘对远在边疆保卫祖国的爱人的深深思念。该歌曲被寒柏（赵沨笔名）译介传入中国，成为一首脍炙人口的翻译歌曲。时至今日，这首歌曲仍被中老年一代传唱。在 2015 年纪念反法西斯胜利 70 周年阅兵典礼上，和 2020 年俄罗斯阅兵典礼上，中国人民解放军三军仪仗队都是唱着《喀秋莎》步入红场的。以下是这首歌曲的第一段歌词。

俄文原词	直译歌词	演唱歌词
Расцветали яблони и груши, *Поплыли туманы над рекой.* *Выходила на берег Катюша,* *На высокий берег на крутой.*	苹果树和梨树开花了， 河上面飘着雾。 喀秋莎出来走到了岸上， 在高高的陡峭的岸上。	正当梨花开遍了天涯， 河上飘着柔曼的轻纱； 喀秋莎站在那竣峭的岸上， 歌声好像明媚的春光。

---

① 刘颖：《论翻译中的"变译"》，《清华大学学报》2019 年第 4 期。

通过对比直译歌词和演唱歌词，我们发现，译者在四句歌词中都采取了增词的策略。第一句中，译者增添了"天涯"一词，描绘了到处春花盛开的景象；第二句不但增添了"柔曼的"这个修饰语，还将"河面上的雾"比喻成"轻纱"；第三句与第四句合为一句，译词的第四句"歌声好像明媚的春光"则为译者根据语境增添、独创。

根据上文变译结构关系图可知，变译是在全译（线段 AB）与写作（线段 CD）之间的空间大显身手。在这段译词中，译者使用了多种变译手段对译词"大显身手"。如采用译评手段，根据原词语境增添评论词汇"天涯"和"柔曼的轻纱"；采用综译手段，将第三、第四句意思综合为一句；采用参译手段，参照原词画面和情感，创写了"歌声好像明媚的春光"。其中，增添"天涯"、将"河雾"比喻成"轻纱"、将"歌声"比喻成"春光"均不是出自原词，而是译者根据汉语惯习的"无中生有"。此外，译词还抛弃了原词 a／a／b／a 的韵式，自创了 a／a／b／b 韵式。我们可以由此大胆猜测，因为原词中 Катюша（喀秋莎）位于句尾，在第二段中，原词也押［a］韵，因此译词第一句、第二句的尾韵［a］是根据原词 Катюша 的尾音而定，故而"天涯"与"轻纱"也是由韵而生。综上，译词的"无中生有"和"由韵而生"均是译者为顺应目标语本土文化、语言与音乐性，而采取的以目标语为导向的本土化途径。译者对译词的斟词酌句，如同严复翻译实践中"一名之立，旬月踟蹰"的精神一样，都是对翻译语言本土化的追求。

歌曲是一种美学艺术形式，译词作为原词的翻译变体，其变化的目的是照顾译语歌众的美学接受度。因此，在外国歌曲本土化过程中，"必须把握源语核心模因，采取符合中国文化审美的表达对文本进行渲染处理"。[①] 如这首日本歌曲《北国之春》中的第一段。

---

① 邓天奇、侯小天：《翻译传播视域下基于模因理论的归化翻译研究——以日本流行歌曲汉译为例》，《文化与传播》2018 年第 5 期。

日语原词	汉语译词
白桦 青空 南风 こぶし咲くあの丘北国の ああ，北国の春 季节が都会では 分からないだろうと 届いたおふくろの 小さな包み あの故郷へ 帰ろかな 帰ろかな	亭亭白桦，悠悠碧空，微微南来风。 木兰花开山岗上北国的春天， 啊，北国之春已来临。 城里不知季节已变换， 不知季节已变换， 妈妈犹在寄来包裹， 送来寒衣御严冬。 故乡啊，故乡。 我的故乡， 何时能回你怀中?

　　该段歌词的第一行，原词为"白桦/青空/南风"，译为汉语应为"白桦树、蓝天、南风"，均为单一实物。在汉语译词里，译者增添了"亭亭""悠悠""微微"几个符合中国本土审美的形容词修饰语，一来可以增添音节数，让汉字音节数和日文原词音节数相等，与曲调音符一一对应，满足可唱性①。二来通过动态意境的描写，以景托情，寓情于景，触及中国人的审美取向，描绘了一幅好似中国北方的绚丽风景，让译语歌众产生情感上的共鸣。此外，《北国之春》在中国争议最大的莫过于这句"届いたおふくろの小さな包み"。该句歌词直译为汉语应为"收到了母亲寄来的小包裹"，但吕远的中文版译词为"妈妈犹在寄来包裹，送来寒衣御严冬。"不少日语界专家对这句译词进行了批判，如马洪伟认为该句译词有误，理由有三:一、既然是春天，何来寒衣? 二、既然季节已变换，寄来的应该是春衣;三、原文是"小さな包み"(小包裹)，何能装下厚厚的寒衣? 歌词应改为"送来春衣浴春风"。② 日本学者神谷纯子认为，按照日本的习惯，这个"小包裹"寄来的不是衣服，而是食品。③ 综合各方观点，虽然日文原词并未说明"小包裹"寄来的是什么，但包裹里为食品的可能性最大。但是，作为歌词，是否一定要弄清楚包裹里到底是什么呢? 如果

---

　　①　日语"白桦/青空/南风"的发音为"しらかば/あおぞら/みなみかぜ"，音节数为4/4/5。汉语译词"亭亭白桦/悠悠碧空/微微南来风"刚好满足4/4/5的音节排列。
　　②　马洪伟:《北国之春歌词中的一处误译》，《日语学习与研究》1990 年第 1 期。
　　③　神谷纯子:《〈北国の春〉、包みの中身は?》，《日语学习与研究》1990 年第 4 期。

是食品，是否还要进一步弄清楚到底是什么食品呢？歌曲译配不是科技翻译，歌众都知道是母亲寄来的包裹就够了。中文译词将"小さな包み"本土化，增添"送来寒衣御严冬"，是根据中国传统习惯的转渡表达。"慈母手中线，游子身上衣"，按照传统，中国母亲关心的不是儿子在外是否穿着美观帅气，而是是否保暖御寒。这一译词变体符合中国本土文化与审美语言，易于歌众接受与传唱，是歌曲变译本土化的佳例。

（二）减修

翻译是对原文的阐释，其阐释的过程就是对原文内容不断取舍的过程。在歌曲译配中，由于中外各民族语言结构、思维方式和文化习俗差异较大，原文中的某些元素会被省去不译。这种"不译"看似翻译过程中表层语言符号的删削，实则是阐释者无法承受的文化之重，也是读者无法接受的语言之重。换言之，这种"删除"就是阐释学意义上的"减修"。① 在歌曲译配中，这种减修包括对原词意义、音节和语符的删减与修正，以"减"为手段，达到"修"正译词的目的。从本质上看，减修式变译是歌词本土化的一种再创造，让译词能顺应目标语生态系统，并构建新的音乐意义。

减修在歌曲译配中尤其普遍。如前所述，歌曲译配的关键不在于"译"词，而在于"配"歌，"'配'的水平是决定译作的艺术价值的关键"②。如上文提及的歌曲《喀秋莎》，大家注意到俄文第一句歌词为 Расцветали яблони и груши，汉语直译译文为"苹果树和梨树开花了"。而汉语演唱版译词直接删去了"苹果树开花"，译为"正当梨花开遍了天涯"。这主要是因为在此句中，如果保留意思不变，汉语译词音节数远多于俄语原词音节数，无法入曲配歌。这里虽删去了"苹果树开花"的意象，但保留了中国人更为熟悉的"梨花盛开"的意象，译词更加本土化，更符合中国人的演唱习惯。

---

① 刘颖：《论翻译中的"变译"》，《清华大学学报》2019 年第 4 期。
② 薛范：《歌曲翻译探索与实践》，湖北教育出版社 2002 年版，第 74 页。

　　歌曲译配中，对原词的减修式变译很大程度上是因为原曲的音乐束缚造成的。就如弗兰松所言，"歌曲翻译中，若译词要在语义上忠实于原词，那么译词就很难配上原曲演唱；若译词要配上原曲演唱，译词就必须恰当地牺牲语义"。[①]《喀秋莎》中牺牲"苹果开花"比牺牲"梨树开花"应该说确实更为"恰当"。

　　翻译理论家索罗金（Ю. А. Сорокин）曾提出了翻译中的"空白理论"，他指出，"空白"是因为源语中存在某种为异族文化接受者所不明白、莫名其妙、易于误解的东西，造成异族文化的空白。[②] 这些空白大多是某个民族特有的传统风尚、礼节、习性、宗教信仰等。在普通文学作品的翻译中，通常采用音译或直译加注的方式处理。然而，歌曲是一种无注性文体，具有瞬间性，不论是音译还是直译加注的方式都会破坏译词的音乐性，使其无法演唱。面对这样的问题，歌曲译配者往往也采取减修的手段处理。如下是俄罗斯歌曲《三套车》中的一句。

　　该歌词的俄文本意是"那位不虔诚的鞑靼人头领咒骂我，而我只能忍受"。其中"不虔诚的"和"鞑靼人"在汉语中就属于文化"空白"，中国歌众对此感到匪夷所思，难以理解。在俄罗斯，俄罗斯族是人数最多的民族，鞑靼族人数仅次于俄罗斯族，是第二大民族。鞑靼人原是东蒙古人，后入侵俄罗斯取得成功。统治俄罗斯后，他们欺男霸女、无恶不作。俄罗斯族人信仰东正教，鞑靼人则信奉伊斯兰教。这里"那位不虔诚的鞑靼人头领"，就是指一位不信奉东正教、卑鄙、残忍的鞑靼头领，也是后面歌词提及的夺取歌者心上姑娘的那位财主。

---

① Johan Franzon, Choices in Song Translation：Singability in Print, Subtitles and Sung Performance, *The Translator*, Vol. 14, 2008, p. 377.

② 王秉钦：《文化翻译学》，南开大学出版社 1995 年版，第 110 页。

如此丰富的文化内涵，若要在译语中阐释清楚，非多费些笔墨不可。但是歌曲的音符数已定，汉语译词的字数要尽可能与原词音节数相等，否则译出的歌词就不能入歌，译犹未译。上面曲谱中的译词为《歌曲》前任副主编张宁译配。观察译词发现，张宁先生采取了减修的变译策略，删去了晦涩难懂的文化元素，并将歌者厌恶的情感修订在"可恨"一词当中。这种减修的做法，减去了不得不舍去的原词含义，又将译词修订为地道译语，是一种歌词本土化的手段。

（三）变异

变异是在整体把握原文意义，充分理解原文主旨的前提下，采取偏离原文语言表达、形式甚至内容的异化创写形式。由于变异是对传统"忠实"翻译观的挑战，经常被人诟病。"'变异'的根本原因在于翻译之'异'，即语言差异、文化差异、视域差异。差异越大，翻译对等的可能性越低，'变异'可能性越大。"① 在歌曲译配中，变异往往是译者不得已而为之，其目的是为了在兼顾译词音乐性和可唱性的同时，传递原词某种更重要的功能或意义。变异以"变"为译的手段，以"异"为配的结果，这种译词语言上的"异"，实则为音乐曲调上的"同"，是译歌对原歌的创造性叛逆。

如音乐剧《音乐之声》（*The Sound of Music*）当中的名曲 *Do-Re-Mi*。在该剧中，家庭教师玛丽亚负责照看海军上校特拉普的七个孩子。为了让孩子们恢复天真活泼的本性，玛丽亚开始对孩子们进行音乐启蒙教育。为方便孩子们记住音阶中的唱名，玛丽亚创造了这首名叫 *Do-Re-Mi* 的歌曲。在歌曲中，她用谐音的方法将唱名与英文单词组合在一起，方便记忆。如 doe（母鹿）的发音近似"1"，ray（光线）的发音近似"2"等。以下是歌词原文及章珍芳先生与薛范先生的译文②。

---

① 刘颖：《论翻译中的"变译"》，《清华大学学报》2019 年第 4 期。
② 章译和薛译均为可唱性译词，为节省篇幅省去了乐谱。

歌曲原词	章珍芳译配	薛范译配
Doe, a deer, a female deer Ray, a drop of golden sun Me, a name I call myself Far, a long, long way to run Sew, a needle pulling thread La, a note to followsew Tea, a drink with jam and bread That will bring us back to Do	Do 是一只小母鹿 Re 是金色阳光 Mi 是我叫我自己 Fa 是奔向远方 So 是穿针引线 La 这音符跟着 So Ti 是饮料和茶点 然后我们再唱 Do	"多",好朋友多呀多, "来",快来呀来唱歌, "咪",看脸上笑眯眯, "发",要发出光和热, "锁"能拴住门和窗, "拉",是用力往回拖, "西",那太阳往西落, 回头我们又唱"多"!

通过对比,可以发现章译本是严格按照原词意义译配的歌词,译词不仅意义忠实,音节数、节奏也能与音符对应,可配曲演唱。但是,译词却失去了原词帮助孩子学习音阶唱名的功能。中国孩子无法将 do 与"母鹿"联系在一起,也无法明白 re 与"阳光"的关联,mi 为何是自称,他们一定会百思不解。因此,失去了原词的功能,译词即使可唱,也变得毫无意义,译犹未译。而薛译虽然在语言意义上与原词似无关联,但是该译词却准确地把握了原词的主旨,采取了偏离原词内容的异化创写形式,在保留歌曲音乐性的前提下对原曲功能进行了成功的转渡,打造了一首地道的本土歌曲。

对于坚持"原文至上"的学者或许并不赞同这种变异式的本土化策略,他们认为原词的意义没有得到传达,就不是翻译。持这种观点的人可能忽略了一个问题,那就是原词的意义到底是什么?翻译作为阐释的手段,应该阐释什么?就这首歌来说,词作者并非真要传递"母鹿"的信息,选择 doe(母鹿)只是与"1"谐音的需要。设想,词作者最初使用的不是 doe,而是 door 一词,其功能上并没有本质的区别。因此,这首歌的功能意义才是译者应该转渡的意义。译者在追求"换易言语"的同时,不应忘记我们古已有之的对翻译的本质目标的阐释——"使相解"。[1] 歌曲采取变译本土化的目的是特定歌众的需求,是赢得目标语歌众的手段。

翻译实践中,有些本土化的变异是主动的,有些是被动的。在歌

---

① 谢天振:《隐身与现身:从传统译论到现代译论》,北京大学出版社 2014 年版,第 229 页。

曲译配中，不论是主动还是被动的变异，只要是以歌曲本土化为目的，其变异往往行之有效。如《红莓花儿开》原是苏联电影《幸福的生活》（《Кубанские казаки》）的插曲，20 世纪 50 年代被译介到我国后被广为传唱。然而近半个世纪后，人们开始对这首歌的标题进行讨论，认为"红莓花"是一种误译，世上根本就不存在这种植物。2001 年版，第一个使用"红莓花"译名的译者孟广钧也对此进行了回应，他在《大众电影》撰文写道：

> 四十年代末五十年代初，我在长影译制苏联电影。当时我们没有自己的俄华词典，仅有的工具书只是日本人八杉贞利编的《路和词典》（岩波版）。《红莓花儿开》是苏联影片《幸福的生活》中的插曲。翻译时，我不知俄文的"卡里那"（音）是什么花。在《露和辞典》中，这个词用的是日文片假名文字做解释，怎么办？当时我凭年少胆壮，看画面忆起儿时与俄罗斯小伙伴们时常一起玩耍采摘悬钩子（又名马林果，但不知为什么我小时叫它红薄子）吃，便杜撰出个"莓花"来，再加上原文中的形容词"红"，正好，不管三七二十一就叫它"红莓花儿"吧。这就是此名的来历。多少年后，有了俄华词典，我才知道这种植物应该译做荚蒾花或绣球花。①

《红莓花儿开》的俄语原名是《Ой цветет калина》，如孟广钧先生所说，他在《露和词典》中查到"калина"的词典释义为日文音译"バイバーナム"，他总不能再次音译成汉语"韦伯纳姆"，于是为了歌曲用词本土化，他自己杜撰了"红莓花"一词。由此可见，孟译杜撰"红莓花"乃无奈时被动为之，但是却受到中国歌众喜爱，被广为传唱。可是，2000 年 10 月 20 日《音乐周报》刊登了陈训明的文章

---

① 孟广钧：《错把荚蒾做红莓》，《大众电影》2001 年第 3 期。

《何来红莓花儿开》，该文引用各种生物词典，对"红莓花"进行了严厉的批评，指出应改译为"荚蒾花"才对。12 月 1 日的《音乐周报》又刊出了一位名叫周立可的歌迷的文章《可以"红莓花儿开"》，他在文中对"红莓花"进行肯定，指出歌曲译配不是科技翻译，不用去深究其到底是什么植物。如果当时真的准确地译出了植物名，该歌曲是否如当下这样广受欢迎，真令人怀疑。他在文章最后说道：

> 　　我只知道，这些歌久唱不衰，一代接着一代。这要感谢翻译家，尤其是歌曲的译配者。他们没有拘泥于什么树、什么花，而是结合本国的具体情况，做到了翻译工作的信、达、雅。……现在我们可以设想一下，如果译配者当年真用的是《乌拉尔的小花楸树》①《荚蒾花儿开》等歌名的话，那真不知道这些歌在中国流传的情况究竟会怎样？②

　　周立可的怀疑不无道理，其实 1951 年 10 月的《广播歌选》上就首次刊登过《Ой цветет калина》的歌词，该版本由王毓麟译配，歌名为《哦，雪球花在盛开》，与原歌名"Ой цветет калина"几乎是逐字直译。但令人遗憾的是，这个版本的歌词并没有被中国歌众接受与传唱，倒是"误译"歌词传播得更久远。就如同书名"十万个为什么"一样，虽然也是俄译者根据英诗的误译，但却成了最经典、最美的"误译"。王克非曾说过一句话：从整个翻译文化史看，起到重大的文化作用的译本，不一定都是翻译精品。那些掺杂有阐释、误解、删改的种种不准确的译本，有时反而会创生出不同的文化内容与不同的意义效果。③

　　限于篇幅，以上只是列举了几首代表性歌曲的翻译。其实，通过

---

　　①　陈训明在《何来红莓花儿开》中对苏联歌曲《山楂树》的译名也进行了批评，认为该译名也为误译，该歌曲中的树准确翻译应为"花楸树"。

　　②　薛范：《歌曲翻译探索与实践》，湖北教育出版社 2002 年版，第 163 页。

　　③　王克非：《翻译文化史论》，上海外语教育出版社 1998 年版，第 36 页。

仔细对比，笔者发现50—70年代的歌曲翻译大多使用了变译的手段，如萧儿译配的《歌唱斯大林》、袁水拍和孙良田译配的《金日成将军之歌》、安娥译配的《春之歌》、尚家骧译配的《我的太阳》、章珍芳译配的《雪绒花》等歌曲的译配中都或多或少有变译的成分。可见，变译是该段时期异域歌曲本土化的常用手段，也成为了促进异域歌曲被本土歌众接受的有效动力。

二 填词翻唱（80—90年代中期）

英国戏剧家德莱顿（John Dryden）曾将翻译分为三种类型："直译"（metaphrase）、"释译"（paraphrase）、"拟译"（imitation）[①]。在歌曲翻译中，如果说"歌词翻译"主要采取德氏的"直译"策略，那么"歌曲译配"则主要采用"释译"策略，上文讨论的我国50—70年代的外国歌曲译配就主要采取"释译"的方式引进的。然而，到了80年代，随着改革开放政策的实施，政治束缚逐渐松绑，国民思想进一步得到解放。民众对音乐歌曲的追求不再局限于曾经带有强烈政治色彩的、"高、快、响、硬"[②]风格的歌曲，转而追求曲调更柔和、歌词更抒情、主要表达个人情感的歌曲。由于当时大陆乐坛严重缺乏该类抒情歌曲，尚处于起步阶段，不少港台歌曲乘虚而入进入大陆。但是，由于粤语发音与普通话发音有别，直接用普通话演唱粤语歌词会出现"倒字"和押韵的问题，于是很多港台歌曲便通过"填词"的方式改编成"国语版"在大陆传唱。随即，不少日本、欧美歌曲也通过"填词翻唱"的方式被大量引进。

"填词"（replacement），即剔除A语言歌曲作品的歌词，保留其旋律，重新为该旋律填上B语言的歌词，使其成为一首新的歌曲。其

---

① John. Dryden，"Preface to Ovid's Epistles：The three types of translation"，In Robinson Douglas，eds. *Western Translation Theory-From Herodotus to Nietzsche*，Manchester：St. Jerome，1997，p. 174.

② 主要指十年浩劫时期那些"高一点、快一点、响一点、硬一点"帮气十足的歌曲。

中，B 语言的新词与 A 语言的原词意义上可以很相似，也可以部分相似，甚至毫无关联。按照德莱顿对"拟译"（imitation）的定义①，大多数歌曲的填词可以归为"拟译"的范畴。填词成了 80 年代后外国歌曲本土化的主要形式。虽然 80 年代后我国仍在以译配的形式出版国外歌集，如张权译配了《世界独唱名曲选》（1985）、贺锡德译配了《365 首外国古今名曲欣赏》（1989）、薛范译配了《爱情歌曲选粹》（1997）和《俄语名歌 88 首》（1997）、邓映易译配了《英文经典歌曲 101 首》等，但是这些新译配的外国歌曲真正被歌众传唱的却寥寥无几。然而，大量的填词歌曲却深受中国歌众青睐。如刘德华演唱的《我恨我痴心》填词自 Joan Jett 的 *I Hate Myself for Loving You*、谭咏麟的《小风波》填词自 Air Supply 的 *All Out of Love*、张学友的《不要再问》填词自 Bon Jovi 的 *Wild Is the Wind* 等。

如同"学堂乐歌"时期我国译介外国歌曲最先从日本译介一样，80 年代后，我国填词的外国歌曲也同样以日本歌曲为主。据不完全统计，80 年代后我国填词的日本歌曲就超过一千多首，如邓丽君演唱的《漫漫人生路》《再来一杯》《我只在乎你》、刘若英演唱的《很爱很爱你》《后来》、王菲演唱的《容易受伤的女人》、周华健演唱的《花心》《让我欢喜让我忧》、陈慧娴演唱的《飘雪》《千千阙歌》、张学友演唱的《一路上有你》《分手总要在雨天》、范晓萱演唱的《健康歌》、陈慧琳演唱的《情不自禁》、谭咏麟演唱的《酒红色的心》、郑秀文演唱的《一错再错》、莫文蔚演唱的《盛夏的果实》、张国荣演唱的《不羁的风》、任贤齐演唱的《伤心太平洋》、郭富城演唱的《对你爱不完》等等。可以毫不夸张地说，我国"80 后"几乎都是听着来自

①　德莱顿对"imitation"的定义原文为：The third way is that of Imitation, where the Translator (if now he has not lost that Name) assumes the liberty, not only to vary from the words and sense, but to forsake them both as he sees occasion; and taking only some general hints from the Original, to run division on the groundwork, as he pleases. 汉译大意为：第三种方式是"拟译"，即译者（如果还能称为"译者"的话）根据情况改变、甚至放弃原文辞旨，或是仅从原文获得信息提示，随心所欲地拟译。参见 John Dryden, "Preface to Ovid's Epistles: The three types of translation", In Robinson Douglas, eds. *Western Translation Theory-From Herodotus to Nietzsche*, Manchester: St. Jerome, 1997, p. 174.

日本的填词歌曲长大的。据晁春莲统计①，仅在"20世纪感动日本的百首歌曲"中，就有24首歌曲被填词成中文在国内传唱，如下表：

表3-2　　　"20世纪感动日本的百首歌曲"中的填词翻唱曲目表

序号	日本歌曲名	日本歌手	中国歌手	中国歌曲名
1	『神田川』	かぐや姫	邓丽君	《珍惜》
2	『いとしのエリ』	サザンオールスターズ	张学友	《给我亲爱的》
3	『秋桜』	山口百惠	关淑怡	《深夜港湾》
4	『昴』	谷村新司	姜育恒	《我的心没有回程》
5	『時の流れに身をまかせ』	テレサッテン	邓丽君	《我只在乎你》
6	TOMORROW	冈本真夜	吴佩慈	《闪着泪光的决定》
7	SAY YES	CHAGE & ASKA.	文章	Say Yes
8	LA · LA · LA LOVE SONG	久保田利伸	张克帆	LA LA LA LOVE SONG
9	『恋人よ』	五輪真弓	谭咏麟	《忘不了你》
10	『北国の春』	千昌夫	邓丽君	《我和你》
11	『花~すべての人の心に花を』	喜纳昌吉	周华健	《花心》
12	『ロード』	THE 虎舞竜	李亚明	《真情作祟》
13	『愛は勝つ』	KAN KAN	张学友	《壮志骄阳》
14	『襟裳岬』	森进一	邓丽君	《襟裳岬》
15	『島唄』	THE BOOM	周华健	《海角天涯》
16	『星影のワルツ』	千昌夫	邓丽君	《星夜的离别》
17	『どんなときも』	槙原敬之	林佳仪	《心火》
18	『とんぼ』	長渕剛	小虎队	《红蜻蜓》
19	『時代』	中島美雪	李翊君	《重生》
20	『異邦人』	久保田早紀	艾敬	《异乡人》
21	『津軽海峡冬景色』	石川さゆり	邓丽君	《一片落叶》
22	『世界中の誰よりきっと』	中山美穂 & WANDS	王馨平、高明骏	《今生注定》
23	『ワインレッドの心』	安全地帯	谭咏麟	《酒红色的心》
24	『氷雨』	日野美歌	邓丽君	《雪地上的回忆》

以上列举的是利用外国歌曲填词成的中文歌曲。其实90年代后，

---

① 晁春莲：《日本流行歌曲在中国的传播与接受》，《日语学习与研究》2010年第4期。

随着中国国际地位的提高，中国音乐影响力的扩大，也有不少中国歌曲被外国音乐人和歌手填词成英文、日文、法文、韩文、意大利文等语言翻唱。如《吻别》被填词为 *Take Me to Your Heart*、《一无所有》被填词为 *I Walk This Road Alone*、《传奇》被填词为 *Fairy Tale*、《我愿意》被填词为 *Still Here*、《爱很简单》被填词为 *I Love You*、《死了都要爱》被填词为 *Love & Death*、《解脱》被填词为 *She's Gone*、《月亮代表我的心》被填词为《永遠の月》、《何日君再来》被填词为《何日君再来》、《雨夜花》被填词为《ウーヤーホエ》、《海阔天空》被填词为《遥かなる梦にFar Away》、《童话》被填词为《童話》、《流星》被填词为《涙でできた天の川》、《因为爱情》被填词为 *A force de t'aimer*、《我和我的祖国》被填词为 *Ma patrie et moi* 等等。

从以上数据可知，80 年代后，不论是外国歌曲的中文填词版本，还是中文歌曲的外文填词版本数量都大为可观。一方面反映了中外音乐文化交流十分频繁，另一方面也反映了"填词翻唱"作为一种特殊形态的翻译现象不得不引起译界的重视。但是，由于歌曲填词的自由度较大，所填新词与原歌曲词义关联不稳定，于是译界有观点认为填词不应该属于翻译行为。如彼得·洛曾强调：

> 尽管用目标语所填的新词与原曲调很搭配，但若新词与原词没有语义上的关联，即使在有的场合这种做法可能很恰当，但这也不是翻译行为，因为原词的意义没有得到传递。这种行为不应该在翻译中予以讨论。[①]

薛范在谈及他变通处理歌曲 *Do-Re-Mi* 的中文版时也指出，"不过这已不能算作翻译，而是填词了"。[②] 那么，填词到底是不是翻译行

---

① Peter Low，"The Pentathlon Approach to Translating Songs"，in Dinda Gorlée，eds. *Song and Significance*：*Virtues and Vices of Vocal Translation*，New York：Amsterdam，2005，p. 194.

② 薛范：《歌曲翻译探索与实践》，湖北教育出版社 2002 年版，第 48 页。

为？应不应该纳入歌曲翻译研究的范畴呢？在回答这两个问题前，笔者在此先列出三首歌曲的原词与填词，供大家比较。

例1：*Wavin' Flag*（填词歌曲名为《旗开得胜》）

歌曲 D 原词	歌曲填词
Give me freedom, give me fire Give me reason, take me higher	痛快自在，热血澎湃 别问由来，星可以摘
See the champions, take the field now Unify us, make us feel proud In the streets our hands are lifting As we lose our inhibition Celebration, it's around us Every nation, all around us Singing forever young Singing songs underneath the sun Let's rejoice in the beautiful game And together at the end of the day	看那奖杯，熠熠生辉 球场沉醉，凯旋而归 头昂起来，畅爽开怀 天涯不过，你我胸怀 欢乐祥和，这里聚合 没有隔阂，一起庆贺 青春是一首歌 迎着光，让我们一起唱 看世界就在我们脚下 把梦踢到天际无限大

[*Wavin' Flag* 是2010南非世界杯主题歌，由世界著名诗人、歌手克南（K'naan）和香港顶尖作词人李焯雄填词。该歌曲在全球有7种语言的演唱版本，已在150多个国家和地区传播。中文版《旗开得胜》由李焯雄填，由张学友、张靓颖担任主唱，收录于2010年6月20日发行的EP《梦想·旗开得胜》2010年，该歌曲入围"第33届十大中文金曲"优秀流行国语歌曲奖。参见 http://ent.china.com/zh_ cn/music/pop/11015604/20101129/16266458.html.]

例2：《茉莉花》（填词歌曲名为 *Jasmine*）

歌曲原词	歌曲填词
好一朵茉莉花	Outing in the garden.
好一朵茉莉花	Outing where were the flower scrawl
满园花开	Even me found love from the blossom
香也香不过它	There's just one that I adore
我有心采一朵戴	Would I try to take you with me
看花的人儿	Would I try to bring you home
要将我骂	My sweet Jasmine
好一朵茉莉花	Feel how lovely my flower smells
好一朵茉莉花	See how beautiful she looks
茉莉花开	White as snow in the winter.
雪也白不过它	Pure and she is just glorier.
我有心采一朵戴	Oh I am so afraid to pick you
又怕旁人笑话	If the gardener will come my way.
又怕旁人笑话	Oh my sweet Jasmine

[《茉莉花》的英文填词版本 *Jasmine*，由瑞典家喻户晓的歌后索菲亚·格林（Sofia Kallgren）演唱。格林是首位签约中国内地唱片公司的西方歌手。2006年她在中国唱片广州公司出版了中国民歌专辑《民歌新语》（英文版），《茉莉花》（*Jasmine*）就收录于该专辑之中。]*

例 3:《吻别》（填词歌曲名为 *Take Me to Your Heart*）

歌曲原词	歌曲填词
前尘往事成云烟 消散在彼此眼前	Hiding from the rain and snow Trying to forget but I won't let go
就连说过了再见 也看不见你有些哀怨 给我的一切，你不过是在敷衍 你笑的越无邪 我就会爱你爱得更狂野 总在刹那间 有一些了解 说过的话不可能会实现 就在一转眼 发现你的脸 已经陌生不会再像从前……	Looking at a crowded street Listening to my own heart beat So many people all around the world Tell me where do I find someone like you girl Take me to your heart Take me to your soul Give me your hand before I'm old Show me what love is haven't got a clue Show me that wonders can be true. . .

[*Take Me To Your Heart* 是由 Jascha Richter 填词自张学友演唱的歌曲《吻别》，由丹麦乐队迈克学摇滚（Michael Learns To Rock）演唱，收录于 2004 年 2 月 5 日发行的同名专辑 *Take Me To Your Heart* 中。该专辑发布后异常火爆，迈克学摇滚乐队也在中国史无前例的成为最受欢迎的海外乐队，并在中国内地缔造了 25 万唱片销量、数百万次网络下载的神话。在九天音乐的榜单上，*Take Me To Your Heart* 一直名列英文歌曲前茅。参见 http://ent. sina. com. cn/y/2007 - 10 - 17/20011753374. shtml.]

通过对比，可以发现例 1 *Wavin' Flag* 中的填词与原词虽然词义并非一一对应，但整体主旨意义较为相似，两个文本语义关联较大；例 2《茉莉花》中，填词新生意义较多，原词中仅有"我有心采一朵戴/看花的人儿要将我骂/雪也白不过它"三句歌词的意义在新词中得以保留；例 3《吻别》中，填词与原词意义毫无关联，两首歌曲名也大相径庭，填词歌曲已全然是一首新歌。按照奈达的观点，"所有笔译或口译都必定在一定程度上涉及原文与译文之间的关联性"。① 可以得出这样的结论：例 1 和例 2 的填词行为属于翻译行为，例 3 中的填词行为不属于翻译行为。

例 1 和例 2 中的填词虽然与原词意义并非一一对应，但是毕竟存在语义上的关联。填词意义的变化，是为了译歌可唱性与音乐效果的需要。在诺德看来，"按照目标文化的标准来调整或'改写'原文，

---

① Eugene Nida, *Language and Culture*: *Contexts in Translating*, Shanghai: Shanghai Foreign Language Education Press, 2001, p. 132.

是每个专业翻译人员日常工作的一部分"，① 对于歌曲翻译人员尤其如此。而例 3 却不一样，其填词不论在形式还是语义上都与原词没有产生任何关联，不属于翻译行为。就如书名或电影名翻译时，译者将 *Uncle Tom's Cabin* 处理为《黑奴吁天录》，*Gone with the Wind* 处理为《乱世佳人》，*Despicable Me* 处理为《神偷奶爸》，《七月与安生》处理为 *Soul Mate*，《甲方乙方》处理为 *The Dream Factory* 等行为都只能当作"重命名"的行为来看待，而不属于翻译行为。因为此处理过程既不忠实地传递源语的信息，又不涉及语言符号间的转换过程。② 换句话说，"无原文可依的'翻译'当然不是翻译"③（周领顺，2016：76）。综上，我们可以说并非所有的歌曲填词行为都不是翻译行为，只要新词还在传递原词信息（或多或少），这种填词就是翻译行为。因为在翻译实践中，"偏离原文是翻译的必然现象，分别只在于有的距离大，有的距离小，有的是自觉的偏离，有的是不自觉或者不那么自觉的偏离而已"。④ 杨晓静博士根据黄忠廉教授"译作与原作之间存在相似率"⑤ 的观点，绘制了歌曲翻译中"原语歌曲—译语歌曲相似度"对比图（图 3 – 14）。

她指出，"原语歌曲与译语歌曲三符系统存在符形、符义、符用方面的接近程度。既然相似，就有程度大小之分，如极似、很似、较似等。"⑥ 笔者在该图上标出了填词、译配词与原词相似度的位置。既然是译配，那么译词与原词语义上应该具有较高的相似度（当然，100% 的相似度只是理想状态，即使是歌词翻译也很难做到），而歌曲填词，相对来说新词语义与原词语义相似度较低（如例 1 中新词与原

① Christiane Nord, *Text Analysis in Translation：Theory Methodology，and Didactic Application of a Model for Translation Oriented Text Analysis*, Amsterdam：Rodopi, 1991, p. 25.

② 覃军：《译，贵在不译——翻译中的"非翻译"策略》，《中国翻译》2018 年第 5 期。

③ 周领顺：《论葛浩文翻译本质之论——兼谈译学界"翻译本质"之争及其启示》，《当代外语研究》2016 年第 5 期。

④ 张南峰：《中西译学批评》，清华大学出版社 2004 年版，第 8 页。

⑤ 黄忠廉等：《翻译方法论》，中国社会科学出版社 2009 年版，第 6 页。

⑥ 杨晓静：《歌曲翻译三符变化说》，博士学位论文，黑龙江大学，2012 年，第 188 页。

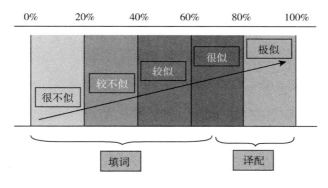

图 3 - 14 源语歌曲—译语歌曲相似度

词相似度可能在 60%—70% 之间，例 2 中新词与原词相似度可能在 20%—40% 之间），甚至可以毫无相似度为 0（如例 3 中新词与原词相似度可能为 0）。

总之，在歌曲翻译中，歌曲译配和歌曲填词没有绝对的界限，就如我们无法将"直译"与"意译"绝对区分一样，两者之间只有程度的变化。不过，一首经典的翻译歌曲总是既有译配又有填词（或叫"填词式翻译"）。如果把只翻译歌曲主旨的行为，"把那些不符合所谓'标准'的译本，一律称为'非翻译'，或者说它们'不配称为翻译'，就好像翻译是一种什么头衔似的。这是一种非常保守，甚至可以说是古板的态度，其后果是'自绝于'大量优秀的、具有研究价值的翻译作品，脱离翻译活动的实际"。① 即使是那种新词与原词毫无语义关联的填词，我们既要承认它们不是翻译行为，又不能将其排挤在翻译研究之外。首先，只有将这种行为置于翻译研究的范畴内，才能加深对翻译本质的研究，提升对特殊翻译形态的解释力。其次，虽然与原词毫无语义关联的填词不属于翻译行为，但这种"非翻译"行为却是一种不可或缺的策略。这种"'非翻译'策略的使用，是为了达到更好的跨文化交流效果，是译者在转换特殊文本时的一种必备手段"。② 弗

---

① 张南峰:《中西译学批评》，清华大学出版社 2004 年版，第 7 页。
② 覃军:《译，贵在不译——翻译中的"非翻译"策略》，《中国翻译》2018 年第 5 期。

兰松在谈及歌曲翻译中的选择时曾指出，当歌词与曲调发生矛盾时，如果曲调更重要，就保留曲调修改歌词；如果歌词更重要，就保留词意更换曲调。① 这从侧面反映出，放弃词义的"非翻译"行为也是促进音乐跨文化交流的手段。在这一点上，钱仁康先生说道，有时德国人译诗不说"译"，而称"Nachdichtung"（仿作）；英美人译歌也常不称"译"，而用"English words by..."。② 曹明伦用了一个形象的比喻很说明此问题：翻译是沟通不同文化的桥梁，架桥的目的为了过河或跨海。但在地理水文气象等条件不适合架桥时，人们当然可以选择造船或凿水下隧道等其他方法达到过河或跨海的目的。③ 同理，当歌曲填词比歌曲译配效果更好时，歌曲填词当然是音乐跨文化交流的更好的手段。

80 年代后，我国在引进外国歌曲时逐渐从译配方式转向填词方式，大量的歌曲译配作品被冷落。到了 90 年代后，我国又有不少歌曲被填词成外语传唱到国外。这一变化反映出全球经济化带了全球文化的多元化，人们在多元文化的语境中，不再追求传统的、忠实的译配歌曲，而追求于更易融合音乐、更适合舞台表演的填词翻唱形式。填词歌曲是译配歌曲后外国歌曲本土化的一种新形式，也是中国歌曲"走出去"的一种尝试路径。总之，歌众是歌曲翻译的"客户"，只有始终以歌众的审美取向为导向，随即调整翻译策略，歌曲翻译才能与时俱进，顺应时代的发展。

三 原唱传播（90 年代后期至 21 世纪）

原唱传播是指异域歌众直接使用他国语言演唱他国歌曲。在我国 90 年代后，随着全球化进程的加快，人们接触外国歌曲的机会增多，越来

---

① Franzon Johan，"Choices in Song Translation：Singability in Print，Subtitles and Sung Perform-ance"，*The Translator*，Vol. 14，2008，pp. 380 – 381.

② 钱仁康：《谈歌词的翻译》，《音乐艺术》1999 年第 4 期。

③ 曹明伦：《关于对外文化传播与对外翻译的思考——兼论"自扬其声"需要"借帆出海"》，《外语研究》2019 年第 5 期。

越多的人逐渐放弃演唱翻译歌曲和填词歌曲，转向直接用外语演唱外国歌曲（尤其是欧美歌曲和日本歌曲），开启了外国歌曲在我国传播的新途径。总结起来，外国歌曲在我国的原唱传播主要有以下几个原因。

（一）传媒技术的发展

磁带和 CD 的出现，为外国歌曲在国内的传播奠定了基础。90 年代后，各大音像出版社相继推出了多种外国歌曲磁带或 CD 专辑，如《九十年代欧美冠军榜》《欧美最新流行曲》《欧美经典流行歌曲》《欧美流行歌曲经典篇》《美国流行歌曲》等。这种传播方式改变了以往口口相传的途径，让中国听众有了与原唱歌曲零距离接触的机会。再者，随着电视机的普及，外国歌曲通过电视娱乐节目短时间传到中国，让歌众从"听"歌曲渐渐转变为"视听结合"欣赏外国歌曲，受到了青少年歌众的追捧。另外，卡拉 OK 从日本传到中国，改变了曾经歌曲只能作为欣赏对象的状态，歌众模仿、直接参与演唱，进一步促进了外国原唱歌曲的传播。特别值得一提的是，外国经典电影在国内受热捧，也推进了电影歌曲在国内的传播，如电影《白夜》的插曲 *Say You，Say Me*、《毕业生》的插曲 *Sound of Silence*、《第凡尼的早餐》的主题曲 *Moon River*、《泰坦尼克号》的主题曲 *My Heart Will Go On* 等等。这些电影歌曲通过电视、广播、磁带、MP3 等媒介传播到大街小巷，被中国歌众广为传唱，至今仍能在一些音乐酒吧或西餐厅听到这些歌曲。世纪之交，网络技术在国内迅速兴起，为美、日、英、法、意等国原声歌曲的传播提供了一个更加快捷、经济、便利的平台，实现了异域原唱歌曲在中国传播的同步性，使得原唱传播唾手可得。

（二）外语水平的提高

党的十一届三中全会后，随着我国工作重点的转移，国家迫切需要一大批外语人才参与社会主义现代化建设。在这样的背景下，我国开始重视外语教育，尤其是英语教育。英语逐步取代俄语，成为与语文、数学并列的三门重点课程。特别是改革开放后，我国英语教育更是达到前所未有的高度，英语教育逐渐从高中、初中向小学普及。除了学校将外语教育当作重点课程来抓，广播、电视、业余培训班都开办了各类外语课程。此外，在外语教学中，直接教唱外语歌曲成了提升学生外语学习兴趣的一种手段，不少出版社随即推出了各种外文歌曲书籍，如《经典英文歌曲》《传世经典英文歌曲》《经典动漫歌曲传唱》《新唱歌学日语》等等。综上，由于外文歌曲不像外文诗歌、小说、散文那样难以理解，加上中国全民学外语，国民外语水平整体的提高，为国外原唱歌曲在我国的直接传唱提供了可能性。

（三）外来文化的冲击

改革开放后，随着外语教育的普及、传播媒介的不断发展、外国饮食、影视、音乐、时尚进入中国市场，逐渐充斥着我国每个行业的每个角落。这当中尤其以美国文化的影响最大，穿洋装、说洋话、唱洋歌成为青少年一代追求的时尚。在这种心理影响下，演唱翻译歌曲显得土里土气，用外语直接演唱，追求"原汁原味"成为歌众的审美取向。

（四）社会节奏的加快

随着通信设备的进步、交通的便利、全球化经济的迅猛发展，以及后来新媒体的应用，人们的生活节奏逐渐加快。歌曲译配，这种需要"旬月踟蹰"、精雕细琢才能打磨出翻译精品的翻译方式已经不能满足快节奏社会歌众的需求。配上字幕式的"歌词翻译"，直接演唱源语歌曲成为新时代的一种文化快餐。

值得提及的是，音乐文化的交流是相互的。21世纪后，随着中国国际地位的提升，中国文化"走出去"战略的实施，越来越多的中国歌曲也以原唱传播的方式"走出"国门。如宋祖英在西方多国以中文原唱的方式传播中国歌曲；美国歌手唐伯虎（Annie Lowdermilk）在国外多个影视节目演唱中文歌曲；美国歌手卡莉·贝丝（Carly Beth）、新加坡歌手罗艺恒（Laurence Larson）、俄罗斯歌手凯莉、韩国歌手张娜拉等无以数计的外国歌手开始传唱中文歌曲。特别是随着孔子学院在世界各地的开办，中文歌曲成为汉语教学的一种手段，如

《月亮代表我的心》《康定情歌》《阿里山的姑娘》《在希望的田野上》《青花瓷》《菊花台》等诸多中文歌曲已经走进西方世界。前文提及，翻译是一种依据动态语境进行动态推理的活动。读者的认知水平、意识形态、社会环境、审美取向无时无刻影响着翻译策略。就歌曲翻译来说，我国 70 年间的歌曲翻译大致经历了"译配演唱—填词翻唱—原唱传播"三个阶段，呈现出以目标语歌众和音乐体系为导向的本土化特征，把握这种特征，才能把握歌曲翻译的发展方向。

第四节　歌曲翻译的本土化规律

一　译者妥协律

宋代佛教史学家赞宁曾这样看待翻译，他说，"译之言易也，谓以所有易所无也。譬诸枳橘焉，由易土而殖，橘化为枳。枳橘之呼虽殊，而辛芳干叶无异"。① 该句话道出了翻译的本质，因为水土迥异，南方之橘移植北方就为枳。同样，由于语言习惯，文化差异，译入到目标语的翻译"果实"也必定有所变异。这种变异往往会带来一些冲突，即原作与译语读者间的冲突。黄忠廉认为，解决这种冲突的方式不是对抗，而是妥协。对抗碍于吸收，妥协才能化解矛盾，这便是异域文本本土化过程中的译者妥协律。② 妥协在翻译中无处不在、无法避免，翻译的过程就是不断妥协的过程。③ 译者是妥协过程中的调和者，面对原文语义和风格的流失，调和这种流失就尤为重要。段峰曾指出，"译者在翻译中，时刻面对着这样的妥协，其原因很多，如原文的性质，原文和原文读者的关系，译文的目的，译文读者的期

---

① 陈福康：《中国译学理论史稿》，上海外语教育出版社 2002 年版，第 38 页。
② 黄忠廉：《变译理论》，中国对外翻译出版公司 2002 年版，第 227 页。
③ Sándor Hervey etc. , *Thinking German Translation*: *A Course in Translation Method*: *German to English*, New York: Routledge, 2005, p. 22.

待等等，许多方面的原因都可以左右译者的翻译行为"。① 他同时指出，在众多原因中，译语文化和译语文化读者的期待是最重要的原因。对于歌曲翻译来说，译语歌众是翻译作品的使用者，他们对翻译歌曲"可诵、可唱、可听"的期待决定了译者在翻译过程中的妥协行为。

妥协不是对源语信息的流失放任不管，相反，"妥协的第一步即是对原作信息内容的摘选"，② 通过牺牲部分信息达到译文最终目的的利益最大化。如这首出自美国的《生日歌》（*Happy Birthday to You*），因为其使用场合的特殊性和必须性，该歌被翻译成各国多种语言，成为"全世界演唱次数最多的歌曲"。以下是这首歌的中文版和日文版。

英文原词	中文译词	日文译词	日文直译
Happy Birthday to you,	祝你生日快乐，	<u>嬉しいな今日は，</u>	<u>今天真是高兴，</u>
Happy Birthday to you,	祝你生日快乐，	<u>乐しいな今日は，</u>	<u>今天真是快乐，</u>
Happy Birthday to you,	祝你生日快乐！	お诞生日おめでどう！	祝你生日快乐！
Happy Birthday to you,	祝你生日快乐。	お歌を歌いましょう。	<u>一起唱歌吧。</u>

通过对比发现，汉译本和原词不但意义完全对应，音节数也刚好与原词音节数对等，适合演唱。但是在日文中，"祝你生日快乐"的表达为"お诞生日おめでどう"，其发音为"おたんじょうびおめでどう"（o tan jou bi o me de do u）。日文的音节数多于原词的音节数，难以配曲演唱。因此，日文歌词对原词内容进行了摘选，删去了三句重复的 Happy Birthday to you，另增添了三句符合语境的歌词。此外，即使在曲调有连音的第三句，日语演唱时也省掉前面的"お"（o）未唱。由此可见，受译词性质的限制，为了满足译语受众对译本"可唱性"的期盼，译者不得不做出妥协。这种妥协突出了原作的使用价

---

① 段峰：《文化翻译与少数民族文学对外译介研究——基于翻译研究和民族志的视角》，外语教学与研究出版社 2016 年版，第 51 页。

② 黄忠廉：《变译理论》，中国对外翻译出版公司 2002 年版，第 227 页。

值，也满足了译语受众的需求。如海天独啸子所言，"凡删者删之，益者益之，窜易者窜易之，务使合于我国民之思想习惯"。① 从这个意义上讲，妥协是译本利益最大化不可缺少的一种手段。

　　从上节讨论可知，外国歌曲在我国的本土化经历了"译配演唱—填词翻唱—原唱传播"的过程，虽然在 80 年代后我国老一辈歌曲翻译家仍采取译配的方式翻译出版了不少歌集，但真正被演唱起来的歌曲却寥寥无几。反而那些根据原曲主旨填词的歌曲却传唱很广。究其原因，这是由于译者未考虑时代变化和歌众期待而造成的尴尬局面。歌曲译配本是一件极其艰难的工作，受到语义和曲调的双重限制。由于译者水平参差不齐，不少译配出来的歌曲或多或少都带有翻译腔，特别是很难克服"倒字"的情况，影响"可听"效果。即使有着丰富的歌曲译配经验的薛范也认为，"如何处理好'倒字'是最能见歌曲翻译家功力的试金石；在多大程度上避免出现'倒字'是评判配歌优劣成败的最重要的标准之一。因为'倒字'现象是歌曲翻译技巧中最常见的、不易克服的病症"。② 即使是原创歌曲，'倒字'现象也时有发生。如不少音乐爱好者就曾调侃费翔《故乡的云》中"归来吧，归来哟"，因为发生"倒字"，听起来变成了"鬼来吧，鬼来哟"，让人胆战心惊；《鲁冰花》中的"夜夜想起妈妈的话"听起来变成"爷爷想起妈妈的话"，让不少听众百思不得其解；根据俄罗斯民歌改编的《娃哈哈》中，"和暖的阳光照耀着我们，每个人脸上都笑开颜"，听起来像"河南的阳光照耀着我们，美国人脸上都笑开颜"等等。

　　黄忠廉指出，"在市场经济条件下，翻译的供和求关系是一个讨价还价、互相妥协的过程。译者的妥协就是牺牲原作，趋向于读者，面对不同的读者，采取不同的变译妥协手段"。③ 80 年代后的填词策

---

　　① 陈平原：《20 世纪中国小说史（第一卷：1897—1916）》，北京大学出版社 1989 年版，第 38 页。

　　② 薛范：《歌曲翻译探索与实践》，湖北教育出版社 2002 年版，第 146—147 页。

　　③ 黄忠廉：《变译理论》，中国对外翻译出版公司 2002 年版，第 228 页。

略，就跳出了以"忠实为导向"的译配方法，以新时代的听众为趋向，通过牺牲原作而采取的一种妥协手段。这种手段不仅在很大程度上避免了"倒字"的发生，也通过变通让原歌曲的价值得到体现。

二　肯定否定律

上文提及，妥协与让步是译者在歌曲翻译中常用的手段。既然存在妥协，就存在非妥协，也就存在对原文要素的肯定与否定。黄忠廉对翻译的肯定否定律做了如下阐述：

> 肯定否定就是"扬弃"——既克服又保留，有发扬，有舍弃，有批判，有继承，是原作在译语文化中得以传播和扎根的关键环节。应如实地把原作一分为二或一分为多，吸取并改造其合理的和读者所需的成分，有助于质量更优的变译产生；舍弃不合要求的东西，以利于译作信息的集中和针对性的加强。①

可见，翻译的过程就是一个不断抉择的过程，在这个过程中译者的水平体现在对原文信息的"扬弃"上。如《哎哟妈妈》（*Ayo Mama*）这首印尼民歌，1958年被歌曲翻译家林蔡冰译配成中文版，在歌唱家刘淑芳首唱后风行全国，传唱至今。下面以这首歌的第一段为例②，来看看译者的扬与弃。

印尼语原词	中文直译	演唱歌词
Dari mana，datangnyalintah? *Darilahsawah，turun ke kali.* *Dari mana，datangnyacinta?* *Darilahmata turun ke hati.*	水蛭从哪里来？ 从稻田到河里来。 爱情从哪里来？ 从眼睛到心里。	河里青蛙从哪里来？ 是从那水田向河里游来。 甜蜜的爱情从哪里来？ 是从那眼睛里到心怀。

---

① 黄忠廉：《变译理论》，中国对外翻译出版公司2002年版，第228页。

② "中文直译"由笔者转译自英文版直译歌词。英文直译歌词为：From where do the leeches come from? They come from the field to the river. But where does love come from? From the eyes all the way to the heart. 参见：https：//www. mamalisa. com/？t = es&p = 6049.

观察印尼语原词和中文直译,发现原词的第一句并非"青蛙从哪里来",而是"水蛭(蚂蝗)从哪里来"。从原词行尾单词可见,原词的韵式为 a/b/a/b,lintah(水蛭)与 cinta(爱情)谐音;sawah(稻田)与 mata(眼镜)谐音;kali(河流)与 hati(心)谐音。原词选用"水蛭"(lintah)一词,一是用其与"爱情"(cinta)的谐音功能;二是用水蛭的暗喻功能,水蛭习惯扒在人体,不轻易松开,以此表达对爱情的忠贞。但是在中文里,"蚂蝗(水蛭)是人们讨厌的小虫,用来比喻爱情,实在令人费解"①。于是,译者对"水蛭"(蚂蝗)进行了否定,将其换译成中国人更容易接受的"青蛙"。同时,原词 a/b/a/b 的形式在译词中也被否定,换成中文歌词"一韵到底"的形式。翻译的过程本身就是"一个否定之否定过程,译文读者的需求否定了原作的全译,否定了内容与形式的关系"②。此外,从配歌上讲,这既是目的文化语境的需要,也是技术规范的需要,是译者"为达到预期的目的,在翻译时对原文内容作一定程度的改变或在形式上作重大调整,以适应译入语国家或读者的政治语境、文化背景或技术规范"③。肯定否定律中,在否定的同时必须有肯定,有保留与发扬。如译词将"爱情"发扬为"甜蜜的爱情"是对源语信息的肯定,是译者的本能行为,是翻译行为之根本。

孙致礼先生曾认为,"翻译就是在矛盾丛生中工作"④。译者对原文内容的肯定与否定实则是一个调和矛盾的过程。周领顺先生曾将翻译行为笼括于两个端点之间,即"求真"与"务实","'求真'是指译者为实现务实目标而全部或部分求取原文语言所负载意义真相的行为;'务实'是指译者在对原文语言所负载的意义全部或部分求真的基础上为满足务实性需要所采取的态度和方法"⑤。由此来看,译者的肯定否

---

① 兰幼青:《〈哎哟妈妈〉的歌词译文与原文》,《四川音乐》1983 年第 6 期。
② 黄忠廉:《变译理论》,中国对外翻译出版公司 2002 年版,第 229 页。
③ 方梦之、毛忠明:《英汉—汉英应用翻译教程》,上海外语教育出版社 2005 年版,第 58 页。
④ 孙致礼:《翻译:理论与实践探索》,译林出版社 1999 年版,第 12 页。
⑤ 周领顺:《译者行为批评:理论框架》,商务印书馆 2014 年版,第 79 页。

定行为就是在两端点的范围内偏移，这种偏移实则为调和矛盾的手段。

求真　　　译者行为　　　　务实　　超务实

可见，肯定是一种"求真"行为，否定是一种"务实"行为，而超越翻译行为的深度介入——写，则属于多重否定，是一种"超务实"行为。"超务实"有别于"误译"，或者说它是"一种有意而为的误译"，"有意而为的误译是译者故意采取的一种积极的翻译策略"①。如俄罗斯歌曲《远处的篝火闪着光》（《Костры горят далекие》）中有一句歌词是这样的：

　　　Глаза у парня ясные/Как угольки горящие/Быть может，не прекрасные/Но，в общем，подходящие.
　　　小伙子眼睛明又亮/就像是星星在闪光/这一双眼睛不算美/配在他脸上很相当。②

第一行和第二行歌词原意本为"小伙子眼睛明又亮/就好像燃烧的煤炭"。译词"星星"并非译者对"угольки"（煤炭）的误译，而是译者根据目标语文化语境对原文的否定，这种"弃真务实"的否定是在否定"务实"行为上的双重否定，是一种"超务实"行为。如果说"'务实'是译者'社会性'的体现，而'超务实'是译者'社会化'的结果"③，那么这种双重否定就动摇了译者的"译者"身份。因为，"译者的行为多种多样，但只有在'求真—务实'译者行为连续统评价模式约束的范围内，译者的身份才是译者"④。这首歌曲由薛范先生

　　① 周领顺：《译者行为批评：理论框架》，商务印书馆 2014 年版，第 108 页。
　　② 薛范：《苏联歌曲珍品集 1917—1991》，中国电影出版社 1995 年版，第 281 页。
　　③ 钟毅：《译者身份认同视角下的"务实"与"超务实"——20 世纪三四十年代奥尼尔独幕剧汉译研究》，《外国语文》2020 年第 3 期。
　　④ 周领顺、杜玉：《汉语"乡土语言"葛浩文译者行为度——"求真—务实"译者行为连续统评价模式视域》，《上海翻译》2017 年第 6 期。

译配，薛范先生既是译者，又是音乐家，他的这种"超务实"行为其实更多是薛范在以音乐家的身份在行为。如同一个诗歌翻译家应该是一名诗人一样，一个好的歌曲译配家也应该是一名音乐家，"因为这样，他才会有一种'在场'的感觉和'表演'的感觉"，① 才能摆脱语言的束缚，跨越文化"隔层"。同时，这种行为是为了传达原词情感内涵和再现音乐艺术境界"统摄全意，另铸新词"的行为。意义在译配过程中的变异，正好体现了歌曲译配的肯定否定规律，"既包含新陈代谢的意义，又比新陈代谢更透彻地表现了文化吸收中继承与发展的意义"。②

三 顺应时代律

比利时语言学家耶夫·维索尔伦（Jef Verschueren）在其著作《语用学新解》（*Understanding Pragmatics*）中提出了"顺应理论"（Adaptation Theory），他认为语言使用的过程是一个不断进行选择语言的过程。因为语言具有变异性、商讨性和顺应性，所以语言的使用者才可以在使用语言的过程中做出合适的选择。③ 就翻译来说，译者在翻译过程中，其表达思维运作也应该顺应目标语的语言形式和认知环境。由于语言是随着时代的变化而变化的，不同时代的目标语读者对译文形式的期待不尽相同，因此，译者的翻译策略也是顺应时代的。如释道安的"删雅古以适今时"、刘宓庆的"最佳顺应值"等。前文论及，我国的歌曲翻译经历了"译配演唱→填词演唱→原唱传播"的过程。其实，这种过程反映了随着时代变化，我国歌曲翻译策略也不断调整以顺应时代的规律，即"译配→变译→重写→对译"。其中"对译"是指 90 年代后，我国歌众直接用外语演唱外文歌曲或外国人直接用中文演唱中文歌曲时依靠的歌词"字对字"式的翻译。这种翻译实则为

---

① 段峰：《文化翻译与少数民族文学对外译介研究——基于翻译研究和民族志的视角》，外语教学与研究出版社 2016 年版，第 81 页。

② 黄忠廉：《变译理论》，中国对外翻译出版公司 2002 年版，第 230 页。

③ J. Verschueren, *Understanding Pragmatics*, London：Edward Arnold, 1999, pp. 58－63.

"歌词翻译"的范畴，是通过对歌词逐字翻译或字幕式翻译的形式，帮助异域歌众理解源语歌词，进而用源语演唱，这是歌曲翻译顺应时代律的充分体现。进入 21 世纪后，翻译歌曲逐渐以"原唱传播"为主，"对译"逐渐成为译语歌众习得原唱的最佳方式。下面我们以进入 21 世纪《中华人民共和国国歌法》（后简称"《国歌法》"）颁布后的历史语境中《中华人民共和国国歌》（后简称"《国歌》"）翻译形式的变化为例，来讨论歌曲翻译的顺应时代律。

《国歌法》于 2017 年 9 月 1 日在第十二届全国人民代表大会常务委员会第二十九次会议上通过，并于同年 10 月 1 日开始实施。《国歌法》的实施标志着《国歌》有了它的宪法地位，《国歌》的权威性和稳定性得到了保障。随着中国文化"走出去"国家战略的实施，不少中国歌曲作为中国文化的一部分，也被译成英文走出国门。因此，《国歌》作为一国之标志，也被不少译界学者加以讨论，如李庚年、张志华讨论了《国歌》汉英正反译法的相互应用问题；[①] 黄俊雄英译了《国歌》并讨论了其演唱性问题；[②] 刘瑞强通过对《国歌》七个英译本对比，讨论了其综合翻译效应问题[③]等。他们建议要根据时代语境，重译《国歌》歌词，让《国歌》以英文演唱的方式"走出"国门。然而，《国歌》能否被译成英文或其他语言"走出"国门呢？换句话说，如果《国歌》要"走出"国门，应该如何翻译呢？

前文提及，在翻译歌曲前，我们首先得发问，"译者要翻译一首歌曲，首先要不断询问自己译文将如何使用，是用在书本或屏幕上阅读，还是用在译语中配曲演唱？"[④] 译词的使用方式，决定了翻译的策

---

① 李庚年、张志华：《由中国国歌的英语译法浅析汉英正反译法的相互应用》，《广东农工商职业技术学院学报》2005 年第 4 期。

② 黄俊雄：《英译〈中华人民共和国国歌〉说明及中国歌曲英译入门须知》，《中国翻译》2009 年第 5 期。

③ 刘瑞强：《从翻译效应论角度谈〈中华人民共和国国歌〉的英文翻译》，《中国文化研究》2019 年第 1 期。

④ Peter, Low, *Translating Song*：*Lyrics and Texts*, The Milton Park & New York：Routledge，2017，p. 3.

略。那么,《国歌》的译词究竟是用来演唱还是只能用来阅读呢? 要回答此问题,就必须在《国歌法》的新时代语境中来讨论。《国歌法》共有十六条,对歌词和曲谱版本进行了统一,对奏唱方式、使用场合、国歌传承进行了规范,对侮辱《国歌》的违法行为做出了界定。《国歌法》第六条规定,“奏唱国歌,应当按照本法附件所载国歌的歌词和曲谱”①。当然,其附件中所载歌词与曲谱为官方确定的中文标准歌词与曲谱。试想,若将《国歌》歌词译配成英文,并用英文演唱,这当然违背了“奏唱国歌,应当按照本法附件所载国歌的歌词”的规定。再者,翻译是阐释与重写的过程,不同的译者在翻译过程中不可避免地要受到各自伦理观的影响,从而产生不同的译本。如果《国歌》可以用英文译词演唱,那又采用谁的译词演唱呢? 在尚无官方译词的情况下,若各自采用不同的译词演唱《国歌》,势必造成《国歌》歌词混乱,损害其权威性、正当性,削弱民族认同感。

不仅如此,《国歌法》第十五条还规定:“在公共场合,故意篡改国歌歌词、曲谱,以歪曲、贬损方式奏唱国歌,或者以其他方式侮辱国歌的,由公安机关处以警告或者十五日以下拘留;构成犯罪的,依法追究刑事责任。”将《国歌》译配成英文演唱版本,虽不一定属于“故意篡改国歌歌词”,但根据前文讨论,歌曲译配常采用变译策略,译词必然因为单词音节数、重音位置、音乐节奏以及尾韵等因素的限制,造成偏离原词意义的情况。这种“歪曲”词意的行为是由翻译的性质所决定的,这也是翻译很难有钦定本的原因。例如,著名的都柏林大主教、哲学家、神学家卫特里(Richard Whately)就曾手举着《圣经》钦定本高声呼道:“切莫忘记,诸位,切莫忘记这并不是《圣经》。这只不过是《圣经》的翻译而已。”② 可见,《圣经》一经翻译

---

① 《国歌法》原文见中华人民共和国中央人民政府网: http://www.gov.cn/guoqing/2017 - 09/04/content_ 5222515.htm, 2023 年 5 月 12 日。

② 施小炜:《闲话翻译》,参见 http://www.chinawriter.com.cn/bk/2011 - 05 - 20/53466. html, 2023 年 5 月 12 日。

就不是《圣经》了。那么，《国歌》一经翻译也不是我国各族人民公认的《国歌》了。总之，《国歌》是国家的标志，"国歌歌词、曲谱的确定属于国家行为，公民是没有权利修改的"。①

此外，国歌代表一个国家的精神，其版本应该具有唯一性。2006年美国曾发生过一次国歌事件。当时一位美国拉美裔歌坛明星用西班牙语演绎了美国国歌《星条旗永不落》，受到拉裔民众的热情追捧。见此情景，时任美国总统布什紧急叫停："美国的国歌只能用英语演唱，否则便会失去美利坚民族的灵魂！"② 可见，国歌是神圣的歌曲，用源语演唱才能维护其唯一性地位，才能传递国家精神、培养公民的爱国意识、增强民族认同感。

如第一章所述，在中华人民共和国成立前特定的历史时期，《义勇军进行曲》的英文演唱版不但向西方世界传递了我国的抗日最强音，也提升了该首歌曲的国际影响力。但在我国国际地位不断提高的今天，用英文演唱《国歌》既没有现实的必要性，也违背了《国歌法》的要求。因此，歌曲翻译必须要顺应时代规律，顺应文化语境和法律语境，并根据不同的语境不断调整翻译形式与方法。

四 有为无为律

"翻译的产生与接受都是在一定语境下进行的，这个语境就是历史语境与文化语境。"③ 据上文讨论，不同的时代语境下生产的译文应该是不一样的。但是，从整体来看，不管翻译原则、翻译策略、翻译方法如何变化，翻译的总趋势仍是一个从"有为"到"无为"的变化过程。翻译的最终目的，就是不翻译。

---

① 张震：《论我国宪法中的国歌条款及其适用——以〈国歌法〉的实施为语境》，《河南社会科学》2019 年第 4 期。

② 参见《布什怒呼美国国歌只能用英语唱》，http：//news. sohu. com/20060430/n243077204. shtml，2023 年 5 月 12 日。

③ 罗承丽：《操纵与构建：苏珊·巴斯奈特"文化翻译"思想研究》，博士学位论文，北京语言大学，2009 年，第 i 页。

（一）译入的"有为"到"无为"

"翻译是在特定的空间情景之中进行，需要语境来提供阐释框架，而这意味需要进行历史化和语境化的阐释。"[1] 明清时期，翻译家林纾、严复"连译带改"式地翻译，正是译者结合当时的历史语境对文本进行的一种阐释。这种阐释充分考虑了译入国读者的意识形态、用语习惯、审美取向等，其目的是为了让译作成功进入目标文化语境。但是，随着文化交流的不断深入，目标语文化与源语文化不断撞击、不断互补，进而逐渐融合，由此产生了新的历史语境。在新的语境中，目标语读者逐渐接受直译文本，甚至是不译文本。因此，*David Copperfield* 也从《块肉余生述》重译成《大卫·科波菲尔》；*Uncle Tom's Cabin* 也从《黑奴吁天录》重译成《汤姆叔叔的小屋》。这是一个民族接受外来文化的规律，也是翻译接受所需的一个过程，[2] 这种规律与过程决定了翻译总是从"有为"过渡到"无为"，"无为"才能保真源语信息。如：曾经的"维生素西"已过渡为"维生素 C"；"苹果平板"已过渡为 iPad；"重症监护室"已过渡为 ICU；"无线网络"已过渡为 Wi-Fi；"人力资源部"已过渡为 HR；"线上到线下"已过渡为 O2O 等。对于新时期产生的新事物，在汉语中甚至一开始就采用了"不译"策略，将外文词直接挪用。如：facebook（美国社交网络）、YouTube（美国视频网站）、LV（法国奢侈品牌）、Just do it（Nike 广告语）等。

（二）译出的"有为"到"无为"

根据中国翻译协会的市场抽样调查，自 2011 年起，中国的翻译市场已从输入型翻译转变为输出型翻译，且呈逐年增长的趋势。[3] 特别是十八大后，随着文化"走出去"相关文件落地，"走出去"的力度空前加大。莫言、刘慈欣、曹文轩等作家的作品先后在国外出版，并接连荣获国际文学大奖；贾平凹、毕飞宇、韩少功等作家作品先后被

---

[1] 孙艺风：《探索翻译空间》，《中国翻译》2020 年第 1 期。
[2] 谢天振：《隐身与现身：从传统译论到现代译论》，北京大学出版社 2014 年版，第 9 页。
[3] 黄友义：《讲好中国故事 引领国际舆论》，《公共外交季刊》2015 年第 1 期。

英美重要出版社出版；多部中国武侠小说被翻译组建了 *WuxiaWorld* 平台，成为全球最大的中国网络文学翻译网站；《琅琊榜》《甄嬛传》《媳妇的美好时代》等电视剧被译制在北美、非洲、南洋等地播出；《战狼2》《天将雄师》等电影逐步登陆全球院线渠道；《刚好遇见你》《我和我的祖国》《声声慢·致文明》等歌曲走出国门，远销海外，等等。这些成绩的取得，都离不开翻译的"有为"之功。"为"在翻译策略的选择上和翻译方法的调整上。如在莫言作品的英译本中，译者采取了删、改、增、写、译等多种方法，调整译介和传播的策略，以实现作品在目标语的话语效果；歌曲译配中通过变译达到更好的传播效果等。"但从文化传播的角度看，翻译的最终目的不能止步于成为目的语文学，而是不同文化通过翻译实现汇通融合之后要实现'倒流'，即目的语读者完成从翻译文学向源语文学的追溯和回归，这样才是真正完成了整个翻译过程和目的，也完成了翻译从'有为'到'无为'的功能转换过程。"① 下面这些词的英译变化或许能说明这个问题，如"豆腐"曾经被译为 bean curd，现早已被 tofu 所取代；"饺子"曾被译为 dumpling，现已被 jiaozi 取代；"太极拳"曾被译为 shadow-boxing，现已被 Tai Chi 取代。对于新生事物，纵使中国译者主动提供了英文译名，如抖音（Tik Tok）、外卖（take-out）、高考（College Entrance Examination），但多数外国媒体却直接使用拼音 douyin、waimai 和 gaokao。可见，翻译之"为"只是特定历史时期的辅助手段，其总体趋势是推动本族语言世界化，最终实现翻译之"无为"。

（三）歌曲翻译的"有为"到"无为"

翻译从"有为"到"无为"可分为三个阶段：一、归化翻译，为译文传播、接受营造环境；二、异化翻译，激发目标语受众对原作的兴趣；三、不翻译，实现目标语受众对源语的追溯和回归。我国歌曲翻译"译配演唱→填词演唱→原唱传播"的过程也符合从"有为"到

---

① 孙宜学、摆贵勤：《翻译在文化传播中要从"有为"到"无为"》，中国社会科学网，http://www.cssn.cn/wx/wx_yczs/201906/t20190605_4913574.shtml，2023 年 5 月 13 日。

"无为"的规律。20 世纪 50—70 年代,由于中国尚未对外开放,大部分中国人对西方文化比较陌生。因此,这个时段译配的歌曲大多采取了归化的翻译手段,让译词向中国听众靠近,抹平了大量可能产生误会的西式表达。到了 80—90 年代,由于改革开放政策的实施,国民对西方文化越来越了解,歌曲翻译中呈现出以异化为主的翻译导向,歌词中的洋味儿受到歌众青睐。90 年代后期,由于英语在我国教育中的普及,国民整体英语水平明显提高,演唱英语源语歌曲成为主流。到了 21 世纪,除了音乐剧和影视外,基本上不存在演唱译配的英文歌曲的情况。这个从"归化翻译→异化翻译→不翻译"的过程,实际上就是歌曲翻译"有为"到"无为"的过程。值得强调的是,"不翻译"阶段虽然不直接涉及翻译行为,看似与翻译毫无关联,实则是"归化翻译"与"异化翻译"多年努力的结果。换句话说,"不翻译"正是"翻译"的目的所在,翻译的"有为"是为了翻译的"无为"。

虽然,歌曲翻译的"有为无为律"是外国歌曲在我国本土化的特征,但是这个规律在中国歌曲外译中同样有所体现。唯一不同的是,由于中西文化交流中存在"语言差"与"时间差"①,所以中国歌曲外译中"有为无为律"的特征出现得较晚、较慢。拿上文提及的《国歌》的翻译来说,1949 年前,李抱忱和刘良模译本就采用了归化的翻译策略。为了方便演唱,刘良模译本甚至还出现了不少改写的情况②。在中华民族生死存亡的特殊历史时期,这些"向目标语读者靠拢"的译本的及时出现,向西方世界传播了中国人民抗战的最强音,提升了该歌曲在国际社会的影响与地位,完成了"为译文传播、

---

① "语言差"指目前掌握汉语的西方人人数比掌握英语的中国人人数少,且西方人学习汉语比中国人学习英语更难的情况;"时间差"指西方人是近一二十年才对中国文化产生兴趣的,而中国人学习、接受西方文化已经有一百多年的历史了。参见谢天振《隐身与现身:从传统译论到现代译论》,北京大学出版社 2014 年版,第 13 页。

② 刘良模和罗伯逊译本:Arise,you who refuse to be bond slaves! /Let's stand up and fight for liberty and true democracy. /All our world is facing the chains of the tyrants. /Everyone who works for freedom is now crying:/Arise! Arise! Arise! All of us with one heart/With the torch of freedom,march on! /With the torch of freedom,march on! /March on! March on,and on!

接受营造环境"的使命，这便是翻译的"有为"。

而如今，《义勇军进行曲》已成为我国国歌，代表了我国的国家精神。在新的历史语境与《国歌法》语境下，翻译的使命应该变为传递中国精神，传播中国声音，提升我国文化软实力，提高国际话语权，实现目标语受众对源语的追溯和回归。换言之，就是要逐渐淡化翻译的功能，让译语受众学习汉语，直接用中文演唱《国歌》。因此，中国歌曲，特别是《国歌》要实现这种回归，译本就应该逐渐从"译配演唱版"向"直译字幕版"过渡。译词不再受音乐限制，而是采取异化方式，"将意义曲解的几率降至最低"，① 尽可能准确地传递歌词意义与思想情感。同时，为了实现译语受众用中文演唱《国歌》的目的，翻译时应采用将乐谱、原词、国际音标、对译、直译全部使用的厚译策略，以最终达到翻译"无为"的目的，如图 3 - 15 所示。

翻译是文化交流的辅助工具，是沟通彼此的重要桥梁与纽带。但是这种桥梁与纽带终会消失，他们只是在促使不同文化趋于大同过程中的过渡手段，最终实现"译为不译"的目的。歌曲，作为一种语言较通俗简单的文学形式，其翻译更容易实现从"有为"到"无为"的过渡。如 2019 年底暴发新冠疫情后，为了表达对我国人民抗击疫情的支持与鼓励，世界各地民众通过演唱中文歌曲为中国加油。其中美国犹他州小学生们用中文演唱了《你笑起来真好看》，感动了无数国民，并收到习近平总书记的回信；英国北爱尔兰师生们中文演唱《让世界充满爱》，号召大家团结抗击疫情；日本著名的松山芭蕾舞团用中文演唱《义勇军进行曲》，向抗击新冠疫情的中国医疗队致敬等。

就《国歌》来说，它是听得见的国家形象，它体现我国的民族精神，是民族文化的精粹。译者在翻译《国歌》时，要提升法律意识，按照《国歌法》中要求用中文演唱的规定，采取"音标 + 对译 + 直译"的策略翻译，让西方受众真正了解《国歌》的精髓与内涵，以源

---

① 孙艺风：《探索翻译空间》，《中国翻译》2020 年第 1 期。

中华人民共和国国歌

The National Anthem of the People's Republic of China

图 3–15 《国歌》国际音标及对译乐谱

语演唱的方式传递艺术感染力,传播中国声音。无为而为之,乃大为;无译而通之,乃大译。歌曲翻译的"无为"时代,将是一个不同文化深度融合、世界各族人民和谐相处、实现人类命运共同体的繁荣时代。

歌词直译：

Arise，you who refuse to be slaves！/With our flesh and blood，let us build a new Great Wall！/The Chinese nation now is facing its greatest danger. /Every person is forced to expel his very last cry. /Arise！Arise！Arise！Millions now unite as one. /Brave the enemy's gunfire，march on！/Brave the enemy's gunfire，march on！/March on！March，march on！

小　结

本章以歌曲翻译作品、译者和翻译策略为研究对象。首先，本章对 1949—2019 年间我国歌曲翻译的历程进行了梳理。根据时代特点，我国歌曲翻译历程大致经历了繁荣时期、沉寂时期、复苏时期、萧条时期、多元时期五个阶段。这五个时期的划分主要依据各个阶段歌曲翻译活动的特点、翻译作品数量和翻译活动繁荣程度而定。通过研究可知，歌曲翻译的 70 年历史是紧随我国政治意识形态、国家政策、国民素质和经济发展而变化的，尤其以"文化大革命"和改革开放政策对歌曲翻译活动影响最大。通过对各国歌曲的统计，在引进的外国歌曲中，俄苏歌曲占比最大，英美歌曲次之。这是因为随政治环境变化，译语文化对歌曲文本的选择和翻译目的的主导性所决定的。

通过对歌曲翻译作品传播媒介的研究，可以得知，歌曲翻译作品不同于其他纯文学翻译作品。译者译配出来的翻译歌曲，对大多数歌众来说只是一个"半成品"，这些作品要有效地传递给歌众，还需要中介载体的介入。中介载体可分为物质载体和语境载体，如歌手、歌集、杂志、磁带、唱片、音频等传递演唱声音或长期保存的传播媒介属于物质载体；如时代背景、影视片目、戏剧歌会、社会潮流等构建传播氛围的属于语境载体。翻译歌曲的传播离不开物质载体和语境载体，随着现代传媒技术的发展，翻译歌曲的传播呈现出快捷性、规模性、多模态性的趋势。

文本类型是影响译者选择适当翻译方法的首要因素。① 歌曲,作为一种特殊的文本类型,其翻译方法自然有着其特殊性。本章还以外国歌曲的翻译及其本土化途径为研究内容,总结出外国歌曲在我国的本土化经历了"译配演唱→填词演唱→原唱传播"的过程。歌曲翻译的本土化是歌曲翻译家为了顺应本土文化和本土音乐体系,根据不同时代歌众的特征而采取的消除源语异质性,以译语音乐语言为导向的翻译过程。在50—70 年代,外国歌曲在我国的传播大多以译配演唱的方式进行。由于新中国刚刚成立,百废待兴,加上国家对外开放程度不够,国民文化教育水平偏低,我国本土歌曲创作受政治影响较大,演唱外国翻译歌曲成为当时的一种音乐文化潮流。在译配的翻译歌曲中,大多数译者采用了增益、减修、变异的翻译手段对外国歌曲进行本土化,以适应广大歌众的文化需求。80 年代后,由于政治束缚逐渐松绑,国民思想进一步得到解放,大量崇尚开放、活泼、奔放、自由、个性的外国歌曲涌入国内,受到我国国民的追捧。"忠于语言"的歌曲翻译准则逐渐向"忠于音乐"的翻译准则过渡,根据外国歌曲主旨意义填词的翻译形式逐步取代歌曲译配的形式。大量译配的翻译歌曲被冷落,演唱填词歌曲成为这一代歌众的特征。90 年代后,全球经济化带来了全球文化的多元化,我国不少歌曲也通过填词式翻译的方式传播到国外,有的歌曲由于热度较高,甚至被"返销"到国内,受到国内歌众的追捧。90 年代的填词式翻译形式反映出人们在多元文化的语境中,不再追求传统的、忠实的译配歌曲,那些抛弃逐句意义对应、更"忠于音乐"的流行歌曲成了新一代歌众的最爱。与此同时,由于歌曲传媒技术的迅猛发展、我国歌众外语水平的普遍提升,加上受到英美文化的激烈冲击,用源语直接演唱外文歌曲成为一种倾向,异域歌曲的翻译呈现出从歌曲译配到歌词翻译的转向。通过字幕译文的辅

---

① K. Reiss, *Translation Criticism-The Potentials and Limitations*: *Categories and Criteria for Translation Quality Assessment*, Errol (Trans.), New York: Routlege, 2014, p. 17.

助，听原唱歌曲成了歌曲翻译界的主流。

通过对 70 年间我国歌曲翻译方法、策略、歌众审美取向等多种变化因素的研究，本章还总结了我国歌曲翻译的本土化规律，即译者妥协律、肯定否定律、顺应时代律、有为无为律。所有的规律都反映出歌曲翻译是以目标语的历史语境、文化语境、教育语境、政治语境、法律语境等语境为导向的，所有翻译活动的最终目的都是要实现目标语受众对源语的追溯和回归。而因为歌曲是一种比诗歌、散文、小说更容易理解、语言更通俗的文体，它的翻译更容易实现从"有为"到"无为"的过渡。无译而通之，乃大译。促进异域歌曲的源语演唱将成为歌曲翻译未来的使命。

第四章　发思:1949 年以来歌曲
翻译的理论探索

　　歌曲翻译史是音乐文化的跨语际实践史。歌曲翻译史的研究,"不能停留在提供一串枯燥的数字、时间、人名等层面,而是从历史长河中发掘翻译在特定历史时期发挥的作用",[①] 探寻历史发展规律,考古以证今,为今天的歌曲翻译活动提供借鉴与参考,开创未来的智慧。

　　前文已对我国 70 年间歌曲翻译活动进行了梳理,并对歌曲翻译策略的变迁进行了总结。本章在史料研究的基础上,拟对歌曲翻译的主体和翻译标准进行总结、思考与探索,以期对未来的歌曲翻译活动提供参考。

　　此外,"数字音乐"的到来为中国音乐"走出去"提供了天然的土壤,为我们提供了用歌曲"传播中国声音"的新时机。因此,本章将基于歌曲翻译标准的研究,拟对中国歌曲英译的基本通则进行研究与探讨,以期中国歌曲搭乘便利、快捷的"数字"便车,走向世界,在中国文化对外交流中发挥应有的作用。

第一节　歌曲翻译的主体与主体间性

一　歌曲翻译主体的确定

　　传统的译学思想认为,译者是原作的"传声筒",也是作者与读

---

① 王峰、陈文:《国外翻译史研究的课题、理论与方法》,《中国外语》2020 年第 3 期。

者的"仆人"，译者一仆侍二主。然而，由于翻译跨越两种语言与文化，在不同的语境、不同的习俗、不同的思想中来回穿越，译者同时成为作者和读者的"仆人"实在是强人所难。于是便出现了"翻译者，叛徒也"的论断。这种论断初看是在贬低译者，也是在贬低翻译行为，但是，我们"又不得不承认翻译有着与生俱来的局限，而这种局限又不可避免地会造成所谓的'叛逆'"①。这种现象在歌曲翻译中尤为突出。特别是在歌曲译配中，译配者既要传达原词的思想内容和艺术情怀，还要兼顾曲调的走向，与音乐完美融合，绝非"忠实"地翻译可以做到，"叛逆"成为译配者之必然行为。译配者对原作的"忠实"成为一个难以企及的理想。因此，译配者在翻译活动中就不再完全处于被动地位，他们有着自己的选择、变通，甚至是创造。于是，译配者的主体性便得以体现。

　　讨论译配者的主体性，首先我们得明确什么是翻译主体。从哲学上讲，有认识和实践能力的人就是"主体"，而他们认识和实践的对象就是"客体"。那么，什么是翻译主体呢？许钧曾较早地总结了国内对翻译主体的四种观点：（1）译者是翻译主体；（2）作者和译者是翻译主体；（3）译者与读者是翻译主体；（4）作者、译者和读者都是翻译主体。② 从以上几种观点得知，四种观点都赞成人为翻译主体。所以，他们都把翻译过程中涉及的"人"，即作者、译者、读者都包含在翻译主体之中。但是，翻译主体必须是人，人是否都是翻译主体呢？对于这个问题，杨武能指出，"与其他文学活动一样，文学翻译的主体同样是人，也即作家、翻译家和读者。"③ 许钧和查明建赞同这个观点，认为在翻译过程中，原作者、译者和读者三者之间能进行平等的对话，因此推导出作者、译者、读者都是翻译的主体。按照这种

---

① 许钧：《翻译论》，译林出版社 2014 年版，第 230 页。
② 许钧：《"创造性叛逆"和翻译主体性的确立》，《中国翻译》2003 年第 1 期。
③ 杨武能：《阐释、接受与再创造的循环——文学翻译断想之一》，《中国翻译》1987 年第 6 期。

推断，在歌曲译配中，涉及的"人"角色更多，有词作者、曲作者、原唱歌手、译配者（有时是译词者和配歌者两人）①、翻唱歌手、歌众等。如果这些人都是歌曲翻译主体，那么这将是一个非常复杂的翻译主体群。其实，判断谁是翻译主体，主要看谁在翻译过程中起主导作用，能够发挥主观能动性。毫无疑问，译者是唯一在翻译过程中能够左右翻译行为、翻译动机、翻译立场、和翻译策略的主体，"译者译出的每一个字都成了一种誓言"，② 都代表译者的抉择。所以，在歌曲翻译中（不管是歌词翻译还是歌曲译配中），译者都是唯一的翻译主体。但是，"翻译活动是基于原文的创作，译者不可能不受到作者的影响，也不可能不受到译者心目中理想读者的影响"。③ 诚然如此，在歌曲译配中，译者为了照顾心目中理想听众的感受，有时不得不创造性翻译，甚至是有意篡改歌词。如：《莫斯科郊外的晚上》中的一句"*А развет уже всё заметнее*"，该句直译成汉语应为"曙光已越来越明显"。但是薛范先生在歌曲中的译文为：

$$\underline{6\ 1}\quad\underline{3\ 1}\mid 2\quad\underline{1\ 7}\mid 3\quad 2\quad\mid 6\ -\ \mid$$
长 夜　快 过　去，天 色　蒙 蒙　　亮

1999 年 1 月 13 日《中华读书报》刊登了朱宪生的一篇文章，题为《莫斯科郊外无"长夜"》。文章指出，《莫斯科郊外的晚上》描绘的是莫斯科的夏夜，因为纬度原因，夏季的莫斯科夜晚很短，应该为"短夜"。且原歌词也并未指明夜的长短，只说"天色渐亮"。那么，既然原词并无"长夜"，译配者又是从哪里获得"长夜"的信息的呢？薛范先生回应道，"'长夜'虽然不太符合当地的'境'，却至少能凸现当时的

---

① 在歌曲译配中，有时因为译者不懂音乐，懂音乐的又不懂外语（特别是小语种外语），因此往往由译者先将歌词从源语译出，再由懂音乐的人修改译词进行配歌。这时译配者便成了译词者与配歌者两人。这种现象在非英语语种的歌曲译配中仍然很常见。

② Antoine Berman, *Pour une critique des traductions: John Donne*, Paris: Gallimard, 1995, p. 75.

③ 段峰:《文化视角下文学翻译主体性研究》，四川大学出版社 2008 年版，第 41 页。

'情'，即：用中文演唱这首歌曲的中国人，按中国的文化方式体味着歌曲主人公的感情世界——漫长的夜晚都觉得它太短暂，已经到了依依惜别的时刻"。① 可见，译词的"长夜"来自译语语境。换句话说，是薛范为了照顾心目中理想听众的感受而创造的。所以，译者确实受到了目标语听众的影响。那么是否意味着听众也是歌曲翻译主体呢？笔者认为，听众虽然对译者产生影响，但听众并未参与翻译活动，或者说并未直接左右翻译行为，甚至有时译者可以不考虑听众的感受。因此，"译者是翻译活动的主体，是'操纵'文本的具体实施者"。② 词作者、译者、听众之间并不存在对话关系。词作者和听众虽不是翻译主体，但是他们仍然会对翻译行为产生影响，说明他们也具有主体性。陈大亮认为，作者、译者和读者是三类不同性质的主体，"译者是翻译主体，作者是创作主体，读者是接受主体。三个主体之间体现的是一种平等的主体间性关系，他们在翻译活动的全过程中各负其责，相互联系"。③

确定了这三个主体，歌曲翻译的主体也就不难确定了。只是因为歌曲译配较普通文体的翻译过程更为复杂，因此其翻译主体及各主体间的关系也较为复杂。笔者用下图（图 4 - 1）梳理了歌曲翻译各主体及其主体间性的关系。

歌词与曲调组合成歌曲，因此，在歌曲译配行为中，词作者和曲作者为创作主体。歌曲译配者在将歌曲原词翻译成译语的同时，还要兼顾曲调的走向，根据曲调高低选择恰当发音的字词（如元音、开口音、闭口音、拖腔音等），这个过程实际上是将音乐符号翻译成语言符号的过程，即符际翻译。因此，译配者在这个过程中主导翻译行为，属于歌曲译配主体。此外，有时因特殊原因，译配者实际上是由译词者和配歌者两人组成。译词者将歌词从源语译为目标语，而这时的目标语译文不能配曲入歌，需要配歌者根据音乐要求将这个译文修改、调整为可唱的歌

---

① 薛范：《歌曲翻译探索与实践》，湖北教育出版社 2002 年版，第 22 页。
② 段峰：《文化视角下文学翻译主体性研究》，四川大学出版社 2008 年版，第 42 页。
③ 陈大亮：《谁是翻译主体》，《中国翻译》2004 年第 2 期。

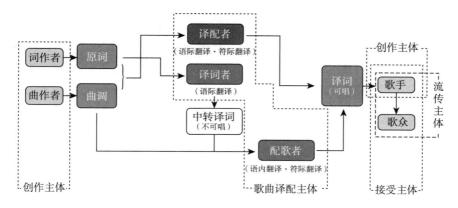

图 4-1　歌曲译配主体图

词。这时，译词者的译文实际上属于"中转译词"，它是配歌者的原文。配歌者根据音乐要求将"中转译词"处理成"可唱译词"的过程，实际上是语内翻译和符际翻译的过程。所以配歌者同译词者一样，都在进行翻译活动，都在操纵文本，因此，译词者和配歌者都是歌曲译配主体。最后，译语歌曲被歌手和歌众接受，歌手和歌众就是接受主体。

　　同时，值得强调的是，"主体性既表现在表意和释义的实践上，也表现在价值判断（包括审美价值判断）之中，主体享有自由做选择的决定，并且对自己的抉择负责"。[①] 在歌曲的传播过程中，歌手也有自己的意图，他会根据自己对译词和音乐的领悟与理解进行演唱表演，歌手同样在左右译词最终的表现形式。歌手的演唱，实际上赋予了译词新的意义，因此，歌手是接受主体的同时也是创作主体。另外，歌曲只有被传唱，才完成歌曲本身的使命。但是传唱离不开歌众的参与。"歌众参加并介入歌曲的生产意图性。与小说、电影、戏剧的受众被动接受不同，歌曲的流传是要大众哼唱，一路传唱的，他们的接受中包括了再创造的过程。"[②] 这样，歌手与歌众同时又是流传主体。

---

　　① 陆正兰:《歌词学》，中国社会科学出版社 2007 年版，第 307 页。
　　② 陆正兰:《论歌曲流行的主体性、主体间性及共同主体性》，载吕进、蒋登科主编《二十年：探路与开拓》，西南师范大学出版社 2006 年版，第 280 页。

综上，在歌曲译配中，词作者和曲作者为创作主体，译配者、译词者和配歌者是歌曲译配主体，歌手和歌众是接受主体和流传主体。歌曲译配是一个复杂的过程，受多个主体的影响，如果歌曲翻译研究只考虑唯一的歌曲译配主体，那么"其结果就隔断了译者同翻译活动的其他要素之间的联系，而使得译者的主观能动性失去了理据和动力，成为无源之水、无本之木"。① 因此，歌曲翻译研究还应该重视歌曲翻译主体间性的研究。

二 歌曲翻译主体间性

上文对歌曲翻译中各个主体进行了界定，通过讨论可知，译者是整个歌曲翻译过程中最重要、最核心的主体。译者的主体地位是显性的，词作者、曲作者、歌手、歌众和赞助人的主体地位是隐性的。但是，因为翻译活动的复杂性，各个主体之间的作用并不是孤立的，他们紧密联系、相互影响，这就促使了翻译主体间性的诞生。翻译的主体间性是在德国哲学家哈贝马斯（*Jürgen Habermas*）交往行为理论的基础上提出的，其目的是将翻译主体的关注点从单个主体转移到多重主体间的互动性关系上。如在歌曲翻译中，为使翻译结果理想，译者以中间人的身份协调好各主体间的关系，化解歌曲翻译中各方的矛盾，从而达到歌曲的跨文化交际目的，这种过程实际上就是处理翻译主体间性关系的过程。

翻译的主体间性研究为翻译研究提供了新的视角，随着社会的不断发展，越来越多的主体介入到翻译活动中左右译者翻译思想，影响翻译行为。因此，"翻译研究从研究翻译主体性到研究翻译的主体间性，是翻译研究开放兼容的发展思路所带来的必然结果"。② 歌曲翻译作为一项极其复杂的翻译活动，更应关注歌曲翻译主体间性研究，扩大歌曲翻译研究视野，以便更好地解释歌曲译配者、词作者、曲作者、

---

① 段峰：《文化视角下文学翻译主体性研究》，四川大学出版社 2008 年版，第 41 页。
② 段峰：《文化视角下文学翻译主体性研究》，四川大学出版社 2008 年版，第 43 页。

歌手、歌众和赞助人等主体间的关系。下面将从译者与词曲作者、译者与歌众、译者与赞助人的关系三个方面来研究译者是如何在歌曲翻译过程中协调各主体间的关系，以及各个主体是如何影响翻译行为的。

（一）译者与词、曲作者的主体间性

"翻译过程中，译者是翻译行为的实施者，其主体作用至关重要，但译者的主体作用只有在与其他主体的交往互动过程中才得以突显。"① 歌曲翻译时，在主体间性翻译范式中，译者首先要与词作者和曲作者进行交流，这种交流往往是依靠原词和曲谱的文本作为载体来实现的。词作者和曲作者是原歌曲的创作主体，他们的作品带有他们的创作风格，富有他们的人生经历与真情实感。同时，词曲作者的生活背景、政治语境、创作意图都会对原歌曲的创作产生影响。然而，因为译者与词曲作者所处文化环境不同，甚至所处时代背景差别很大，真正做到与词曲作者"不隔"并非一件容易的事。

以上是歌曲《老人河》的片段，《老人河》出自美国音乐剧《游览船》（Show Boat），是描绘美国黑人悲惨生活的一首歌曲，由音乐剧

---

① 徐莉娜：《主体间性与和谐翻译——兼评译著〈纽伦堡审判〉》，《东方论坛》2016 年第 4 期。

创始者克尔恩（Jerome Kern）作曲，美国音乐人、词作家哈默斯坦（Oscar Hammerstein）作词。在伦敦演出时，该歌曲由美国著名歌唱家罗伯逊（Paul Robeson）演唱。由于该剧的演出成功，《老人河》也成为一首广为传唱的金曲。

大家注意到，歌中有两行歌词是这样的：Pulling those boats from the dawn till the sunset/Getting no rest till the Judgment day. 其中 Judgement day 又叫 Last Judgment，称为"大审判"或"审判末日"，是一种宗教思想，指在世界末日时上帝会再次出现建立新的世界。但是这里，词作者并非真的要宣传某种宗教思想，Judgement day 也并非宗教意义上的"审判末日"。词作者使用 Judgement day 一是考虑到该词可以与前面的歌词 play 押全韵，形成韵律上的呼应；二是用"世界末日"这种夸张式的表达来代指黑人生命的最后一刻。译者作为原词的特殊读者，在译配时首先必须充分理解原词的含义，尽一切可能把握创作主体的意图，即词作者和曲作者的意图，因为他们的意图决定了歌曲的风格、基调和思想。因此，在汉语译词中，邓映易并没有将其直译为"审判末日"，而是将整句意译为"黑人工作到死不得休息"，准确地解读了原词文本的符号意义。

必须指出，歌曲译配是一项特殊的翻译活动，翻译歌曲的流传往往通过口头媒介、电子媒介和数字媒介传播。歌曲一旦被歌众传唱开就拥有一定的惯性，即"口感"（mouth-feel）或"演唱顺口"，难以更改。从这个意义上讲，歌曲译配不同于小说、散文、诗歌等其他文学作品的翻译，歌曲译配具有传承性和不可更改性。因此，译者在歌曲译配时，准确解读创作主体的意图尤为关键，一旦因为译者的解读不准而造成误译，已经传唱开的错误译词是难以被修正的。

如大家熟悉的俄罗斯民歌《三套车》，该歌曲由歌唱家刘淑芳夫妇1953年译配介绍到中国。[①] 歌曲经刘淑芳本人演唱后，迅速风靡全

---

① 当时的署名为"高山译词、宏扬配歌"，"高山"为刘淑芳丈夫郑中成笔名，"宏扬"为刘淑芳笔名。

国，传唱半个世纪经久不衰。可 1989 年，《音乐生活》7 月号刊登了
高森的一篇文章《一字之差，面目全非——谈〈三套车〉的翻译与欣
赏》，文章指出《三套车》译者错误地将"夺人之爱"误译为"夺人
之马"。一时激起了俄语翻译家们的关注。《三套车》第三段的原词与
译词为：

> *Ах милый барин скоро святки*
>
> *И ей не быть уже моей*
>
> *Богатый выбрал да постылый*
>
> *Ей не видать веселых дней*
>
> 你看吧这匹可怜的老马
>
> 它跟我走遍天涯
>
> 可恨那财主要把它买了去
>
> 今后苦难在等着它

　　经俄语专家们的考证，刘氏夫妇的译词共译了第一、二、四段歌
词，漏译了第三段，他们的误译可能出于对人称代词"*ей*"（她）的
误解。因为缺少第三段，阴性人称代词"*ей*"本指代自己的心上姑
娘，却被译成了"老母马"。[①] 俄语原词大意为：圣诞节来临，车夫本
期望在这个喜庆的日子和自己爱恋的姑娘成婚，但姑娘却被迫与财主
成婚，她再也没有幸福的日子。而刘氏译词却变成了我喜爱的老马被
财主买去，我非常不舍，老马再也没有好日子。该译词严重误解了词
作者的意图，忽略了创作主体的源语语境。

　　后来，《歌曲》杂志副总编张宁重新译配了《三套车》的歌词，
刊登在《歌曲》1998 年 3 月号上。他将第三段译词修改为：

---

　　① 在俄语里，"姑娘"（девушка）、"马"（лошадь）和"三套车"（тройка）都是"阴性
名词"。

　　　　眼看着圣诞节将来临

　　　　心上人不再属于我

　　　　凶恶的财主要把她夺去

　　　　她今生不再有欢乐

　　毫无疑问，张宁的译词语义更加准确，配曲也十分到位。可是，刘氏译词已在我国流传几十年，特别是刘淑芳本人的演唱已经深入人心，要想习惯了演唱"老马"的歌众突然改口演唱"姑娘"，并非易事。对于这个问题，薛范先生也感叹道，"尽管都在纷纷议论'老马'错译这一话题，然而轮到演唱时，要送走'老马'迎来'姑娘'却又欲唱又止，不愿丢开已唱惯了几十年的旧词。唉，撼山易，撼积习难啊！"① 可见，歌曲译配作品不同于其他文学翻译作品，重译在小说、戏剧、诗歌翻译中司空见惯，可在歌曲译配中重译却难以立竿见影。

　　上文谈及的是译者与词作者的主体间性，其实，曲作者作为原曲重要的创作主体，但其创作意图也不容忽视。译者与曲作者的交流是通过曲谱为载体来进行的，一首歌曲的曲调决定了歌曲的旋律、意境和情绪。虽然曲作者的主体特征不如词作者的主体特征明显，但其隐含的作用不可小视。美国符号论美学家苏珊·朗格（Susanne Langer）曾指出，"歌词进入音乐时，这种独立的艺术品就瓦解了。歌词的词句、声音、意义、短语、形象统统变成音乐元素，进入一种全新的结构，消失在歌曲中，完全被音乐吞没"。② 由此可见，曲调不但载有曲作者的意图，具有意义，甚至还可以对歌曲的意义进行重构，是歌曲译配时不能忽略的重要因素。如：

　　这是 60 年代美国乡村歌曲 Crazy 中的第一句。歌曲以下行六度跳进的切分节奏开头，歌手深情地唱出 "crazy—"，表达了为情所困的伤感情绪。如果译者将 crazy 直译为 "疯狂"，不但在意义上难以传达

---

　　① 薛范：《话不尽的"老马"和"姑娘"》，http：//xuefan. net/hbjd. htm，2020 年 6 月 7 日。

　　② 苏珊·朗格：《艺术问题》，中国社会科学出版社 1983 年版，第 80 页。

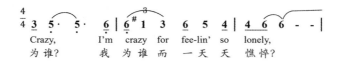

词作者的意图，在曲调上更无法再现歌手歌声中凄婉的韵味。薛范先生用了与 crazy 发音近似的"为谁"，突出下行大跳音程，营造了与曲调吻合的情韵与气氛。薛范本人强调，"译文的内容以及所营造的氛围、情绪和感情正是原词和原曲所提供的，我只不过是把原材料'掰开了，揉碎了，重新塑了一个'"。① 这一个重塑的过程，就是准确把握曲作者意图，与曲作者交流的过程，也是在原曲调的限制下，创造一个与原词血脉相承的新词的过程。

（二）译者与歌手、歌众的主体间性

翻译就是理解与被理解，被理解的过程就是译语受众接受译文的过程。但是在翻译实践中，因为两种文字、文化所存在差异，即使译者费尽全力向译语靠拢，依然会出现主体间的矛盾与冲突。我们知道，译者与读者的相互间性，是通过译者与读者的交流来实现。为构建易于译语受众接受的译文，译者应发挥主观能动性来化解冲突。曾虚白在强调译者的主观性时指出，译者应协调自己和读者，他说道，"一在我自己，一在读者。为我自己方面，我要问：'这样的表现是不是我在原文里所得的感应？'为读者方面，我要问：'这样的表现是不是能令读者得到同我一样的感应？'"② 在歌曲译配中，读者就是歌手与歌众，往往歌手还是第一"读者"。译者在处理翻译主体间性的时候，要主张尊重、同情对象主体。③ 这里歌手就是对象主体，尊重歌手，就是确保译词的可唱性，让译词易于被歌手演唱。彼得·洛曾指出，"译词可唱"是歌曲译配的目的，歌手作为译文的使用者和裁判，有

---

① 薛范:《歌曲翻译探索与实践》，湖北教育出版社 2002 年版，第 175 页。

② 曾虚白:《翻译中的神韵与达》，载罗新璋编《翻译论集》，商务印书馆 1984 年版，第 415 页。

③ 王湘玲、蒋坚松:《论从翻译的主体性到主体间性》，《外语学刊》2008 年第 6 期。

判断"可唱性"的权力。① 同时，歌手作为接受主体，同样具有主体性。特别是在粉丝文化的作用下，歌手（特别是明星歌手）的主体性尤为突出，他们逐渐称为歌曲的"主人"。他们的形象，处理歌的方式，成为了最重要的"意图显露场"。② 在当下的传播系统中，情况更是如此。艺术家创造的艺术作品如果要与受众见面，在进入传播媒介前，必须要通过中介者的帮助，这里的中介者包括歌唱家、舞蹈家、演员、翻译家、注释者等。③ 因此，译者应重视与歌手的互动，准确把握歌手（理想歌手）的意图，缓解与歌手间的矛盾冲突。此外，歌手的身份实际上是翻译歌曲的一种副文本，也可能对翻译歌曲的流传与接受起重大作用。

一般来说，文化产品的传播都呈"树状模式"，即由种子、胚芽、树干、枝丫逐级向外扩展传播，有权威的源头可追溯。但陆正兰认为，歌曲的传播则呈"块茎模式"，即块茎在地下蔓延，随处有胚芽冒出地面长出新的基干，自成一个意义源头④，笔者在图 4－2 中对两种传播模式进行了图示对比。

歌曲在"块茎模式"传播中，"歌词的源头意义、权威性并不重要，因为歌曲的流传是分途蔓生的，各个节点可以成为新的意义之源，重新长出意义。一首歌的每次演唱，都给了它新意义的起点"。⑤ 而在这种传播模式中，歌众是最关键、最活跃的接受主体和流传主体。值得强调的是，虽然歌众是接受主体，但他们不完全是被动接受，仍具有其主体性。即使是在"文化大革命"时期，尽管不少翻译歌曲被禁止演唱，但歌众私下仍根据喜好来选择歌曲，甚至口口相传。因此，译者在歌曲译配过程中，必须要照顾心中理想歌众的感受，实现主体

---

① Low, Peter, "The Pentathlon Approach to Translating Songs", in Dinda Gorlée, eds., *Song and Significance: Virtues and Vices of Vocal Translation*, New York: Amsterdam, 2005, p. 186.

② 陆正兰：《歌词学》，中国社会科学出版社 2007 年版，第 312 页。

③ 邵培仁：《中介者：艺术传播中的"雅努斯"》，《盐城师专学报》1993 年第 1 期。

④ 陆正兰：《歌词学》，中国社会科学出版社 2007 年版，第 278 页。

⑤ 陆正兰：《歌词学》，中国社会科学出版社 2007 年版，第 278 页。

图 4 - 2 "树状模式"传播与"块茎模式"传播对比图

间的相互融合。

如前面提及的歌曲《老人河》,其英文原词中使用了 *niggers*（黑鬼）一词,*niggers* 是对黑人的贬称。在剧中,演唱这首歌的是黑人约奥,*niggers* 在这里是一种自嘲的用法。但在汉语译词中,邓映易却使用了"黑人"这一中性词。因为如果将 *niggers* 译成"黑鬼",在汉语中就显得非常冒犯。如前所述,原歌曲是在音乐剧中演唱,观众结合剧情背景,很容易理解剧中人约奥自嘲式的演唱。但是,这首歌在汉语中演唱时,却脱离了当时的剧情语境。也就是说,会出现歌不附"体"① 的现象。将 *niggers* 译成"黑人",正是译者考虑到潜在的歌众在译语不同的语境中传唱的需要。同时,使用"黑人"这一中性词,也能满足翻译歌曲在歌众中块茎化模式的传播。同样的道理,因为《老人河》在美国传唱越来越广,歌曲脱离了当时的音乐剧语境,为

---

① "歌不附'体'"由陆正兰提出,指"歌作为一件艺术品,其流传既不必黏附于物质载体,也可以离开最初的语境载体"。如《义勇军进行曲》最初为 1935 年电影《风云儿女》的片尾曲。在片尾,这首歌配合和画面是主人公阿凤觉醒后,荷枪实弹,迈着坚定的步伐,高唱着《义勇军进行曲》出征。当这首歌成为《国歌》后,它就脱离了电影的语境,仅仅表达对革命先烈的怀念、对中华民族崛起的自豪以及对祖国更加兴旺昌盛的希望情感。具体参见陆正兰《歌词学》,中国社会科学出版社 2007 年版,第 265—268 页。

实现词作者与歌众主体间的融合，英文原歌词也经过了几次修改。如在 1936 年《老人河》的电影版中，*niggers* 被修改为 *darkies*；1946 年在"百老汇"的重演时，*darkies* 又被修改为 *colored folks*；紧接着，在 1946 年的电影 Till the Clouds Roll By《云开见明月》中，*colored folks* 又替换成 *here we all*，直接使用人称代词。

　　值得强调的是，由于歌众的主体地位是隐形的，加上歌曲的块茎传播方式不受控制，在接受视野里把握歌众的主体性并非易事。如 20 世纪 60 年代流传的新疆风格歌曲《萨拉姆毛主席》，该歌曲是由王洛宾 1959 年为新疆音乐剧《步步跟着毛主席》创作的主题曲。由于该音乐剧进京演出后非常成功，该主题曲《萨拉姆毛主席》也传唱到中国大江南北。歌曲中有几句歌词是这样的：

> 有一天我去看你
> 我就说毛主席吧
> 普天下的人民都爱你吧
> 萨拉姆毛主席

　　"萨拉姆"原为阿拉伯语的音译，后被维吾尔语借用，意为"和平""平安""祈福"。歌词中"萨拉姆毛主席"可理解为"向毛主席致敬"的意思。由于这首歌曲后来的传唱脱离了当时音乐剧的语境，歌众对"萨拉姆毛主席"的理解出现了偏差。有人认为"萨拉姆毛主席"是"杀了毛主席"的谐音，于是 1960 年王洛宾被定为反革命分子，获刑 15 年。[①] 这种由于接受主体误读造成的结果是创作主体没有预料的。该案例虽不属于歌曲译配中的案例，但对歌曲译配中译者如何发挥主观能动性，以理性的态度去协调主体间的冲突，最终实现彼

---

　　① 参见《王洛宾因何成反革命？传歌词谐音"杀了毛主席"》，http://yue.ifeng.com/news/detail_2013_01/23/21512717_0.shtml；凤凰卫视 2016 年 9 月 17 日《我们一起走过》栏目播出的《为歌而生王洛宾》。

此融合却有着启发意义。

（三）译者与赞助人的主体间性

1992 年，勒菲弗尔（Lefevere）提出了赞助人的概念。他认为翻译行为自始至终受到意识形态（ideology）、赞助人（patronage）和诗学（poetics）三种力量的操纵①。这些力量在翻译活动中都会表现出强烈的主体性，可以促进也可以阻碍翻译活动。就意识形态来说，"它是被某一特定时期的一个特定社会所接受的、由观念和态度组成的概念网络"②，对翻译活动主体性的操纵较大。如在 20 世纪 50—60 年代，我国译介进来的歌曲大多为苏联歌曲和一些亚非拉民主国家的歌曲，其中尤其以苏联歌曲为主，占比高达 82%。歌曲也以《祖国进行曲》《保卫和平之歌》《莫斯科——北京》《青年之歌》等革命歌曲和民族解放歌曲为主，这是因为"翻译符合无产阶级革命要求的优秀和进步的作品成为当时文学翻译活动的目的"③。这个时期，原歌曲文本的选择、译配策略的确定、翻译歌曲的传唱都会受到意识形态的操纵。在笔者对薛范的访谈中，尽管薛范否认他翻译的歌曲受到了政治的操纵，但是毋庸置疑的是，其本人就是生活在当时的政治语境下，他对外国歌曲的选择、他的译配目的、译配方法不可能不受到意识形态的影响。例如 60 年代，汉学家亚奇·巴恩斯（Archie Barnes）被安排将歌颂工农业"大跃进"的 300 首《红旗歌谣》歌曲译成英文，留下了极其夸张的英文歌词。后来，到了"文化大革命"时期，"一切以政治为中心，翻译成为政治活动的棋子，导致了我国有史以来翻译活动的最低潮"④。于是，歌曲翻译又几乎全被禁止，刊登外国歌曲的期刊纷纷停刊，不少歌曲译配家受到排挤、打压和不公正待遇。这都体现了意识形态对歌曲翻译活动的极端操纵。

---

① Ander Lefevere, *Translation*, *Rewriting and the Manipulation of Literary Fame*, London & New York: Routledge, 1992, p. 17.

② 王湘玲、蒋坚松：《论从翻译的主体性到主体间性》，《外语学刊》2008 年第 6 期。

③ 段峰：《文化视角下文学翻译主体性研究》，四川大学出版社 2008 年版，第 44 页。

④ 许建忠：《翻译生态学》，中国三峡出版社 2009 年版，第 70 页。

勒菲弗尔提出的赞助人，主要是指政府机构、宗教组织、出版商、传播媒介以及个人等。赞助人是意识形态的外在体现，它影响原文的选择、译者的确定、译文的形式等。赞助人的意识形态左右译者的意识形态，并对译者的翻译策略与方法进行支配。[①]

大家知道，薛范先生的代表作是《莫斯科郊外的晚上》，也是他所译配的歌曲中最为脍炙人口的一首。但是 2019 年，他在接受俄罗斯卫星通讯社采访时却说道，"现在《莫斯科郊外的晚上》这首歌是自己最讨厌的一首"。[②] 薛范的这番言论，其实就是源自赞助人对歌曲翻译的操纵。1957 年，薛范将译配好的《莫斯科郊外的晚上》的译稿寄给《广播歌选》。该杂志社编辑未与薛范协商，擅自将其中的一句歌词做了如下修改：

$$\#4 \quad \#5 \quad | \quad \underline{7 \quad 6} \quad \overset{\frown}{3} \quad | \quad \overset{\cdot}{3} \quad \underline{7} \quad \overset{\cdot}{6} \quad | \quad \underline{3 \cdot 2} \quad 4 \quad | \quad 4$$

一 阵　阵 轻 风，　一 阵　阵 歌 声

从意思上来看，该句歌词与原词"幽静的晚上"的意境不符。从节律上讲，音乐强拍都落在第二个"阵"字上，听起来就是"一阵/阵轻风，一阵/阵歌声"，"词组的顿歇和音乐的顿歇错了位，节律被打乱了"。[③] 后来，尽管薛范本人在各种杂志重新刊登重译的歌词，想尽各种办法挽救，但仍是"唇焦口燥呼不得，归来倚杖自叹息"。各种杂志、歌集、磁带、唱片、卡拉 OK 等传播媒介仍然使用的是旧版本歌词，特别是由于旧版本已被广播普及，要想歌众重新演唱新词已无可能。可见，歌曲作为一种特殊的艺术形式，一旦被传播机构与赞助人操纵，其后果有时是难以预计的。

当然，意识形态和赞助人并不总是阻碍翻译歌曲的传播，实现歌

---

① Susan Bassnett & André Lefevere, *Constructing Cultures*: *Essays on Literary Translation*, Shanghai: Shanghai Foreign Language Education Press, 2001, p. 48.

② 参见《薛范忆〈莫斯科郊外的晚上〉译配　坦言如今最不喜欢这首》，http://sputniknews. cn/china-russia-diplomatic-news/201906071028697410/，2022 年 2 月 15 日。

③ 薛范：《歌曲翻译探索与实践》，湖北教育出版社 2002 年版，第 16 页。

曲翻译中的主体间性，有时也会促进翻译歌曲的流传。如日本歌曲《北国之春》，该歌曲诞生于 1977 年，是一首思乡主题的民歌，由远藤实作曲、井出博正作词。歌词描绘了日本民工离开家乡到城里打工，思恋家乡的情景。这首歌在 20 世纪 70 年代风靡整个日本。而这首歌曲进入中国，离不开时任《歌曲》杂志副主编钟立民的功劳。1979 年底，钟立民找到词曲作家吕远，让他将《北国之春》译成中文。待吕远将其译配成中文版后，钟立民又安排歌唱家蒋大为演唱这首歌。蒋大为在回忆演唱这首歌的情景时说道，"我记得第一次演唱《北国之春》是在首都体育馆，没有翻译，当时我演唱的日语版。后来吕远老师翻译了，就安排我演唱中文版，这首歌很快就在全国传唱开了"。① 那时中国刚实行改革开放，不少农村民工进入城市创业，他们远在城市思念家乡。歌中日本 70 年代的情景和我国 80 年代的情景非常相似，加上当时《中日友好条约》签订后，中日关系渐好，歌曲很快就被中国人民接受，传唱至今。后来，《北国之春》译配者吕远在谈到歌唱家蒋大为时说道，"如果说是这个作品成功，毋宁说是这个歌唱家的成功。由于是大为同志他用最合适的声音形象表达出来。我是借他的光被大家知道的。我觉得译配者和歌唱家的关系，永远都是一个相互促进的关系。而且我和大为应该要感谢的，其实还是亿万观众"。② 吕远的这句话很好地总结了译者、歌手和歌众各自的主体性作用和主体间的平等互动关系。这首歌自《歌曲》副主编选定歌曲、选定译者，到选定歌手、恰当的政治意识形态下歌众的传唱，都无不反映出译者、歌手、歌众、赞助人和意识形态对翻译作品的积极影响。各主体紧密联系，在平等的平台上交流和协调，实现了充分的主体间性，保证了翻译活动有序、有效地进行。

---

① 参见央视中文国际频道（CCTV-4）2016 年 6 月 4 日《中国文艺》节目《向经典致敬本期致敬人物——著名词曲作家吕远》。

② 参见央视中文国际频道（CCTV-4）2017 年 2 月 25 日《中国文艺》节目《向经典致敬本期致敬人物——男高音歌唱家蒋大为》。

第二节　歌曲翻译的标准

　　歌曲是由歌词和曲调组合而成的一种艺术形式，这种艺术形式多数时候是通过演唱形式来表达的。但是，当一国之歌曲跨越国界进入异域语境，通过翻译被异域受众所接受时，其歌曲译词就不一定是以演唱的形式来呈现。换句话说，歌曲译词与曲调就有可能进行分离。彼得·洛总结了歌曲译词的五大功能：（1）在译语中演唱；（2）对原唱歌曲的介绍；（3）在演奏会或 CD 碟片上供观众（或听众）阅读；（4）供歌手学习源语歌词，方便用源语演唱；（5）在歌曲表演、歌剧演出或录制的歌曲节目上作字幕使用。① 其实，这里第（1）条中的译词即"可唱性译词"（*translation to sing*），第（2）条中的译词为"解说性译词"（*translation to speak*），第（3）至（5）中的译词均为"阅读性译词"（*translation to read*）。如果按照可唱性与非可唱性来分，第（1）为一类，第（2）至（5）为另一类。这样，如本书绪论中讨论，歌曲翻译就可分为"歌词翻译"［第（2）至（5）条］与"歌曲译配"［第（1）条］两类，各自的翻译过程，译词使用形式也不尽相同（如图 4-3）。

　　功能翻译学派代表克里斯蒂安·诺德（*Christiane Nord*）认为，"目标文本的形式应该由文本在目标语境中的功能与发送文本人的意图所决定"。② 在歌曲翻译中，由于译词的文本形式随译词的使用功能而变化，因此，译者的翻译策略也会随之而改变。如纽马克指出，译者应该依据不同的文本形式采取不同的翻译方法。③ 王佐良提出，"按照不同文体，定不同译法"。④ 歌曲译词具有多重功能，读者、听众、

---

① Peter Low，*Song Translation*，Encyclopedia of Language & Linguistics，Amsterdam：Elsevier，2006，p. 511.

② Christiane Nord，*Translating as a Purposeful Activity*，Manchester：St Jerome，1997，p. 92.

③ Peter Newmark，*Approaches to Translation*，New York：Prentice Hall，1982，p. 15.

④ 王佐良：《翻译：思考与试笔》，外语教学与研究出版社 1989 年版，第 4 页。

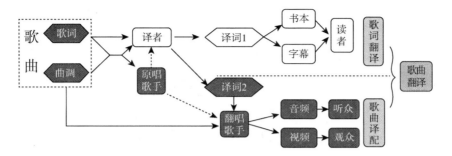

图 4 – 3 歌曲翻译流程及分类

观众具有多个层次,译者的翻译目的、策略、方法具有多样化特征,这就决定了歌曲翻译的标准也呈现多元化特征。下面根据中华人民共和国成立后我国歌曲翻译实践,简要讨论歌曲翻译的标准。

一 歌词翻译的标准

前文已经讨论,歌词翻译是将源语歌词的词意用译语表达出来,以"可读""可诵"为目的的诗性翻译活动。歌词翻译不强调译词的可唱性,其类型众多、用途较广、特点各异、翻译方法不同,具体见下表(表 4 – 1)。

表 4 – 1　　　　　　歌词翻译的类型、用途、特点及翻译方法

序号	类型	用途	特点	翻译方法
1	介绍语译文	歌手用源语演唱时,广播节目或现场表演前主持人介绍语、电视节目中歌词大意	通俗、简洁、明了	摘译
2	唱词译文	供观众使用的节目单上的歌词译文、CD 中的唱词译文	通俗、简洁、逐行对应	直译
3	诗性译文	供读者作为文学阅读欣赏或诗歌朗诵的译文	语言精炼、音韵和谐、节奏鲜明	意译
4	学习式译文	供读者或异语歌手学习原词,用源语演唱歌曲	准确、简洁、逐字对应/流畅、明了、逐行对应	注音 + 对译 + 意译
5	字幕译文	现场表演时旁侧字幕译文,或视频节目中歌词的字幕译文	简洁、通俗、无注	意译

以上几种译词类型是中华人民共和国成立以来，我国歌词翻译常见的表现形式。现分别举例说明。

（一）介绍性译文

这种译文使用领域较广，主要是当歌曲用源语演唱时，为帮助听众（或观众）提前了解歌词大意而由主持人解说使用，或通过字幕方式快速显示。如，在五六十年代的中苏文化交流活动中，在苏联歌手要用俄语演唱某首俄语歌曲前，主持人会先用汉语简单介绍歌词的主旨意义，这里的介绍词就是歌词的介绍性译文。80年后代随着电视、电脑的普及，这种介绍性译文通常以"歌词大意"的形式显示在屏幕下方。如每当歌手演唱外语歌曲时，国内电视台多在歌手刚开始演唱时，快速显示"歌词大意"。每年中秋晚会和春节晚会时，央视外语频道和国际频道都会给中文歌曲配上英文版"歌词大意"。歌曲的介绍性译文并非原词逐行对应的译文，它是一种浓缩了歌曲主旨意义的译文，要求通俗、简洁、明了，以便听众（或观众）快速了解歌曲思想内容。

（二）唱词译文

80年代以前，唱词译文通常被印在节目单或歌词单上，供观众一边观看演唱表演，一边阅读使用。后来 CD 光碟出现在市场上，为了帮助听众理解原唱歌词，CD 盒中随带一张折叠几层的唱词译文（有时是双语对照的）。有些 CD 中因为歌曲较多，出版社便将唱词印制在译本随带的小手册上。如 2012 年，李正栓翻译的《英文金曲赏析精华版》就附带了一本双语对照的唱词译文。

（三）诗性译文

歌曲的诗性译文主要是供读者将歌词作为文学作品来阅读欣赏，或将其作为诗歌来朗诵。这种翻译与诗歌翻译非常相似，因此，常由诗歌翻译家翻译，其译文也常与诗歌译文合集出版。如诗歌翻译家袁可嘉 1985 年就在外国文学出版社出版了《美国歌谣选》。他本人在"后记"中也指明，"歌谣本来是人民口头吟唱的，但本书并没有按曲调译配歌词，而是作为一般诗歌来译的。"① 王宏印在商务印书馆出版的《中国古今民歌选译》（2014）和《西北回响——陕北民歌英译》（2019）都属于歌词的诗性翻译。另外，歌词译文有时也用来朗诵。如央视节目《朗读者》第一期中，嘉宾就朗诵了诺奖获得者鲍勃·迪伦的代表作歌曲《答案在风中飘荡》（*Blowin' in the Wind*）的中文译词。

（四）学习式译文

学习式译文主要是供读者或异语歌手学习歌曲原词，达到用源语演唱的目的。如在中外文化交流活动中，外国歌手来到中国演出，为了用中文演唱歌曲需提前用这种译文学习汉语歌词。此外，近些年随着"汉语热"的兴起，我国编写的对外汉语教材中也常使用这种译文。如笔者翻译的《中文经典歌曲选》（2019）就采用了"国际音标、原词、逐字对译、逐行意译、五线谱"对照的形式。逐字对译是为了方便学生了解汉语词序与词汇意译，逐行意译则是帮助他们理解整句歌词含义。

（五）字幕译文

字幕译文主要是 90 年代后出现的，现在主要在三个场景中出现。第一种是在现场表演时，歌手用源语演唱，为方便译语观众理解词意，舞台旁侧的电子屏上会同步显示歌词译文，这种情形在中俄、中朝、中韩、中日、中德、中巴等文化交流活动中尤为常见。第二种情况是智能手机的音乐 App 上，播放外国歌曲时，会有同步译文显示。第三种情况是视频节目中的同步歌词译文。歌曲的字幕译文从某种意义上说，属于影视翻译的范畴，因此也具有简洁性、瞬间性、通俗性和无注性的特点。

通过梳理以上歌词翻译的几种类型，可以发现，虽然不同类型的歌词翻译可能采取不同的翻译方法，如摘译、直译、意译、对译等，

---

① 袁可嘉：《美国歌谣选》，外国文学出版社 1985 年版，第 161 页。

但他们都有一个共同的"文本目的"，"即让不懂原文的读者①通过译文知道、了解，甚至欣赏原文的思想内容及其文体风格"。② 那么，什么样的译文才能达到这个目的呢？换句话说，用什么样的准绳来衡量歌词翻译的质量？这个准绳，就是歌词翻译的标准。

众所周知，关于翻译标准，我国近代学者提出了不少看法，如严复的"信、达、雅"、鲁迅的"易解与风姿"、林语堂的"美学"、傅雷的"神似"、钱钟书的"化境"、许渊冲的"三美"、刘重德的"信、达、切"、张今的"真、善、美"、周领顺的"求真—务实"等等。纵观这些标准，大多是针对文学翻译实践而提出的。歌词常被看作是不合乐的诗，歌词翻译，实际上也是一种文学翻译。文学翻译标准也适合于歌词翻译的标准。薛范也曾指出，"歌词翻译，只要通过对原歌词的立意、形象、语言、结构等等的理解和把握就可以完成"。③由此可见，歌词翻译并不需要独创一套特殊的翻译标准。

然而，值得强调的是，尽管在"信、达、雅"后涌现出林林总总的翻译标准，但"这种种的说法似乎都还或近或远地在'信达雅'的树阴下乘凉"④。就以上表格总结的歌词翻译的五种用途来说，歌词译文也必须词义要"信"，言辞要"达"，语言要"雅"。⑤ 因此，"信达雅"不但仍然可以作为多数文学翻译的标准，也可以成为歌词翻译的标准和歌词译者的主观追求与自律准则。

21世纪后，由于科技迅速发展，人们交流更加便利，越来越多的人逐渐生活在一个多语种的语言环境中，外语也将变得不完全陌生。

---

① 这里也包括听众和观众。

② 曹明伦：《翻译之道：理论与实践》，上海外语教育出版社2013年版，第131页。

③ 薛范：《歌曲翻译探索与实践》，湖北教育出版社2002年版，第72页。

④ 郭宏安译：《恶之花》，漓江出版社1992年版，第206页。

⑤ 严复所提出的"雅"，是指规范，即译文要使用规范的语言。曹明伦先生已在《翻译之道：理论与实践》第156—161页用大量篇幅证明，这里不再赘述。因此，在歌词翻译中，"雅"就是指规范的歌词译文。如，要做到规范的介绍性译文、规范的诗性译文和规范的字幕译文，那么译文首先得具有介绍语、诗歌语言和字幕语言各自的特点，这实际上就是指译文要符合目标语境的行文风格，以达到目标功能。

在这种背景下，人们听源语歌曲，靠歌词翻译辅助的情况会越来越多。因此，把握好歌词翻译的标准，才能不断提高歌词翻译的质量。

二　歌曲译配的标准

歌曲译配是将原歌曲中的歌词词意、音乐性和表演要素都在目标语中再现出来，以"可唱"为目的的创造性文化活动。进行歌曲译配，译者"首先得研究乐理，分析原曲如何表达人们的思想感情、词作者的思路，作曲家的感怀是如何通过音乐词汇来表现的"[①] 换句话说，如果说上文提及的歌词翻译姓"文"，那么歌曲译配则姓"音"。如果说歌词翻译强调"文字中心主义"（logocentrism），歌曲译配则强调"音乐中心主义"（musicocentrism）。简言之，歌曲译配始终将忠于音乐放在第一位，文字放在第二位。歌曲译配不仅涉及语际翻译，也涉及非语言符号（音乐符号）与语言符号之间的符际翻译。[②] 从这个意义上讲，歌曲译配不是一门科学，[③] 而是一门颇具创造性的艺术活动，这种艺术活动在遥远的将来也很难被机器翻译所取代。[④]

弄清了歌曲译配的性质，就不难理解歌曲译配的文本目的，就是"为了让译作能以另一种语言歌唱，适合舞台的表演，追求演出效果，为表演者或受众提供相关信息内容"。[⑤] 可见，"可唱性"（singability）是歌曲译配中评价译词的首要标准，也是歌曲译配与歌词翻译的本质区别。在讨论《圣经》中的歌曲译配时，奈达也曾强调译词的"可唱性"标准，他指出：如要译词能配乐可唱，就必须做到以下几点。

---

① 薛范：《歌曲翻译探索与实践》，湖北教育出版社 2002 年版，第 72 页。

② 从音乐符号学上讲，为词作曲的过程，就是曲作家用非语言符号"翻译"原词的过程，以保留原词的情感。那么，在歌曲译配时，译者不仅要考虑原词的含义，还要考虑曲调包含的意义，译词生成的过程既是语际翻译的过程，也是符际翻译的过程。

③ Peter Low，"The Pentathlon Approach to Translating Songs"，in Dinda Gorlée，eds.，*Song and Significance：Virtues and Vices of Vocal Translation*，New York：Amsterdam，2005，p. 188.

④ 薛范：《歌曲翻译探索与实践》，湖北教育出版社 2002 年版，第 73 页。

⑤ 陈历明：《深化歌曲翻译理论研究　推动中国音乐文化传播》，《中国社会科学报》2020年 3 月 17 日第 3 版。

（1）译词的音节数要与乐句相等；（2）译词的重音与长音要与音符对应；（3）译词要押韵；（4）元音合适表达强调，可用于拖腔上。① 奈达的观点既从微观上指出了为保证译词可唱的具体翻译方法与技巧，也从宏观上强调了"可唱性"作为歌曲译配标准的重要性，对歌曲译配具有较强的指导意义。

澳大利亚学者安德鲁·凯莉（Andrew Kelly）根据自己英译法语歌曲的经验，提出了歌曲译配的"七尊重"标准。即：（1）尊重节奏；（2）尊重意义；（3）尊重风格；（4）尊重押韵；（5）尊重原声；（6）尊重预期听众；（7）尊重原作。② 此标准实际是以"忠实"为衡量译词的准绳，归纳起来就是尊重作者、尊重听众、尊重音乐风格。

对于歌曲译配，国内学者也提出了相应的译配标准，如薛范提出了"可诵""可唱""可听"的歌曲译配三法则③。陈水平、何高大提出了"切唱""切听""切境""切情""切味""切意"的标准④。这些标准都具有一个共性，那就是强调歌词的音乐性，能达到译词配曲入歌的目的。

纵观所有歌曲译配标准，其中影响最大、操作性最强的标准当属彼得·洛提出的歌曲译配"五项全能"原则（Pentathlon Principle）⑤。他将歌曲译配者比喻成奥运会"五项全能"运动员。"五项全能"运动员能兼顾铁饼、跳远、标枪、疾跑和摔跤等五个项目，歌曲译配者在翻译中就必须要兼顾译词的"可唱性（singability）、词意（sense）、自然性（naturalness）、节奏（rhythm）、韵脚（rhyme）"五项原则（如图4－4）。

---

① Eugene Nida, *Toward a Science of Translating*：*With Special Reference to Principles and Procedures Involved in Bible Translating*, Leiden：Brill, 1964, p. 177.

② Andrew Kelly, "Translating French Song as a Language Learning Activity", *The British Journal of Language Teaching*, Vol. 25, 1987, p. 26.

③ 薛范：《歌曲翻译探索与实践》，湖北教育出版社2002年版，第72页。

④ 陈水平、何高大：《目的论与歌曲翻译之标准》，《外语教学》2009年第4期。

⑤ Peter Low, *Translating Song*：*Lyrics and Texts*, The Milton Park & New York：Routledge, 2017, p. 79.

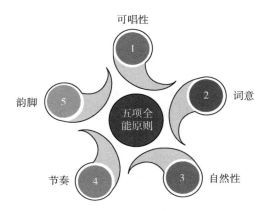

图4-4　歌曲译配"五项全能"原则

（一）可唱性

指翻译出来的词能与原曲节奏和旋律吻合，能入曲演唱，达到预期的"舞台效果"（effectiveness on stage）。可唱性居五项原则之首，同戏剧翻译中的"表演性"（performability）一样，是由该项翻译行为的目的所决定的。彼得·洛还强调，可唱性应该由演唱该首歌曲的歌手来评判。不论一首歌曲的词译得多好，音乐有多美，一旦该译词不能配曲演唱，译词就毫无用处。

（二）词意

指译词能忠实地传达原词的意义。但鉴于歌曲译配的特殊性，译词受音乐与意义双重限制，译者在翻译时不应该追求精确的对等，应适当采取意译、变译、摘译等灵活的翻译策略。彼得·洛认为，词意是否准确、忠实，双语读者是最佳的评估人。

（三）自然性

指译词必须要用自然而流畅的译语来表达，译词行文流水，符合译语习惯。译词的自然性应该由译语的母语人群来评判。

（四）节奏

指译词的节奏与停顿应该同原词的节奏与停顿相同，以便配上原曲入歌。译词的节奏是否恰当，应该由节奏感很强的鼓手、舞者或音乐人来评判。

（五）韵脚

指译词具有一定的韵式，琅琅上口，易于演唱。彼得·洛强调，译者在翻译时可采取全韵、弱韵、元音韵、辅音韵等押韵方式来处理译词，但不可因韵害意，得不偿失。同时，他认为韵脚是"五项原则"中最容易评估的一个原则。

"五项全能"原则是西方歌曲翻译研究中标新立异的译配原则，也是西方歌曲翻译领域公认的译配标准，对中外歌曲译配具有较强的实践指导意义。"五项全能"原则中五个标准的平衡，不仅有助于译者在翻译策略上有宏观的思考，也助于他们在微观上有恰当的选择。①

第三节　中国歌曲英译的通则

近年来，随着人们生活水平的提高，全球文化产业迅猛发展。如我国"十三五"期间，"文化产业增加值占 GDP 比重由 2015 年的 3.97% 提高到 2018 年的 4.3%，预计到 2022 年将会达到 5%，成为国民经济支柱产业"。② 在一些发达国家，文化产业是仅次于金融业的大产业，如日本文化产业出口仅次于其汽车产业；韩国影视、音乐产业成为韩国的龙头产业，"韩流"在全球文化界的影响举足轻重。音乐，作为一种"俗文学"，已成为除游戏行业之外文化产业收益的最大部分，远高于报纸、书籍和电影。③ 因为"俗文学"同"雅文学"相比，有着更多的受众，对大众文化的影响更大。近年来，随着我国跻身于世界贸易大国之列，我国文化产业出口也迅速增长。2018 年后，在"数

---

① Peter Low, "The Pentathlon Approach to Translating Songs", in Dinda Gorlée, eds., *Song and Significance*: *Virtues and Vices of Vocal Translation*, New York: Amsterdam, 2005, p.191.

② 罗荣华：《文化产业影响经济增长的机制研究——基于影响因素的视角》，《北京财贸职业学院学报》2020 年第 4 期。

③ 张丰艳：《美国视野：中国音乐的国际传播》，中国传媒大学出版社 2017 年版，第 4 页。

字音乐"的推动下，我国音乐市场实现了超速增长，中国歌曲"走出去"成为助推中国文化"走出去"的重要手段。然而，歌曲涉及语言，语言的隔阂是中国歌曲"走出去"较大的障碍。如张丰艳博士在对美国受众的调查显示，64.61%的美国民众认为中国音乐在美国传播效果欠佳的主要原因是语言障碍（如图 4 – 5）[1]。

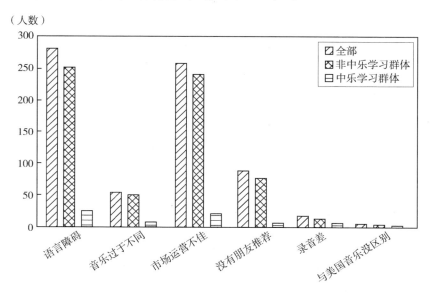

图 4 – 5　被认定中国音乐传播效果欠佳的原因（最多选 3 项）

　　因此，翻译作为跨越语言的桥梁，在助推中国歌曲"走出去"中具有义不容辞的责任。然而，纵观我国 70 年歌曲翻译史，中国歌曲外译数量相比外国歌曲中译数量来说，可谓九牛一毛。此外，有关中国歌曲英译的研究在我国也很少受到重视，截至目前，"暂未见过系统的经得起考验的中国歌曲英译翻译理论和实用技巧"。[2] 虽然，近年来译界学者也对中国歌曲英译进行过不少尝试，但大多译者深受许渊冲

---

　　①　张丰艳：《美国视野：中国音乐的国际传播》，中国传媒大学出版社 2017 年版，第 191 页。
　　②　黄俊雄：《英译〈中华人民共和国国歌〉说明及中国歌曲英译入门须知》，《中国翻译》2009 年第 5 期。

"三美"韵译模式的影响，其译词与其说是歌词倒不如说是诗词，难以配曲入歌。正如薛范在第二届陕北民歌全国译介学术研讨会上所说，"我见过许多朋友把中国的名歌翻译成外文。这些翻译者大多是非常有外语和汉语修养的学者。他们翻译出来的东西，从文字上来说，都翻译得很好。但是，他们翻译出来的东西却是不可唱的。究其原因，主要是不懂得歌曲翻译的特殊性"。①

我们知道，译配作品是一个动态的综合体。在这个动态的过程中，译者和演唱者是最为关键的中介者。译者为演唱者服务，为了呈现给演唱者的作品可诵、可唱、可听，译者除了要在"译"上反复推敲，还要在"配"上精雕细琢。因为"配"的水平才是决定译作艺术价值的关键。② 因此，中国歌曲英译，若要做到译词之意味，配曲之声韵，译者需要把握以下几个基本规则。

一 音字对应、亦步亦趋

汉语是单音节语言，每一个汉字对应一个音节。而英语中一个单词可以是一个音节，也可以是多个音节。因此，由于语言的差异，在汉语歌曲译配时我们无法做到英文词与汉字相对应，但可以做到两种语言的音节数相等。换句话说，原歌曲中若一个汉字在乐谱中占一个音符，那么译词也应该在该音符下配单词的一个音节；若原词一个汉字占多个音符（拖腔），则译词也应该一个音节占多个音符。因为"译词音节数与原词音节数相等，是译词可唱的前提"。③ 两种语言音字对应，"亦步亦趋"，译词才能达到"五项全能"原则中"可唱"的要求。如：

起来！不愿做奴隶的人们！（10）

---

① 薛范：《薛范60年音乐文论选》（上册），上海音乐出版社2020年版，第350页。

② 薛范：《歌曲翻译探索与实践》，湖北教育出版社2002年版，第74页。

③ Eugene Nida, *Toward a Science of Translating*：*With Special Reference to Principles and Procedures Involved in Bible Translating*，Leiden：Brill，1964，p. 177.

Arise！Ye who refuse to be bond slaves！（10）

把我们的血肉，筑成我们新的长城！（14）

With our very flesh and blood，let us build our new Great Wall！
（14）

（李抱忱　译配）

这是《义勇军进行曲》首个英译本中的前两句歌词，由我国著名音乐家李抱忱译配，收录在 1939 年他编辑出版的 *China's Patriots Sing*（《中国抗战歌曲集》）当中。在中华民族危难时刻，该英文版成了及时向世界宣传抗战的最强音。[①] 从这两句歌词可以看出，原词分别有 10 个和 14 个汉字，对应了乐谱中的 10/14 个音符（限于篇幅，省去乐谱）。这里的英文译词除了 arise、refuse 和 very 是双音节词外，其余的都是单音节词，上下两句也分别共有 10 个和 14 个音节，刚好满足了"音字对应"的要求。

但是，在歌曲译配实践中，要做到译词与原词音节数完全一致并不是一件容易的事情。由于汉语的凝练性比英语强，译成英文往往会出现多词的情况。有过外文歌曲汉译经验的人一定知道，在处理汉语译词时，我们有时可能会增加一些如"的""儿""了"等不占时值的虚词。同理，译配中文歌曲时，有时多出如 of/at/to/in/the 这些不占时值的虚词也是允许的。如：

遇见安徽/跟我走一回（4 + 5）

Meetin' *in* Anhui，follow me all*the* way （5 + 6）

挽手穿过/斜阳余晖（8）

Here we enjoy sunny good days（8）[②]

（笔者　译配）

---

① 岳岸：《〈义勇军进行曲〉首个英译本》，《英语世界》2019 年第 10 期。

② 英文版视频参见 https：//v. qq. com/x/page/y3074p1nnbo. html？ptag = qqbrowser.

以上歌词出自歌曲《遇见安徽》。歌词"遇见安徽／跟我走一回"是副歌的第一句，既呼应主题又一唱三叹、真挚地表达了安徽人们的好客之情，将旋律推上了高潮。观察可知，原词分别为 4 个和 5 个汉字，译词则分别为 5 个和 6 个音节，多出了 in 和 the 两个虚词。这些虚词不占时值，演唱时一带而过，反而成了歌曲中的一种装饰音。综上，译词与原词音节数相等是译词可唱的前提，这种"'亦步亦趋'的目的是准确无误地体现作曲家的意图和原作品的节律特点"。①

二　顿歇一致、强弱合拍

有人说，"歌是可以读的诗，诗是可以唱的歌。"这种说法虽然有点绝对，但无人可以否认歌与诗同源同宗的事实。歌与诗都具有音乐性，其中节奏是构成音乐性的重要因素，它以词或词组为单位，形成强弱、松紧、快慢的乐感。大家知道，在英诗汉译时，我们常用"以顿代步"的方式再现原诗的节奏。同理，在歌曲译配时，"译词要尊重音乐的节奏，要与音乐的顿挫相符"。② 如③：

该句歌词为我国经典爱国主义歌曲《我和我的祖国》的第一句，为了方便讨论，这里附有三个版本的不同译文。从以上乐谱可知，这三句译词都满足前面所说的"音字对应、亦步亦趋"的要求。但

---

① 薛范：《歌曲翻译探索与实践》，湖北教育出版社 2002 年版，第 112 页。
② Peter Low, *Translating Song：Lyrics and Texts*, The Milton Park & New York：Routledge, 2017，p.95.
③ 该例《我和我的祖国》三个英译本分别由覃军、许景城、赵彦春译配，歌词全文及音频见《语言学通讯》公众号 2019 年 10 月 3 日推文。

是从译词与音乐节拍的吻合度上来看，三句译词就各有差异了。为了明确，原词中已用斜线标出了各乐节之间的顿歇和句读。观察可知，许译和赵译在处理"不能/分割"时，都出现了断句的现象。许译的 asunder go 被断成 asun/der go，赵译的 will never go 被断成 will ne/ver go。在处理"我和/我的"时，赵译还被断成 My mo/ther land。若译词断句，与音乐节奏错位，演唱起来仿佛是点错了标点，听起来可能不知所云。而覃译在节律上为 China/catches/my heart. /No one can/break us/apart. 不论在句读、顿歇，还是节奏上都和音乐一致，保证了译词的"可唱性"。

　　从事音乐剧翻译的人员常有这样的共识，"翻译中最难的，也最重要的就是在保留原文意味的同时，还要遵循音乐原本的律动"[①]。遵循音乐的律动不仅要求译词与音乐顿歇一致，还要求英文实词的重音节或多音节词的重音节必须要落在音乐的强拍上，这一法则对于把中国歌曲译配成外文尤为重要。[②] 如果歌词的重/轻音和音乐的强/弱拍错位，那么歌词就出现"倒字"现象，演唱起来就"怪腔怪调"。在英文原创歌曲中，歌词也是这样安排的。如这首脍炙人口的 *Auld Lang Syne*（《友谊地久天长》）中的第一句:

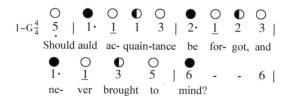

　　上图实心圆代表节奏的重拍，半心圆代表次重拍，空心圆代表弱拍。对比得知，其中 ac′quaintance/for′got/′never 的重音节均在音乐的强拍（或次强拍）上。小词 and 和 to 均在弱拍上。同理，前面《我和我的祖国》中，覃译中的 ′China/′catches/a′part 的重音节均落

---

① 参见《有译思》公众号 2019 年 8 月 17 日的推文《音乐剧译配到底是做什么的?》
② 薛范:《歌曲翻译探索与实践》，湖北教育出版社 2002 年版，第 80 页。

在音乐的强拍上。而许译中的′never/a′sunder 和赵译中的′mother/a′part/′never 的重音节均不在强拍上。相反，许译和赵译中的小词 and 却落在了强拍上。本来单词应唱着′never，因为强弱拍错位，却唱成了 ne′ver。这种重音节移位的现象叫作歌词"倒字"。不管是前面的"断句"，还是这里的"倒字"，在译词中都是要必须避免的。因为它们都违背了"五项全能"原则中的"可唱性"要求，也与语言"自然性"要求背道而驰，使得听众感到顿挫混乱、重音颠倒，甚至曲解词意。

三 韵式灵活、韵律和谐

歌曲是"随语成韵，随韵成趣"的作品。押韵能把涣散的声音联络贯串起来，形成一个完整的曲调，以此增强歌词音乐性，让歌词易记易唱。① 一般说来，中国歌曲习惯"一韵到底"，也就是奇数行不论，偶数行必须同韵。在进行译配时，我们可以尽量保留这种韵式，让原词的语感在译词中得以再现。如：

啊！一段感情就此结束 ［u］

Ah! What has left when love is to conclude ［uː］

啊！一颗心眼看要荒芜 ［u］

Ah! What remains when love is to lose ［uː］

我们的爱若是错误 ［u］

If our love is a wrong do ［uː］

愿你我没有白白受苦 ［u］

Forget the hurt，forget the sorrow ［əu］

若曾真心真意付出 ［u］

If we ever said "Yes I do" ［uː］

---

① 陆正兰：《歌词艺术十二讲》，北京大学出版社 2015 年版，第 43 页。

就应该满足［u］

That's enough for us two［u:］

（笔者 译配）

这是李宗盛经典歌曲《领悟》中的副歌片段，歌词描写一个女人对一段感情的领悟。她虽痛彻心扉，仍劝自己放手释怀，默默祝福。整节歌词采用了闭口音［u］"一韵到底"，与歌曲伤感、迷茫的情绪相吻合。笔者译配时为了保留歌曲的语感和情绪，仍然采用了闭口音［u］"一韵到底"。[①]

虽说英文歌曲有"一韵到底"的韵式，但毕竟不多见。多数英文歌曲用韵宽松，习惯不断换韵。因此，在进行中文歌曲译配时，译者不要拘泥于原词韵式，要灵活变通，采取英文歌曲常用的 abab、aabb、aabccb 等韵式进行处理。在"五项全能"原则中彼得·洛也强调，译者在翻译时用韵要灵活，但切不可因韵害意。对于押韵类型的选择，他建议可采取全韵、近似韵、元音韵、辅音韵等类型来替换。总之，歌曲译配时不管用什么韵式，但总得有韵才行。此外，在定韵脚时，译词可根据标题、关键词、"词眼"、原词韵或歌词气氛和情绪来定，以传播更好的艺术感染力。

四 语音相近、语调相似

王国维在《人间词话》中提出了"隔"与"不隔"的概念，这个概念现已被运用到文学翻译中。"不隔"是指译文跟原文的风度、语气、神情相似（钱钟书，1997：270）。[②]歌曲译配其实也是一种文学翻译，如果译词在语气和语音语调上也能和原词相似，这也就做到了

---

① 虽然第四行结尾的英文词 sorrow 押［ə］韵，与整节［u］韵不是全韵，但根据聂珍钊教授所著《英语诗歌形式导论》第 205 页中"英文押韵只要求读音上近似而不是精确"的观点，这里也可看作押韵，类似于汉语的"押通韵"。英文版视频参见 https：//music. 163. com/#/video？id=741BD6F124C3A281E476EBAEE16115F3.

② 钱钟书：《钱钟书散文》，浙江文艺出版社 1997 年版，第 270 页。

"不隔"。因为歌曲作品不同于其他作品，歌曲作品主要是通过演唱进行传播。歌手在演唱翻译的歌曲或是听众在欣赏译歌时，他们或多或少会受到原唱的影响，耳朵里可能会有原唱的影子。但若译词能做到"不隔"，则能让歌手和听众找到认同感，给人感觉仿佛在用原词演唱一样。如：

$1=D \frac{2}{4}$ | 3 5 6 | 3· 1 | 2·1 2 5 | 3 - |

甜 蜜 蜜，你 笑 得 甜 蜜 蜜……
Tell me please, how you so ea-si-ly...

| 6 6 1 | 6 1 6 5 | 3 - | 3 - |

梦 里 梦 里 见 过 你……
On-ly, on-ly you and me...

以上片段选自邓丽君家喻户晓的代表金曲《甜蜜蜜》，该歌曲曾被评选为改革开放三十年"十大经典歌曲"之一。这里的英文译词为瑞典歌后索菲娅·格林（Sofia Kallgren）的演唱版本。索菲娅·格林在瑞典闻名遐迩，素有"瑞典银狐"之称。她是首位签约中国内地唱片公司的西方歌手。这首《甜蜜蜜》被她改译成英文版，收录在她的中国民歌专辑《民歌新语》中。观察以上选取的两句歌词，不难发现格林在翻译歌词时，为追求译词语音语调与原词相似可谓用心良苦。歌曲一开头是一个高音走向的拖腔，歌手深情地唱出"甜——蜜——蜜"。译词并没有简单地处理为 so—sweet，而是选取了发音近似的 Tell me please（与"甜蜜蜜"三个汉字的辅音或元音相似）。后面的"梦里"选取了 only 一词，不但发音相似、重音一致、重复同步，连口型也大致相同。这样的译词使得歌手一开口演唱就能找强烈的认同感，好像歌手在用源语演唱，达到了"不隔"的效果，满足了"五项全能"原则中"节奏"与"韵脚"和谐的要求。

五 统摄全意、另铸新词

从以上讨论可知，歌曲译配受多种因素制约，困难重重。纽马克在讨论歌曲翻译时曾感叹歌曲是所有文本中翻译难度较高的文本。[①]
曾担任《猫》《悲惨世界》《剧院魅影》等多部音乐剧引进与翻译工
作的费元洪也曾说道，"（歌曲译配）有时信了则不达，雅了则不信，
当信达雅都有了，又无法演唱，令人矛盾。为此，我们不得不在翻译
时有所调整，有所取舍"。[②] 这种调整与取舍其实就是翻译的"二度创
造"过程，是"五项全能"原则中要求"词意"与"可唱性"统一
的过程，也是译者对译词"大动手术"的过程。这种"手术"包含
"掰开—揉碎—重塑"三个步骤，用郭沫若先生的话就是"统摄全意，
另铸新词"。[③] 如：

> 背着枪/提着刀
>
> Shoulder arms/sword in hand
>
> 为了自卫/去上操
>
> For our country's sake/we'll heed the call
>
> 拼死命/把国保
>
> Ready to die/for fatherland
>
> 谁是敌人/我们早知道
>
> Justice，freedom and/honor be our goal
>
> 今日正是/民族复兴
>
> Now's the time to/defend our native land
>
> 的机会到了
>
> Delay not any more[④]

这是抗战歌曲《自卫》的片段，由马祖武创作于 1937 年，中国

---

① Peter Newmark, *Paragraphs on Translation*, Clevedon：Multilingual Matters, 1993, p. 21.

② 费元洪:《音乐剧翻译中的"信达雅"》,《上海戏剧》2014 年第 8 期。

③ 薛范:《歌曲翻译探索与实践》,湖北教育出版社 2002 年版,第 222 页。

④ 歌词出自李抱忱 1939 年编辑出版的 *China's Patriots Sing*（《中国抗战歌曲集》）,英文演
唱版音频参见：https://www.bilibili.com/video/av71043219.

现代语言学先驱、音乐家赵元任作曲，音乐家李抱忱译配。歌曲雄壮豪迈、节奏轻快，每个乐句多为三四个音符，最长的乐句也只有五个音符。因为汉语凝练性一般强于英语，如果"忠实地"译出歌词，英文词一定会多出不少音节，超出音符的限制。如"拼死命/把国保"就可能译为 We'd sacrifice our lives to defend our country；"谁是敌人/我们早知道"可能译为 We have already known who the enemies were；"民族复兴/的机会到了"可能译为 There comes the chance to realize national rejuvenation。这些译词既"信"又"达"，但违背"五项全能"原则中"可唱性""节奏"和"韵脚"的要求。因此，薛范先生认为，如果用"信、达、雅"来解释歌曲译配，那么"信"是针对音乐而言的，"达、雅"是针对译词而言的。① 只有"忠实"于音乐的译词才是可吟、可唱的。为使译词"忠实"于音乐，译者就必须在"统摄全意"的基础上"大动手术"。如李译 Ready to die/for fatherland 和 Delay not any more，虽然与原词意义不完全对应，但与歌曲全意大致相同。有存菁华、去冗杂之效果。此外，Justice，freedom and/honor be our goal 与"谁是敌人/我们早知道"意义上毫无关联，但符合歌曲的主旨，属于译者为了"可唱性"而采取的"另铸新词"的方法。就如音乐学家钱仁康所言，如果词意与音乐发生冲突，译者应选择放弃前者，这也是为什么英国人翻译歌曲时，不说"某某译词"，而说"某某作英文歌词"（English words by...）。②

综上所述，"统摄全意，另铸新词"是歌曲译配时行之有效的方法。虽然这些另铸的新词超越原词本体意义，但它们却并未脱离歌曲主旨。换句话说"统摄全意，另铸新词"的做法比意译要远，但比填词要近，是使译词"忠于音乐"之必要手段。

歌曲翻译是一门涉及文学、翻译学、音乐学和符号学的交叉学科，

---

① 覃军：《歌曲译配：一种特殊形态的翻译——歌曲翻译家薛范先生访谈录》，《中国翻译》2019 年第 6 期。

② 钱仁康：《谈歌词的翻译》，《音乐艺术（上海音乐学院学报）》1999 年第 4 期。

是一种音乐语言和文学语言转换的艺术。翻译研究应该关注这种特殊的翻译活动,增强对翻译现象的解释力。中国歌曲"走出去"虽然取得了一定的成效,但仍属于起步阶段,具有较大的发展空间和潜力。文化与翻译工作者应该抓住5G多模态时代"数字音乐"发展的契机,选择具有代表性的中国歌曲作品和优秀的音乐剧作品进行译介与推广。此外,歌曲译配是一种遗憾的艺术,中国歌曲"走出去"的目的不是让西方听众永远用外文演唱中国歌曲,而是通过译配的方式让他们了解中国歌曲的思想与精髓,发现中国文化的艺术魅力,实现对源语文本的追溯和回归,最终学习中文,以中文演唱的方式传递艺术感染力,传播中国声音。

小　结

翻译活动产生之时,也就产生了翻译主体性问题。歌曲翻译是一项极具创造性的活动,受多方因素的影响,"主体性"在歌曲翻译研究中享有特殊的位置。特别是翻译研究的文化转向后,歌曲翻译研究的对象也从原作和作者转移到译作、译者、歌手、歌众、赞助人等,为译学观念带来了变化。本章基于歌曲翻译的特征,对歌曲翻译的主体进行了确定,并根据翻译流程与特点,界定了创作主体、译配主体、接受主体和流传主体四大主体。在对歌曲翻译主体间性进行讨论后,本研究指出译者、歌手、歌众、赞助人和意识形态对翻译活动既有积极影响也有消极影响,唯有各主体紧密联系,在平等的平台上交流和协调,实现充分的主体间性,歌曲翻译活动才能正常进行。

歌曲是由歌词和曲调组合而成的一种艺术形式,当一国之歌曲跨越国界进入异域语境,其译词与曲调可能继续融为一体,也可能处于分离状态。这就造成了歌曲翻译的两种形式,不同的翻译形式有不同的翻译标准。文章通过梳理两种翻译形式的特点,总结了歌词翻译的标准和歌曲译配的标准。这些标准既是衡量歌曲翻译的准绳，也是译者翻译行为中努力靠近的目标。特别是在歌曲译配中，演唱性是衡量一首译歌成败的关键，"忠于"音乐比"忠于"歌词更为重要。这与本章对70年间歌曲译配者构成的梳理是一致的，即大多数歌曲译配者均有音乐背景知识，不少译配者本人就是音乐家、词作家、曲作家等。这也从某种意义上说明了歌曲译配的特殊性，即歌曲译配姓"音"，其他文学翻译姓"文"。

译界大多承认，多年来我国翻译市场一直处于译入与译出的"逆差"状态，歌曲翻译也不例外。可喜的是，自2011年开始，中国对外翻译数量首次超过译入数量①，译入活动不再独霸天下。因此，中国歌曲译外也会成为一种趋势。然而，由于歌曲翻译的跨学科性、音乐性、演唱性和文学性的特点与要求，有关中国歌曲外译（主要指译配）的研究几乎仍为一片空白。本章基于中英歌曲的特点和歌曲译配的标准，对中国歌曲英文译配通则进行了探讨，为中国歌曲英译及其他印欧语系语言的翻译提供参考。

---

① 黄友义：《中国站到了国际舞台中央，我们如何翻译》，《中国翻译》2015年第5期。

第五章　贡献：翻译歌曲的社会文化价值

　　自人类产生语言后，翻译就相随而生，它作为人类交际的桥梁，使得人类打破原有的地域空间跨越语言障碍进行彼此交流。有了翻译，人类才从封闭走向开放，从隔离走向融合，从落后走向进步。可以说，没有翻译，就没有人类社会高度发展的今天。美国学者约瑟夫·肖（J. T. Shaw）在谈论译作的作用时也指出，"对社会产生直接影响的，多数是翻译而不是原著"。① 本节将从翻译歌曲对我国文化生活和我国音乐文化的影响多方面探讨翻译歌曲的社会文化价值。

第一节　对文化生活的价值

一　助推先进思想传播

　　歌曲是音乐艺术中篇幅最短、规模最小、影响最大、形成最早的音乐艺术形式。② 歌曲作品属于通俗文学，具有传播速度最快、最易沟通情感、最易传播思想、最受广泛群众接受的特征。因此，歌曲的创作与译介总是与国家命运紧密联系在一起，用歌曲传播思想是革命先驱们的常用手段。在新民主主义革命时期，就有大批知识分子以

---

　　① 邹振环：《影响中国近代社会的一百种译作》，中国对外翻译出版公司 1996 年版，第 v 页。
　　② 李智萍：《歌曲在弘扬社会主义核心价值观中的作用》，《南昌航空大学学报》（社会科学版）2016 年第 2 期。

"学堂乐歌"的形式创作歌曲，宣传民主、自由、平等、解放妇女、拥护共和等先进思想观念。在邹振环撰写的《影响中国近代社会的一百种译作》中，法国歌曲《马赛曲》名列其中。《马赛曲》最初是被改良派思想家王韬译成汉语诗歌体，在中国知识分子间传播。但《马赛曲》在中国真正被传播开，是1904年10月26日署名"侠民"的人在《新新小说》上刊发的译配版《汉译法兰西革命国歌》后。由于该译文配上了简谱和五线谱，可以入曲演唱，很快就传遍全国，后来成为中国人民抗日战争和解放战争中最有力的精神武器。

新中国成立后，在"一边倒"的政治局势下，中苏关系发展良好，我国开始了"向苏联老大哥学习"之旅。大批苏联歌曲随即被译介到我国，成为当时国民紧缺的"精神食粮"，如《苏联歌曲汇编》《苏联歌曲集》《苏联歌曲珍品集1917—1991》《俄罗斯民歌珍品集》等歌集中的不少苏联卫国战争歌曲，成为我国刚被解放的民众建设国家的精神动力。值得一提的是，1949年，歌曲翻译家赵枫访问苏联，被《共青团员之歌》中苏联人民不向敌人屈服、保卫家园、热爱和平的精神所感动，当即将这首歌译配成汉语版，1950年3月发表在《新音乐》上后，深受中国青年们的喜爱，被迅速传遍大江南北。《共青团员之歌》节奏简洁、旋律铿锵，表达了热血青年为保卫祖国的勇于牺牲的爱国主义精神，也唤起人们对来之不易和平的珍惜。这首歌译介到中国后几乎成为当时每一位青年的必唱歌曲，50年代中国青年参加抗美援朝时曾高唱《共青团员之歌》，它已成为中国共青团员的一种精神力量。

古人云，"诗言志，歌永言"。歌曲是结合旋律表达情感的语言，倘若这种情感能让歌众产生一种共鸣，那么这首歌曲就易于被接受与传播。如苏联电影《盾与剑》的插曲《从哪里认识祖国》（《С чего начинается Родина》），该歌曲由苏联著名诗人马都索夫斯基（Михаил Матусовский）作词，被薛范先生译配成汉语后在国内传唱。在和平年代，"祖国"在国民心中显得较为抽象，爱国不再是上前线奋勇杀敌，不再是战死沙场，那么"祖国"是什么呢？和平年代应该如何爱国呢？

《从哪里认识祖国》这首歌曲用朴实的语言对这些问题给予了回答:"'祖国'就在身边的同志朋友身上,就是母亲的歌唱,就在大门外的长板凳上,就是田野的白桦、春天的椋鸟、乡间的道路,就在父辈褪色的军帽上,在年轻时神圣的誓言……"① "祖国"就是我们熟悉的一切,每个人做好自己的本职工作就是最好的爱国。这首歌曲对和平年代出生的孩子们具有巨大的教育意义,是爱国主义的经典歌曲。时至今日,在腾讯视频、B 站、微信公众平台仍能看到少年儿童传唱该首歌曲。

中国人民长期饱受欺辱和剥削,中华人民共和国成立后人民当家做了主人,对自由、和平、平等强烈渴望。因此,除了大批关于战争、爱国主题的歌曲外,不少宣扬西方自由、民主、平等思想的歌曲也被译介进来,这当中较具代表性的有吴祖强译配的苏联歌曲《国际妇女歌》、韩洁译配的美国歌曲《自由的呐喊》、唯民译配的俄罗斯歌曲《向自由,向太阳》、邓映易译配的美国歌曲《老人河》《老黑奴》等。这类歌曲的传唱不但传播了国外先进文明的思想理念,也在潜移默化地赋予了一种精神,推动着我国社会的变革。如许钧所言,"思维的改造与精神的塑造是推动社会变革的基本力量,而翻译对于这两者所起的作用往往是直接而深刻的"。②

苏联著名曲作家巴赫慕托娃(Александра Пахмутова)曾说过这样一段话:

> 歌曲比音乐艺术任何其他样式影响更广。它影响人们,甚至那些对音乐并不内行的人。因此,从事歌曲领域的艺术家们的责任非常重大。歌曲应该具有博大的思想、道义和理想,应该培养教育人们。这里指的不仅仅是公民的爱国主义性质的歌曲,同时也指贯穿着纯真情感的爱情歌曲。③

---

① 薛范:《薛范 60 年翻译歌曲选》,上海音乐出版社 2013 年版,第 270 页。
② 许钧:《翻译论》,译林出版社 2014 年版,第 226 页。
③ 薛范:《俄苏歌曲七十四年风雨历程》(下),《俄罗斯文艺》2008 年第 4 期。

因此，译配崇高的经典爱情歌曲也是一种教育，它是在传播自由恋爱的爱情观。自 50 年代后期，我国译配的歌曲中逐渐出现了歌唱男欢女爱、悲欢离合的爱情歌曲，如《喀秋莎》《红莓花儿开》《红河谷》《阿里郎》等。这些歌曲中最著名的当属薛范译配的《莫斯科郊外的晚上》，这首歌曲感情细腻、内涵丰富、借景抒情，把当时那个年代不能说出口的爱情抒发得淋漓尽致，传播了爱情自由的思想。同时，这首歌曲又通过对"心上人"爱情的描写，融入了人们对祖国、对亲人、对朋友、对美好生活的热爱。《莫斯科郊外的晚上》是翻译歌曲中影响巨大的爱情歌曲，它不仅被译配成汉语、英语、日语、法语等多国外语，还成了不少人心中莫斯科城的印象。用薛范先生自己的话说，这首歌译配到中国后，异常火爆，深受中国听众的青睐，当时"几乎没有一种音乐刊物、一本外国歌曲集子没有发表过这首歌，也几乎没有一家唱片公司没有录制过这首歌，在世界上，用中文演唱《莫斯科郊外的晚上》的人远比用俄语唱的人多"，"从某种意义上说，它已经成为地地道道的中国歌曲了"。①

古人云，"乐者，德之华也"。音乐不但具有娱乐功能，它更具有教育功能，有"净化"的作用，是道德之花。中华人民共和国成立后，我国译介了成千上万首外国歌曲，这些翻译歌曲传播了西方先进的世界观、价值观、人生观，传播了世界其他民族优良的传统美德。翻译歌曲对国民思想的影响润物无声，沁人心扉，不但使我国人民在歌声中认识新事物、发现新世界、吸取新思想，同时也丰富了我国的传统文化，助推了我国社会的不断发展。

二　丰富国民文艺生活

1942 年，毛泽东在《在延安文艺座谈会上的讲话》中指出，"无论高级或初级的，我们的文学艺术都是为人民大众的，首先是工农兵

---

① 薛范：《薛范 60 年翻译歌曲选》，上海音乐出版社 2013 年版，第 5 页。

的，为工农兵而创作，为工农兵所利用的"。① 这一讲话为中华人民共
和国成立后的文艺工作指明了方向，翻译也成为为人民大众服务的工
具。特别是在五六十年代，由于我国物质匮乏，人民生活不富裕，本土
创作的音乐作品远不能满足人民生活的需要，于是大量外国歌曲被译介
走进百姓的生活，成为生活的一部分。著名作家王蒙曾在其《苏联祭》
中说道，"我不是歌唱家，但连我自己回想起来都觉得惊异，五十年代
我怎么会唱那么多苏联歌曲！如果说我会唱的苏联歌曲多如天上的星
星，未免像是吹牛。但如果说我会唱的歌曲比王府井大街上的灯火还
多，却仍然不失为一种东方式的谦逊"。② 他回忆道，他们这一代人是
唱着苏联歌曲认识苏联的，《喀秋莎》是他的少年，是他十二岁的初恋，
《纺织姑娘》是他爱情与人生交响乐的第一乐章，《华沙工人》是他的青
春，《小路》《快乐的风》是他生活的主旋律，《莫斯科郊外的晚上》
《田野静悄悄》《山植树》《祖国进行曲》《三套车》等歌曲就是他的青
春时光。③ 王蒙的感受反映了大多数中国人的感受，如 2013 年曾琳智
博士在研究俄罗斯歌曲对中国人的影响时，对复旦大学、东华大学、
上海外国语大学等多个高校的 476 名大学生做了一个调查问卷，其中
问到"谈到俄罗斯您最先想到的是什么？"调查结果如图 5 - 1④：

由图可知，排名第一的是普京（64.4%），排名第二的是列宁（55.4%），
排名第三的是斯大林（53.2%），排名第四的是歌曲《莫斯科郊外的
晚上》（34.9%）。《莫斯科郊外的晚上》紧随三位政治领袖之后，足
以说明该首歌曲已是俄罗斯文化的一种代表，已经在我国群众中深入
人心。⑤

"翻译与民族的交往共生，与文化的互动同在。一部翻译史就是

---

① 毛泽东：《毛泽东选集》（第三卷），人民出版社 1953 年版，第 865 页。
② 王蒙：《苏联祭》，作家出版社 2006 年版，第 159 页。
③ 王蒙：《苏联祭》，作家出版社 2006 年版，第 213—214 页。
④ 曾琳智：《音乐在公共外交中的运用研究》，博士学位论文，上海外国语大学，2013 年，第 86 页。
⑤ 其实《莫斯科郊外的晚上》的影响很广，曾被译配成多种语言，即使在冷战期间，该歌曲也被译配成英文在美国等国流传。

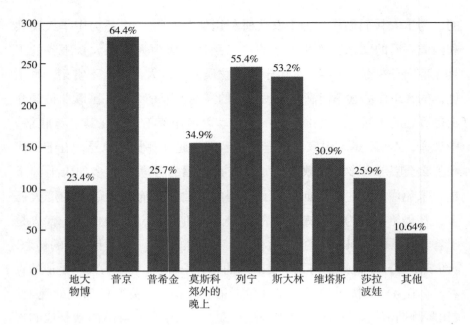

图 5 - 1　谈到俄罗斯您最先想到的是什么？（可多选）

一部活生生的接受史"，① 在中华人民共和国成立后 70 年的歌曲翻译历史中，有两本翻译歌集是所有翻译歌集中影响最大、传唱歌曲最多、传播最久远、接受度最强的翻译作品，那就是音乐出版社分别于五十年代末和六十年代初出版的《外国名歌 200 首》和《外国名歌 200 首续编》。两本歌集共刊载翻译歌曲 450 多首，来自俄苏、法国、乌克兰、波兰、捷克、朝鲜、美国、加拿大、古巴、墨西哥、南非、意大利、苏格兰、瑞士、德国、丹麦、西班牙等多个国家。两本歌集刚出版不久就增印 4 次，"累计印刷达到几十万册，当时的音乐爱好者几乎人手一册"，② 后来又被多次印刷和再版。歌集中的多首歌曲成为国民文艺生活中演唱、表演的曲目。在城市、公社、工厂、农村的各种文艺演出上，这些翻译歌曲也屡屡被歌手和艺术家们演唱。

---

① 汪堂家：《可以性、不可以性与思维模式的转换》，《辞海新知》2001 年第 7 辑。
② 薛范：《歌曲翻译探索与实践》，湖北教育出版社 2002 年版，第 205 页。

2016 年 3 月 26 日，成蹊当代艺术中心在北京望京六百本北区一层 A07 厅举办了《70 年代——关于青春记忆》图片展，其中一位名叫于彪的知青回忆了他与《外国名歌 200 首》的故事。他说道，"白天高强度的体力劳动、晚上的斗私批修的生活实在是枯燥乏味，文娱节目除了样板戏没别的，于是我们便悄悄地唱起了《200 首》①，我那残破不全的《200 首》又发挥了作用"。② 可见，既是在"文化大革命"期间，政府对群众的文艺生活严格把控之际，知青们仍然把演唱外国名歌当作他们私下的文艺活动，这些外国歌曲成了他们在农村工作的精神寄托，陪伴他们度过了最宝贵的青春时光。后来，随着政治束缚不断松绑，演唱外国歌曲已经成为一个公开的秘密。特别是 1972 年后，随着中美建立了关系，美国等国的翻译歌曲又成了广大群众业余生活的一部分。根据知青于彪回忆，尼克松访华后，很多美国歌曲很快在群众中就风靡起来，丰富了大家的歌曲库，如《骊歌》《苏珊娜》《老人河》《乔·黑尔》《今晚露营》《尼尔和我》《深深的河》《马车从天上下来》《我的肯塔基故乡》《把我带回维基尼故乡》《梅姬，当你和我年轻的时候》等美国歌曲成了文艺汇演的常见曲目。

众所周知，每一代歌众都只是在其青春期才具有歌曲习得的强烈愿望，随着年龄的增长，这种欲望会逐渐降低，于是一代人就有了一代人的歌，即"歌曲代沟"现象。《外国名歌 200 首》同样成为了一代人的青春，成了他们人生的一部分。由于"歌曲容易成为一个时代的集体记忆"，"成为一个时代的集体'怀旧'"，③ 因此，既使到了 21 世纪，50—70 年代的翻译歌曲仍然是不少老年歌众文艺生活的一部分。如 2001 年 1 月 25 日晚，中央歌剧院在国家图书馆音乐厅上演了《古典与时尚——外国名歌 200 首音乐会》，音乐会异常火爆，一票难

---

① 指《外国民歌 200 首》及其续集。
② 参见微信公众号"成蹊当代艺术中心"2016 年 4 月 4 日推文：《〈70 年代〉于彪：情系"外国名歌 200 首"》。
③ 陆正兰：《歌词学》，中国社会科学出版社 2007 年版，第 276 页。

求，上演了多首经典的翻译歌曲，如《莫斯科郊外的晚上》《红莓花儿开》《海港之夜》《神圣的战争》《伏尔加船夫曲》《三套车》《在路旁》《黑龙江的波涛》《不要责备我吧妈妈》《哎哟妈妈》《西波涅》《负心人》《重归苏莲托》《爱情圆舞曲》《故乡》《索尔维格之歌》《五彩缤纷》《乔治参军去》《苏丽珂》《老黑奴》《饮酒歌》《马丽诺之歌》《我的太阳》《今晚露营》《桑塔露齐亚》《铃儿响叮当》《乘着歌声的翅膀》等。此外，由于《外国民歌200首》在国内的巨大影响，在2009年9月举办的"新中国60年中国最具影响力的600本书"评选活动中，该书入选并排在音乐戏剧类书籍第二名，成为了时代的经典。

到了80年代，由于时代的发展，歌众审美的变化，歌曲翻译方式逐渐从译配转向拟译或填词的方式，大批日本歌曲和欧美歌曲又走进了新一代歌众的生活，成为他们文艺活动的主角。可见，同原作一样，歌曲翻译作品也是艺术品，可以当作一种特殊的翻译文学来看待。多数时候，原作并不能直接对译语歌众产生影响，这种影响恰恰是借助翻译所产生的，翻译赋予了原作的第二次生命。从这个意义上来看，表面上歌曲翻译作品是丰富了译语歌众的文艺生活，实则也在推动我国群众文化的建设与发展，在丰富他们精神生活的同时，塑造一种与译语文化融合的新文化。

三　促进中外文化交流

人类文明的进程，就是各种文化不断交流、融合的过程。翻译在这种交流中扮演着重要的角色，它是跨文化交流的桥梁。回顾中外文化交流史，文学翻译在中外文化互鉴、互融中作用非同小可。歌曲，作为一种特殊的文学形式，在文化建构中同样发挥特殊的作用。因为"歌曲集文学与音乐于一身，既有诗歌所承载的文化内涵，又有音乐所承载的文化内涵"，[①] 更容易被传播，也更容易被接受。纵观我国70

---

① 胡凤华：《歌曲译配——中俄文化交流的特殊桥梁》，《中国俄语教学》2006年第4期。

年歌曲翻译史，译入的外国歌曲不下数千首，译出的中国歌曲也有数百首之多，这些歌曲宣传知识、传播思想、丰富译语文化，在文化传承中发挥了重要作用。

在论及翻译文学的作用时，以色列学者埃文－佐哈尔（Even-Zohar）曾指出，当某一国文学处于"年轻"阶段、边缘阶段、弱势阶段或是"文学真空"阶段时，那么这种文学就需要依赖翻译文学在思想和形式上推陈出新，需要来自源语系统的新鲜血液。① 这种情况在我国中华人民共和国成立之初尤为常见，由于国家经济、文化建设刚刚起步，文艺作品的创作存在较大的"真空"地带，于是来自外国"强势"的文艺作品就自然而然流入国内，受到追捧。在当时的政治方针左右下，苏联歌曲成了外国文化输入的一股强劲力量，据上海市档案馆《上海市文化局 1950 年上海市各大报纸发表歌曲成分比例表》② 显示，仅 1950 年一年时间，在各大报纸发表的苏联歌曲就占所有类别歌曲的 2.6%，演唱苏联歌曲已然成为当时文艺青年的一种时尚，苏联歌曲就是多数中国人认识苏联的窗口。"他们歌颂劳动、祖国、青春、爱情、生活、友谊、忠贞、原则性、奋斗精神，歌颂祖国、革命、红旗、领袖、苏维埃、国际主义……"③ 这些思想与精神极大地鼓舞了我国人民建设祖国的热情，"苏联的今天就是我们的明天"成了中国人的奋斗目标。

自 50 年代始，中苏两国还成立了多个艺术团进行了互访演出，如1951 年苏联红旗歌舞团就几次访华演出，演出时中苏歌手经常用中俄

---

① Even-Zohar, Itamar, "The Position of Translated Literature Within the Literary Polysystem", in Lawrence Venuti, eds., *The Translation Studies Reader*, London and New York: Routledge, 2000, pp. 192 – 197.

② 该比例表统计的时间区间为 1950 年 1 月 1 日至 1950 年 12 月 20 日，歌曲类别为一般类、歌颂解放军歌曲、工人歌曲、学生及青年歌曲、农村歌曲、歌颂新中国歌曲、纪念节日歌曲、和平运动歌曲、国际主义歌曲、新年歌曲、胜利折实公债歌曲、反轰炸歌曲、生产救灾歌曲、抗美援朝歌曲、土改歌曲、苏联歌曲、其他类歌曲，参见郭佳蕾《新中国成立初期红色歌曲在上海的推广与马克思主义大众化（1949—1956）》，硕士学位论文，华东师范大学，2019 年，第 38 页。

③ 王蒙：《苏联祭》，作家出版社 2006 年版，第 178 页。

双语共同演出《喀秋莎》《红莓花儿开》《莫斯科郊外的晚上》《灯光》《快乐的人们》《祖国进行曲》等歌曲。同时，中国代表团也多次访苏演出，《渔光曲》《翻身道情》《茉莉花》《中国人民解放军进行曲》等中国歌曲也走进了西方世界。这种通过音乐的互动，不但促进两国人民相互理解、相互交融，也在一定程度上拓展了彼此的民族文化空间，丰富了彼此的文化内涵。在这些翻译歌曲中，有两首歌曲的影响最大。一首是《喀秋莎》，这首歌曲将爱情与战争联系在一起，将美好的歌声与正义的精神相融，将姑娘的情爱与战士的英勇并存，体现了不同寻常的文化价值。作家王蒙在回忆《喀秋莎》时说道："这是春光一样的激情和梦想，人群和运动，独立和自由，它集中体现在喀秋莎的名字和音乐上。"① 时至今日，在中国东北三省仍然能看到以"喀秋莎"名字命名的餐馆、剧院、电影院、博物馆，"喀秋莎"已成为中俄文化交流的象征。另一首歌曲是《红莓花儿开》。如前文所述，"红莓花"本是译者杜撰的一种植物，世上本不存在这种花儿，但是这种"虚构之花"却成了不少中国人心中的"理想之花"，传递了女性情感解放、婚姻自由的思想，代表纯真、自由、理想和追求。在中俄建交60年之际，中国电视剧制作中心和中国教育电视台联合拍摄了一部30集电视剧，就以"红莓花儿开"命名，作为中俄建交60周年的献礼剧。中俄建交70周年时，山东画报出版社又以"红莓花儿开"命名，出版了《红莓花儿开——相簿里的家国情缘》。该书由"难忘的1949年""国际家庭""儿童时代的俄罗斯氛围""在北京上苏联学校""我是中国人""妈妈的抉择""我的教学生涯""翻译是桥梁""木樨地'俄罗斯之家'""俄语是我们家的传家宝"等19个部分组成，讲述了中俄家庭几代人的故事和追溯了他们的记忆，再现了中俄文化交流的历史脉络。2019年，在徐峥导演的除夕贺岁电影《囧妈》中，《红莓花儿开》依然出现在屏幕中。囧妈在影片中所唱的

---

① 王蒙：《苏联祭》，作家出版社2006年版，第219页。

歌词虽然修改为"青春不复返，时光不再来，愿你还能记得此刻，红莓花儿开"，但却仍然表达了她对自己爱情的追求与执着，爱情像红莓，红得炽热，需要呵护和保鲜。

50—60 年代的歌曲翻译以俄苏歌曲为主，老一辈歌曲翻译家为中俄文化交流作出了巨大的贡献。薛范作为俄语歌曲译介的代表，是歌曲翻译家中杰出的中外文化的使者。为了表达对薛范先生贡献的认可，1995 年俄罗斯联邦政府授予他"荣誉证书"，1997 年俄罗斯联邦前总统叶利钦亲自授予他象征最高国家荣誉的"友谊勋章"，1999 年中俄两国政府又分别授予薛范"中俄/俄中友谊奖章"，2005 年中国翻译协会授予他"资深翻译家"荣誉，2019 年薛范入选"中俄互评人文交流领域十大杰出人物"。由此可见，歌曲翻译在中外文化交流中的贡献与价值。

翻译作品的传播过程，本身就是文化弥散的过程，这种弥散不但可以对我国的民众精神起到某种补益作用，还可以在一定程度上改变民众的日常生活形式，形成一种新的文化习俗。如前文提及的《生日歌》被称为"世界最流行的歌"，1973 年，我国著名音乐家、作曲家潘振声与徐华英将其译配成中文版本，从此《生日歌》开启了在中国的旅行。据有关资料显示，① 中国人过生日的习俗兴起于魏晋，唐宋以后形成一种广泛的习俗。大致的习俗为吃水煮鸡蛋，剥去鸡蛋壳代表脱胎换骨，意为重新开始。70 年代末，《生日歌》传入中国后，中国人的生日礼逐渐融合了西方元素。"点蜡烛—唱《生日歌》—许愿—吹蜡烛—吃生日蛋糕"成了新的生日礼的基本流程。当然，大多数人还保留了吃完蛋糕后吃长寿面的习俗。可见，这是一种通过翻译进行的文化互动与融合。因为，"翻译，尤其是文学翻译的结果不仅仅是介绍或引进一种外来文化，而且还在这一过程中通过糅合各种不同的思想和文化，将源语文化加工、归化、融入到译入语文化中，使后者

---

① 在《仪礼》《礼记》《周礼》上均无生日礼的相关记载，魏晋后，《颜氏家训·风操篇》中出现生日礼的说法。

在发展过程中逐渐形成自己独特的文化、思想和意识形态体系"①。

90 年代后，在"网络音乐"的引领下，中国歌曲迎来了对外输出的良好契机，瑞典歌后索菲娅·格林（Sofia Kallgren）用英文翻唱了《月亮代表我的心》《康定情歌》《阿里山的姑娘》等多首中国歌曲并在各大网络音乐平台传播；新西兰歌手罗艺恒（Laurence Larson）翻唱了《青花瓷》《菊花台》等歌曲在 YouTube 等视频平台传播；2019 年 5 月在北京召开的亚洲文明对话大会上，大会主题音乐短片《声声慢·致文明》被译配成 6 种外语在国外传唱等等，越来越多的中国歌曲被译介出去，用歌曲传播中国声音成为了助推文化"走出去"的重要手段。综上，歌曲翻译，作为文学翻译的一部分，对促进世界多元文化交流的繁荣，对推进世界文明进程做出了不可替代的贡献。可以毫不夸张地说，没有歌曲翻译，就没有今天灿烂的中国音乐文化，就不会有魅力无穷的中国文化。

四　增进国家外交关系

在国与国的外交关系中，体育运动常以暖场的方式介入外交。如 1971 年中美的"乒乓外交"、1987 年印巴的"板球外交"、1998 年美伊的"足球外交"等。音乐是一种最易沟通情感，增进理解与认同，征服人心的"国际语言"，也常被用来当作外交的一种手段，即"音乐外交"（Music Diplomacy）。曾琳智首次对"音乐外交"给出定义：

> 音乐外交是以音乐为纽带的外交形式。它是以国家政府为主导，非政府组织和民众参与的，通过乐器的演奏、人声的歌唱、音乐文化产品等途径，直接而广泛地接触外国政府或公众，向他国传播本国的政体、价值观、文化特性等，从而有效地增强本国的文化吸引力和政治影响力，改善国际舆论环境，维护国家利益，

---

① 韦照周：《狄更斯在中国：译介、影响、经典化》，博士学位论文，武汉大学，2017 年，第 85 页。

分享不同文明的一种外交形式。①

从以上定义可知，音乐外交不是简单地给他国民众演奏音乐或演唱歌曲，丰富他们的娱乐生活，而是通过向异域受众传递本国音乐的方式，向他们传播本国政体、价值观、文化特征，分享不同的文明，达到彼此沟通的目的。既然音乐外交包括人声演唱，那么这个过程就离不开歌曲翻译的帮助（可能是歌曲译配也可能是歌词翻译）。只有借助翻译，异域的受众才能真正理解歌曲的词义与文化内涵，达到分享与认同的目的。如在中华人民共和国成立前，《义勇军进行曲》就在 1940 年被社会活动家刘良模译配成英文，后来被黑人歌唱家保罗·罗伯逊在美国、英国多个群众大会和国际重大场合演唱。这首歌曲真实地向西方世界传播了中国人民的抗日决心与顽强不屈、视死如归的精神，也得到了包括美国在内的国家的认同与支持。在反法西斯战争胜利之日，美国国务院强烈建议将《义勇军进行曲》作为代表中国的歌曲进行演奏。

歌曲可以以柔和、舒适、婉转的形式传递不同的文化，在文化差异中寻求共同点，用声音沟通情感，最终获得异域受众的认同，增进彼此的感情。众所周知，中俄关系是我国中华人民共和国成立以来极为重要的双边关系，两国建交 70 年来，虽然中间出现过隔阂与冲突，但是整体朝良好关系发展。在 70 年的文化交流中，音乐在增进中俄了解，加强政治互信中扮演了重要的角色。中华人民共和国成立不久，上海万叶书店就于 1951 年出版了《论苏联群众歌曲》一书，该书由聂斯契也夫所著，安寿颐翻译，首次对俄苏群众歌曲进行了介绍。随后多家出版社又出版了柴可夫斯基的《我的音乐生活》、肖斯塔科维奇的《苏联音乐论文集》、斯波索宾的《音乐基本理论》等，在 1951—1960 年短短 9 年时间，我国就翻译出版了 100 多部音乐理论书籍。与此

① 曾琳智：《音乐在公共外交中的运用研究》，博士学位论文，上海外国语大学，2013 年，第 114 页。

同时，苏联派出了多个艺术团体来华演出，如1953年苏联红旗歌曲团一行250人来华演出，1955年小白桦歌舞团一行55人来华演出，1959年大剧院芭蕾舞团一行190人来华演出等。这些演出中，歌手们用俄文、中文及中俄文合唱的方式演唱了大量深受中俄人民喜欢的俄苏歌曲，如《共青团员之歌》《祖国进行曲》《山楂树》《红莓花儿开》《灯光》《海港之夜》等，掀起了"向苏联音乐学习的热潮"。这些音乐交流活动，在1950年后主要是以政府参与的、有组织、有计划的外交活动。苏联政府对参与音乐交流的人员都进行了严格的考察，包括考察其本人业务能力、演出经验和家庭成员、亲属的政治背景等。① 中苏之间的这种交流，实际上就是音乐外交，这种外交覆盖人数广，影响力度深。特别是"中苏友好协会"成立后，多个艺术团、演讲会、友好团来华演讲、演出。据统计，仅在中苏友好协会一个系统，1949—1954年近5年间参与听众就达4300万人次。②

提到音乐外交，不得不提及一首颇具代表性的歌曲《莫斯科——北京》，这首歌曲是由俄罗斯诗人米·维尔什宁（M. Вершинина）作词、瓦·穆拉杰里（В. Мурадели）作曲，中文版由朱子奇译词、周巍峙配歌。歌曲创作于1950年，主题是为了纪念1949年12月毛泽东到莫斯科与斯大林的历史性的会晤。标题《Москва-Пекин》（《莫斯科——北京》）象征着两国民族团结与友好，表达了中苏两国兄弟般的感情。后来，由于中俄关系的变化，大部分翻译过来的俄苏歌曲被禁止公开演唱，杂志、报纸、唱片都不再译介俄苏歌曲。但人民群众私下却仍然偷偷传唱五六十年代译介进来的俄苏歌曲。到了80年代，中俄关系开始回暖，在两国政府还没有公开回归关系正常化时，两国民众却逐渐公开唱起了《莫斯科——北京》，进一步助推了两国关系回暖。可见，尽管中俄关系经历了各种风云变化，但这些俄苏歌曲却始终将两

① 曾琳智：《音乐在公共外交中的运用研究》，博士学位论文，上海外国语大学，2013年，第80页。

② 文记东：《1949—1966年的中苏文化交流》，黑龙江大学出版社2011年版，第85页。

国人民紧密相连，就如列宁曾经所言，"一个有觉悟的工人，不管他来到哪个国家，不管命运把他抛到哪里，不管他怎样感到自己是异邦人，言语不通，举目无亲，远离祖国，他都可以凭《国际歌》的熟悉的曲调，给自己找到同志和朋友。"① 同样，尽管中俄双方关系中断多年，但只要大家唱起"同一首歌"，中俄人民就能想起曾经并肩作战的历史和难忘的友情。

曾琳智博士认为，音乐在外交关系中具有"政治先锋"的作用，它可以用来试探敌意、释放善意、软化矛盾，可以传递其他政治语言无法传递的信息。② 诚然，歌曲具有诗意与乐感，具有双重美学价值，它更容易让听众产生情感的共鸣，具有"政治暖场"的功效。下面这些历史事件或许可以印证一二。

2001 年，国务院副总理李岚清率领中国政府代表团到访莫斯科，出席国际奥委会第 112 次全体会议，向全会就北京申办奥运作报告。为确保申奥万无一失，李岚清提前拜访了莫斯科市长卢日科夫（Юрий Лужков），希望得到他的支持。由于卢日科夫对音乐情有独钟，李岚清③在会面时故意演唱了一首《莫斯科郊外的晚上》，歌声瞬间拉近了两位领导人的距离，友情和支持之意尽在不言中，一切在歌声中得到升华。④

《阿里郎》是朝鲜的一首代表性歌曲，50 年代由崔东均译配成汉语版，在中朝领导人的多次会晤中，《阿里郎》都是一个必唱节目。直至 2009 年中朝建交 60 年，温家宝总理和金正日还在演出中共同观看了节目《阿里郎》。此外，在中朝领导人的会晤中，由袁水拍和孙良译配的《金日成将军之歌》也常登上历史舞台。如 2001 年，金正日在上海观看演出时，上海的演员们就演唱了《金日成将军之歌》。

① 列宁：《欧仁·鲍狄埃》，《列宁选集》（第二卷），人民出版社 1972 年版，第 434 页。
② 曾琳智：《音乐在美国公共外交中的角色》，《外交评论》2013 年第 3 期。
③ 李岚清本人喜爱音乐，对音乐造诣颇深，著有《李岚清音乐笔谈——欧洲经典音乐部分》《音乐·艺术·人生》《李岚清中国近现代音乐笔谈》等，2012 年外研社翻译出版了李岚清介绍中国音乐的著作 *Biographies and Notes：Chinese Music 20th Century and Beyond.*
④ 参见《音乐外交助力北京申奥成功》，《北方音乐》2005 年第 5 期。

2010 年在朝鲜功勋合唱团来华演出中，他们首次演唱了《没有共产党就没有新中国》的朝鲜语版本。

2006 年 11 月，在"中国文联第八次全国代表大会"和"中国作协第七次全国代表大会"的联欢会上，时任总书记胡锦涛演唱了《莫斯科郊外的晚上》，表达了对中俄关系情深意浓的美好祝愿，将晚会推向了高潮。

美国歌曲《美丽的亚美利加》（*America the Beautiful*）曾被邓映易译配成汉语，《草堆里的火鸡》（*Turkey in the Straw*）曾被章珍芳译配成汉语在国内传唱。1972 年，美国总统尼克松访华，周恩来亲自挑选了这两首歌曲安排在人民大会堂宴会厅演奏。因为尼克松就职时他自己亲自挑选的也是这两首歌曲，在北京又听到这两首熟悉的歌曲，一下拉近了两位领导人的距离。1979 年，邓小平访美，美方在邓小平观看的文艺晚会中，安排了 200 名美国小孩用中文演唱《我爱北京天安门》，邓小平及其夫人卓琳听后非常感动。

音乐介入外交场合，助推外交关系的例子举不胜举。在这些场合中，有时演员们演唱的是源语歌词，有时演唱的是译配歌词，也有由中外两国歌手各自用母语合作演唱。总之，不管歌曲最终呈现的方式是怎样的，翻译总是异域歌手和歌众了解歌曲意义最重要的手段。随着中国在国际事务中的影响力不断加大，与各国保持和平发展的外交关系尤为重要，因此，加强歌曲翻译，分享中华文明，发挥音乐在中外交流中的潜能意义重大。

第二节　对中国音乐的价值

一　促使音乐多元发展

在中国近代音乐史上，西方音乐对我国音乐的影响始于 20 世纪初的"学堂乐歌"。一批音乐先驱们在来自日本、欧洲、美国等国流行歌曲的曲调上填上中文歌词，并在各大学堂教唱。这种做法为中国音乐输入了新鲜的血液，开创了"新音乐"之先河。同时，"学堂乐歌"还使得西洋简谱在我国得到接受与推广，是我国近代歌曲译配发展的源头，对后来我国的大规模歌曲译配活动产生了深刻的影响。

中华人民共和国成立后，我国对外国歌曲的译介经历了"译配、填词、翻唱"的几个阶段，使得我国音乐在不断吸收外来音乐营养的基础上，不断融合与创新，得到了多元化的发展，具体表现在以下几个方面。

(一) 引进了西洋歌唱方法

由于大量翻译歌曲在我国的传唱，"洋"与"土"的歌唱风格在我国音乐界发生了碰撞、融合与发展。50 年代，我国翻译的歌曲以俄苏歌曲为主，因此"俄罗斯"式的美声唱法对我国歌曲唱法产生了较强的影响。80 年代后，我国对外国歌曲的引进逐渐采取填词式变译与源语翻唱的形式，大量欧美歌曲随之进入国内，欧洲式唱法（特别是"意大利"式美声唱法）在我国得到了大规模推广，催生了一批中文美声演唱歌曲的创作，如《我像雪花天上来》《又见西柏坡》《松花江上》《我爱你中国》等。此外，随着 80 年代后日本翻译歌曲与填词歌曲的引进，流行唱法在我国受到追捧，特别是随着"卡拉 OK"的普及，"人人当歌星"似乎变得触手可及，歌众对歌星的模仿行为进一步助推了流行唱法在我国走向了大众化。

(二) 丰富了我国群众歌曲的创作

"'群众歌曲'是指那些歌词言简、旋律铿锵，具有一定召唤力，且适应群体演唱的歌曲。"[1] 群众歌曲由俄文"Массовая песня"直译而来，最初主要是革命歌曲。50 年代我国译配了大量俄苏群众歌曲，如《友谊之歌》《莫斯科——北京》《共青团员之歌》《祖国进行曲》《神圣的战争》《苏维埃青年进行曲》《喀秋莎大炮》《海港之夜》等，

---

[1]　陶世群:《让我们踏着歌声前进 人民呼唤"群众歌曲"》,《音乐爱好者》2006 年第 10 期。

这些歌曲在杂志、报纸、广播中得到宣传，被我国人民广为传唱，在一定程度上推动了我国群众歌曲的创作，如《歌唱祖国》《我们走在大路上》《中国，中国，鲜红的太阳永不落》等歌曲中或多或少有"俄苏味"的影子。

（三）改变群众音乐审美观

每个民族对自身的音乐有着独特的审美方式，随着外国音乐传入我国，势必使人们从单一的音乐审美转变为多元的审美观。如在中华人民共和国成立初期，我国的歌曲主要以简单的标语、口号式表达方式为主，描写的多为群体的劳动、生活和情感，如《没有共产党就没有新中国》《三大纪律八项注意》《社会主义好》等。但外国歌曲多从个体出发，以普通人为歌曲主人公，通过对个人爱情、亲情、事迹的细腻描写来触动听众，产生情感共鸣，从而展现群体的崇高与伟大，如俄苏歌曲《小路》《喀秋莎》，加拿大歌曲《红河谷》，朝鲜歌曲《阿里郎》，美国歌曲《梅姬，当你和我年轻的时候》，印尼歌曲《哎哟妈妈》等。这些翻译歌曲的传唱不但改变了我国群众的音乐价值观念，也从一定程度上促进我国音乐多元发展，甚至给中国歌曲创作提供源泉。如国家一级作曲家沈传新在谈到《外国民歌200首》的影响时就曾说到，外国民歌旋律的走法、和声的规律、音乐形象的塑造等开阔了他创作的视野。他还说道，他创作的大提琴协奏曲《寻梦土山湾》虽是地地道道的上海民歌，但其旋法结构就是受到了《外国民歌200首》中外国歌曲旋律的影响。[1] 京剧学者、剧作家翁思再也说道，他在为新编历史京剧《大唐贵妃》创作主题曲《梨花颂》时，也深受外国翻译歌曲的影响。[2]

（四）助推我国流行音乐的发展

"流行音乐"发源于美国，是 Popular Music 的直译。1920 年代流

---

[1] 参见上海纪实频道节目《上海故事：难忘的外国名歌 200 首》（下），https://v.qq.com/x/page/w300001o0qn.html，2020 年 6 月 8 日。

[2] 参见上海纪实频道节目《上海故事：难忘的外国名歌 200 首》（下），https://v.qq.com/x/page/w300001o0qn.html，2020 年 6 月 8 日。

入我国上海，中华人民共和国成立后流行音乐在我国港台地区发展较快，成为该地区音乐的主体。流行音乐在我国大陆大范围的流传是在1980年代后，随着我国对日本、美国流行歌曲的译介与引进，流行歌曲迅速风靡全国。如日本歌曲《漫步人生路》《又见炊烟》《山茶花》，美国歌曲《昨日重现》《我心永恒》等成为脍炙人口的外国流行歌曲，流传至今。外国流行歌曲的介入促使我国流行歌曲得到发展，中国传统音乐风格也因此有了很大的突破。

二　启迪中文歌曲创作

许钧在讨论翻译的价值时说道，"翻译的创造性寓于翻译活动本身，又体现在翻译活动的整个过程之中。而翻译打开的新世界，更是为人们进行新的创造起到间接但却广泛的作用"。[①] 不同的国家有着不同的思想观念、语言习惯、文化习俗，翻译跨越两种文化，将源语语境中的"异质"元素导入译语语境，启迪译语受众的创作，激活译语文化因子。在新文化运动中，文学翻译盛行，鲁迅、瞿秋白、矛盾、巴金等都提倡通过翻译文学吸取国外新思想、新观念，以丰富我国文学创作。中华人民共和国成立后，大量的苏俄文学作品译介到国内，对我国文学的创新与发展产生了巨大的影响。

歌曲翻译形式也是一种文学翻译形式，翻译歌曲在国内的流传不但导入了外国音乐的新思想，也同样可以为我国音乐的创作带来新活力，催生新思路。如我国老一辈音乐家黄自、冼星海、黄晓等就曾深受俄苏音乐的影响，他们的作品或多或少带有一点"俄苏味道"。前文提及，法国的《马赛曲》1913年就被译介到我国，《国际歌》也于1920年译介到国内。随后，这两首歌曲的汉语版在国内广为传唱，对我国音乐家们的音乐创作产生了巨大的影响。如，不少资料证明，《义勇军进行曲》的创作就曾吸收了《马赛曲》和《国际歌》的营养。

---

① 　许钧:《翻译论》，译林出版社2014年版，第273页。

《义勇军进行曲》创作于 1935 年，此时，《马赛曲》和《国际歌》已在我国传唱多年，成了"世界无产阶级的代表歌曲"。何恒幸教授在对《义勇军进行曲》同《马赛曲》和《国际歌》的节拍、曲式、句型、语篇结构和进行体特点等进行对比后，认为"无论是从国内外进行曲（体）的词曲特点，还是从其词曲作品的横向或纵向分析，《义勇军进行曲》均不是一种完全新型的进行体，而是对当时已有进行体（包括自己的和借鉴的进行体）的一种改进"。① 崎松先生在对以上三首歌曲进行对比后，也认为"聂耳创作的《义勇军进行曲》具有十分鲜明的民族特色，又吸收了《马赛曲》和《国际歌》的一些有益的创作手法，因而使它成为了全世界反法西斯的战歌。这三首歌虽然创作的时代不同、地域不同、民族不同，但它们创作的特殊背景、流传的特殊历史及在世界上的特殊影响，却有着不少惊人的相似之处"。② 除了《义勇军进行曲》，中华人民共和国成立前还有一些歌曲的创作也受到了外国歌曲的影响。如《少年先锋队歌》③ 就有苏联歌曲《青年近卫军》的痕迹，甚至很像翻译版本；1935 年为庆祝红军三大主力会师而作的《会师歌》，就是苏联二战经典军歌《布琼尼骑兵进行曲》的翻版；中国工农红军歌曲《霹雳啪》就是根据苏联歌曲《乘风破浪》改编而成等。

　　中华人民共和国成立以后，又有大批俄苏歌曲被译介进来，对我国音乐家们的创作产生间接或直接的影响。其中最有代表性的就是王莘 1950 年创作的经典歌曲《歌唱祖国》。《歌唱祖国》的创作直接受到苏联歌曲《祖国进行曲》（《Песня о Родине》）的影响。《祖国进行

---

① 何恒幸：《〈义勇军进行曲〉不是一种完全新型的进行体》，《濮阳职业技术学院学报》2016 年第 2 期。

② 崎松：《从〈马赛曲〉〈国际歌〉到〈义勇军进行曲〉》，《云岭歌声》2005 年第 2 期。

③ 这里指 1920 年间流传于湘鄂赣苏区的《少年先锋队歌》，前两句歌词为："走上前去啊！曙光在前，同志们奋斗/用我们的刺刀和枪炮，开自己的路"。中华人民共和国成立后，又产生了两首少先队队歌。一首是 1950 年 4 月由郭沫若作词、马思聪作曲的《中国少年儿童队歌》，另一首是 1978 年 10 月 27 日，由周郁辉作词、寄明作曲的《我们是共产主义事业接班人》，现在的中国少年先锋队队歌就是这一首。

曲》是 1936 年苏联音乐故事片《大马戏团》的插曲，由列别杰夫 –
库马契（В. Лебедев-Кумач）作词、杜那耶夫斯基（Исаак Осипович
Дунаевский）作曲，中文版本由姜春芳译词、吕骥配歌。《祖国进行
曲》以广阔的视野、宏伟的语言表达了苏联人民对祖国的热爱，这首
歌曲曾被苏联人民当作苏联的"第二国歌"，是 50 年代在我国流传较
广的一首歌曲。对于《歌唱祖国》的创作，音乐学者梁茂春曾指出，
王莘的《歌唱祖国》在继承我国群众歌曲传统的基础上，大胆吸收了
世界革命歌曲尤其是苏联革命歌曲的新因素。① 通过对两首歌曲的对
比发现，《歌唱祖国》在歌词内容上参考了《祖国进行曲》的内容，
两者的风格接近，都以进行曲的形式对祖国大好河山进行了歌颂；两
首歌的整体布局基本一致，都将副歌提前，主歌后再重复副歌，都由
三段歌词组成，每段均含三个部分。② 可以说，在某种意义上《歌唱
祖国》是《祖国进行曲》的翻版，也是《祖国进行曲》生命的延伸。
今天，极少有人在国内演唱《祖国进行曲》，但是《歌唱祖国》却早
已成为中国各种重大活动、庆典、会议上的礼仪曲、开幕曲和结束曲。
时至今日，它仍是中国人民的一首久唱不衰的"金曲"。由于该歌曲
的影响力巨大，早在 1960 年，《歌唱祖国》就被苏联歌曲翻译家鲍罗金
（Бородин）译配成了俄文版《Песня о Родине》③，在俄语世界传唱。
笔者也曾将其译配成英文版 *Ode to My Homeland*④，被美国歌手卡莉·
贝丝（Carly Beth）演唱，在 YouTube、抖音、B 站传播。俄苏歌曲对
中文歌曲的创作影响之深、力度之大，对中国音乐界学者来说体会可
能更深。如上海音乐学院陶辛教授曾在 2020 年 8 月 17 日上海图书馆
主办的"从《莫斯科郊外的晚上》归来——《薛范 60 年音乐文论选》
分享会"上指出：俄苏歌曲对我国歌曲创作影响深远，《让我们荡起

① 梁茂春：《中国当代音乐（1949—1989）》，北京广播学院出版社 1993 年版，第 4 页。
② 刘莹：《俄苏群众歌曲在中国的传播研究》，硕士学位论文，哈尔滨师范大学，2010 年，
第 33 页。
③ 林蔡冰：《俄汉对照世界名歌选》，商务印书馆 1960 年版，第 1 页。
④ 视频参见 http：//v.qq.com/vplus/2d596c8220d9fd9bdef1e7c7ee68744c，2020 年 7 月 1 日。

双桨》的音乐风格就有俄苏音乐的影子，李健的《贝加尔湖畔》也带有俄罗斯风格的民谣曲风。

外国翻译歌曲对我国音乐创作的影响，不仅仅停留在对音乐家们的影响上，翻译歌曲在我国的传唱也会潜移默化、耳濡目染地影响歌众的创作，这种创作可能是音乐上的，也可能是文学创作上的。如20世纪五六十年代我国流行起"知青歌曲"，即"以知识青年上山下乡为题材，反映知青的生产劳动和生活以及他们思想感情与精神面貌的歌曲"[①]。这些知青歌曲中就有不少歌曲的创作深受外国翻译歌曲的影响，有些知青歌曲甚至是直接在原外国歌曲的译词上改词、借词，或直接用原歌曲调填词而成。如抒发知青们对亲人的别离之情的歌曲《再见，妈妈》，就是在苏联歌曲《青年团员之歌》上改编而成[②]；表达对母亲与爱人思念之情的歌曲《上山下乡知识青年之歌》，就是在《海港之夜》上修改而成[③]。有些知青歌曲则是直接在一些脍炙人口的翻译歌曲上摹仿填词，如《等着窝头凉》的歌词摹仿了《红莓花儿开》的歌词[④]；知青地下歌曲《偷鸡谣》摹仿了《莫斯科郊外的晚上》的歌词[⑤]，等等。这些知青歌曲有些属于"主流歌曲"，有些是私

---

① 张娟：《知青歌曲的概念厘定及其历史分期》，《人民音乐》2018 年第 8 期。

② 如《再见，妈妈》中的"雪太大/妈妈回去吧/别为儿子担心啦/棉衣很暖和/钱都揣好啦/妈妈您就放心吧"改自《青年团员之歌》中的"我们再见了/亲爱的妈妈/请你吻别你的儿子吧/再见吧妈妈/别难过别悲伤/祝福我们一路平安吧"。参见张娟《知青歌曲中的俄苏风格》，《星海音乐学院学报》2019 年第 1 期。

③ 《上山下乡知识青年之歌》中的"再见了/慈祥的妈妈/今天我就要离开家乡/雪花纷飞的沈阳北站/妈妈的眼泪在飞雪中流淌"改自《海港之夜》中的"再见吧/可爱的城市/明天将航行在海上/明天黎明时/亲人的蓝头巾将在船尾飘扬"。参见张娟《知青歌曲中的俄苏风格》，《星海音乐学院学报》2019 年第 1 期。

④ 摹仿歌词为："红莓花儿开在我家锅台上/锅台上的馒头又大又香/想吃那馒头就是有点烫/坐在那锅台上等着馒头凉。"参见张娟《知青歌曲中的俄苏风格》，《星海音乐学院学报》2019 年第 1 期。

⑤ 摹仿歌词为："深夜村子里四处静悄悄/只有蚊子在嗡嗡叫/走在小路上心里嘭嘭跳/在这紧张的晚上//偷偷溜到队长的鸡窝旁/队长睡觉鼾声呼呼响/鸡婆不要叫快点举手抱/在这迷人的晚上//醒来的队长你要多原谅/知青的肚皮实在饿得慌/我想吃鸡肉我想喝鸡汤/年轻人需要营养//从小没拿过别人一颗糖/拣到钱包都要交校长/如今做了贼心里好悲伤/怎么去见我的爹和娘。"参见王力坚《文革中的知青地下歌曲》，http：//www.aisixiang.com/data/51942.html，2020 年 7 月 1 日。

下传唱的"非主流歌曲",但是不管是"主流"还是"非主流"的歌曲,外国翻译歌曲对其创作的影响也可见一斑。

翻译歌曲对文学创作的影响似乎不那么明显,因为有些影响可能是耳濡目染、润物无声的。但也有作家毫不讳言地声称自己的文学创作曾深受外国歌曲的影响,如作家王蒙曾在其作品《苏联祭》中承认外国歌曲伴随了他的一生。他在《苏联祭》中使用的文章标题《我们明朝就要远航》《雪球树》《行板如歌》《歌声好像明媚的春光》等就是来自外国翻译歌曲的歌名或歌词。他的短篇小说《春之声》《海的梦》《夜的眼》等也或多或少带有西方艺术创作的影子。

谢天振曾说过,译作可以视作原作改编后的一种存在形式,但不管是何种性质的改编,或是赋予新形式、新思想、新形象的改编作品都是一个独立的存在,在人类的文化生活中发挥着原作难以替代的作用。① 同理,翻译歌曲与翻译文学一样,也是歌曲的一种存在形式,这种形式在译语中被接受、被传播,成为译语文学的一部分,对译语文学的创作具有重要的意义与价值。

三 推动音乐教育教学

"考察人类文明发展史可以发现,历史的每一次重大进步与发展,都离不开翻译。"② 在我国音乐教育的历史上,翻译总是助推我国音乐教育发展的重要动力。特别是自1902年梁启超在《新民丛报》上发表了他译配的《日耳曼祖国歌》后,大批留日知识分子加入"乐歌"的翻译与创作之中,开创了引进、吸收外国歌曲的新局面。外国乐理、乐器、音乐教材、记谱法也随之流入我国,对我国音乐教育产生了重大的影响。

1949年,新中国成立。为使一个新生的国家政权更加稳固,我国在加强政治、军事、经济建设的同时,开始注重新中国教育事业的发

---

① 谢天振:《超越文本 超越翻译》,复旦大学出版社2014年版,第6—7页。
② 许钧:《翻译论》,译林出版社2014年版,第273页。

展。限于当时教育资源贫乏，教育基础薄弱的现实，1952 年 11 月 18
日，教育部颁布了《关于翻译苏联高等学校教材的暂行规定》，要求
将翻译苏联高等学校教材，培养合格的建设新中国的人才，当作当时
高等教育迫切的政治任务来对待。① 于是我国翻译引进了大量苏联音
乐理论书籍和音乐教材。如丰子恺、丰一吟译的《唱歌课的教育工作》
（1954）、杨民望等译的《唱歌和音乐》（1955）、陈登颐译的《中小学
唱歌教学法》（1955）、陈予群译的《学生唱歌教学经验》（1956）等。②
这些教材中，大量的外国歌曲被译配成汉语版本，成了学生演唱练
习的歌曲范例。如在《中小学唱歌教育法》中，第一章就用《飞
机》和《伊凡·苏隆宁》两首翻译歌曲作为连唱的例子，以说明
合唱的声乐技巧、歌词练习、指挥和旋律等问题。1956 年 6 月，
教育部颁发了《师范学校音乐教学大纲（草案）》，指出音乐教材
中可以选入苏联和世界各地的革命儿童歌曲，发扬国际主义思想，③
于是各教材中又译配了不少苏联和东欧歌曲作为音乐教学之用。除
中国译者主动选译的外国歌曲外，为了当时的音乐教学，中外音乐
家也专门创作歌曲供教学使用，其中传唱较广的有《中苏儿童友谊之
歌》。这首歌曲创作于 1951 年，苏联作曲家卡巴列夫斯基（Дми́трий
Кабале́вский）该年访问中国时，邀请袁水拍创作了一首歌颂中苏儿童
友谊诗歌。回国后，巴列夫斯基请诗人马尔夏克（Самуил Маршак）
将其编译为俄文，然后他为之谱曲成歌。后来又将其回译配成中文歌
曲，在国内传唱。由于中央人民广播电台少年儿童节目教唱歌曲时多
次播放该歌曲，《中苏儿童友谊之歌》成了中小学学生学习音乐的常
用歌曲。④

---

① 西南军政委员会文教部：《高等教育工作手册——学习苏联先进经验，提高教学质量》
（第五辑），西南军政委员会文教部 1953 年版，第 193 页。

② 杨丹：《音乐教学法教材之历史研究（1901—1976）》，博士学位论文，湖南师范大学，
2013 年，第 131 页。

③ 姚思源：《中国当代学校音乐教育文献（1949—1995）》，上海教育出版社 2011 年版，
第 267 页。

④ 参见 https：//www.bilibili.com/video/av53674238/，2020 年 7 月 3 日。

　　钱仁康先生是我国音乐家、作曲家，中华人民共和国成立初期，他先后在多所高校从事音乐教学。早在 1946 年，钱仁康就编撰出版了《中学音乐教材》，该套教材分为上、中、下 3 册，在教材中他译配了十多首苏联和欧美歌曲，成为新中国音乐教育的重要教学素材。薛范先生曾对《中学音乐教材》评价道，"不仅仅它是一本为青少年编撰的音乐教材，从今天的视角来看，它是钱仁康先生翻译、介绍和研究外国歌曲的具有开创性意义的、最早的实践记录"。① 后来，钱仁康还译配出版了《波兰民歌十二首》《柴可夫斯基独唱歌曲选》《世界国歌博览》《舒伯特歌曲选》《勃拉姆斯艺术歌曲精选》等多部歌集，丰富了我国音乐教育的教学素材。

　　在音乐教学中，学生用母语演唱才能更好地把握歌曲的情绪、节奏、旋律、唱腔和形象。如 50 年代苏联歌唱家彼·米·梅德维捷夫（П. М. Медведев）曾来华在中央音乐学院任教。在他的声乐教学中，梅德维捷夫就主张我国学生用中文译词来歌唱。同时他认为，学生应该热爱自己的母语，首先要唱好自己民族的歌曲，才能成为一名真正的歌唱家。② 因此，上海音乐学院声乐系也曾将翻译歌曲集《外国名歌 200 首》当作他们的教材使用，并根据歌曲难度将其分为三个级别，分别供初级班、中级班和高级班使用。

　　翻译歌曲在音乐教学中的案例举不胜举，如薛范、邓映易、张宁、林蔡冰等译配的多部歌集都曾在小学、中学及高校的音乐课堂中使用。翻译歌曲的使用不但促进了西洋简谱和线谱在我国的推广，同时也使我们吸收了西方美声唱法，进而形成具有中国特色的声乐艺术形式，对培养我国高素质音乐人才、提高国民音乐素质，促进我国音乐教育模式多元化发展具有重要的贡献与价值。

---

　　① 薛范：《先驱和开拓——钱仁康教授在外国歌曲翻译介绍领域中的贡献》，《庆贺钱仁康教授九十华诞学术论文集》，上海音乐学院出版社 2004 年版，第 126 页。

　　② 李然：《社会学视域下的中苏音乐交流——以苏联音乐专家在中国（1954—1960 年）为例》，博士学位论文，哈尔滨师范大学，2011 年，第 19 页。

小　结

　　"翻译不仅在文化强国中发挥着不可忽视的作用，而且与社会发展的关系更为密切。翻译不仅有文化交流价值，而且更重要的是有社会价值。"① 本章以翻译歌曲的社会文化价值为研究内容，从翻译歌曲对文化生活的价值和对中国音乐发展的价值两方面进行了研究。纵观我国 70 年的歌曲翻译史可以发现，翻译歌曲对社会文化产生的价值取决于当时的音乐环境，而音乐环境又是由特定的历史背景所决定的。五六十年代，我国奉行"一边倒"政策，在"全面学习苏联"的政治号召下，大量苏联音乐论著、群众歌曲被译介到国内，大批苏联音乐家来华亲自授课，对我国音乐思想、音乐创作和音乐教育产生了不可估量的积极影响。同时，由于音乐是情感的艺术，大量苏联歌曲的译介与传播不仅从情感上还从心理上影响我国人民，我国不少民众产生了"苏联情节"。翻译歌曲的传唱对增进两国人民的政治互信，加深中苏人民友谊意义重大。

　　70 年代后，联合国大会恢复了中华人民共和国在联合国的合法席位，打破了西方世界封锁中国的历史格局，多国与中国实行了邦交正常化。于是，大量日本、欧美、非洲歌曲被译介进来，我国也有少数歌曲被译介出去，音乐成为了中外文化交流的重要载体，承载中外思想与观念，潜移默化地构建新的音乐文化。同时，翻译歌曲也作为一种"破冰工具"在"音乐外交"中良性互动，对推动中外关系和谐发展发挥了重要作用。90 年代后，大量日韩歌曲通过歌曲译配或是歌词翻译的形式进入我国，对我国传统音乐形成了强烈的冲击。同时，也促使我国音乐取其精华，弃其糟粕，在吸收欧美音乐的节奏优势、日

---

　　① 孔令翠、詹榕榕：《从社会价值取向看中国农业科技典籍翻译》，《中国社会科学报》2020 年 5 月 26 日第 6 版。

韩音乐的旋律优势、发挥我国音乐词意优势的基础上，形成了独具特色的中国新型音乐风格，使我国传统音乐得到了较好的创新与发展。

歌曲作品具有传播速度最快、最易沟通情感、最易传播思想、最受广泛群众接受的特征，翻译歌曲在译语世界的传播具有较强的社会价值、文化价值、语言价值、创造价值和历史价值，值得译界关注。

第六章　前瞻:歌曲翻译的走势与未来

21 世纪以来，信息技术飞速发展，歌曲的传播载体逐渐从以书刊、广播、电视为主过渡到以网络传播为主。2010 年代后期，随着 5G、人工智能、大数据等创新技术的应用，迎来了"数字音乐"时代，短视频、音乐 App、AI 自动推荐等逐渐成为歌曲传播的新载体。音乐的传播模式也从"专业传媒"向"大众传媒"转型，诞生了音乐自媒体（We Media）时代。音乐自媒体的出现使得歌曲的传播呈现出自主性、互动性、全球性、即时性和多模态性的特点。本章将结合"数字音乐"时代的特点，讨论歌曲翻译工作中译者的身份变迁，以及在多模态语境中歌曲翻译将如何构建新关系（互动性），基于新语法（超文本）使用新语言（多模态），以实现歌曲翻译作品的智能传播模式。

第一节　译者的身份变迁

一　译者身份民间化

雪莉·西蒙（Sherry Simon）曾较早提出这样一个问题：是谁在翻译？（Who translates?）①。此问题看似简单，却反映出翻译研究对译者的关注，或者说对译者身份的关注。毋庸置疑，翻译行为由译者发出，

---

① Sherry Simon, *Gender in Translation: Cultural identity and the Politics of Transmission*, London: Routledge, 1996, p. 13.

但是，"译者"又是谁？译者有着什么样的背景呢？这实际上就牵涉对译者身份的研究。因为译者作为翻译行为的主体，他除了在翻译活动中进行行为外，还在社会中行为，也就是他以译者外的身份的行为，这些行为同样影响着翻译活动。换句话说，在翻译活动中，译者的社会身份潜在影响着翻译行为，"译者的个人身份具体体现为译者的审美特征、语言习惯、和个人品格等，反映在译文中，就成为独特的译者风格"①。

在普通文学作品的翻译中，译者的身份研究大多关注译者的读者身份、作者身份、学者身份等。因为，这些身份"在翻译过程中是一个相互交融的、完整的统一体，它们之间彼此不可隔离、相互独立"②。如在对汉学家葛浩文的研究中，葛氏的教师身份、中国文学研究学者身份、编辑身份常同其译者身份一起进行研究，以探索葛氏的译者以外的身份对其译作的影响。而事实也证明，理想型的文学译者是集学者、读者、作家、诗人等多重身份于一体的、身兼数职的"多能译者"。如鲁迅、周作人、茅盾、郭沫若、方重、戈宝权、张谷若、叶君健、丰子恺、傅雷、草婴、王佐良、袁可嘉、方平、屠岸、季羡林、杨武能、林少华等都可称为"多能型"或"学者型"译者。同理，在歌曲翻译中，译者的"译者外身份"也常受到关注，因为这些身份既影响着译者与社会其他主体或因素之间的互动，也直接或间接地影响着歌曲翻译的结果。纵观我国 70 年歌曲翻译史，大多数歌曲翻译家有着多重身份。笔者对 1950 至 1990 年代间，颇具代表性的 20 位主要歌曲翻译家身份进行了统计，结果如表 6 - 1 及图 6 - 1 所示:

表 6 - 1　　　　　　　　　主要歌曲翻译家身份统计

序号	译者	身份背景
1	钱仁康	音乐学家、曲作家、音乐理论家、高校教授
2	毛宇宽	音乐学家、《国外乐讯》主编

---

① 李文静:《译者是谁?:译者的身份认同与翻译研究》，博士学位论文，香港岭南大学，2011 年，第 25 页。
② 田德蓓:《论译者的身份》，《中国翻译》2000 年第 6 期。

序号	译者	身份背景
3	赵沨	音乐理论家、音乐教育家、《新音乐月刊》主编
4	尚家骧	声乐理论家、声乐教育家、中国艺术研究院外国艺术研究所研究员
5	孟广钧	文化部电影局专家办公室副主任、中国电影出版社外国电影编辑室主任、副社长、编审
6	周枫	国家一级编剧
7	薛范	音乐学家
8	邓映易	音乐教育家、女高音歌唱家、高校教授
9	林蔡冰	修锁匠
10	李焕之	作曲家、音乐理论家、中央音乐学院音乐团团长、中央民族乐团团长
11	张宁	《歌曲》副主编
12	贺锡德	中央电台外国音乐组编辑
13	罗传开	上海音乐学院教授
14	姜椿芳	上海外国语大学前身首任校长、教授
15	郭沫若	文学家、历史学家、中国科学院哲学社会科学部主任、历史研究所第一所所长
16	章珍芳	歌唱家
17	盛茵	上海音乐学院钢琴编曲、作曲家
18	蒋英	女声乐教育家，女高音歌唱家，曾任中央音乐学院声乐系教研室主任
19	钟立民	《歌曲》副主编
20	安娥	剧作家、作词家、诗人、记者

通过观察可知，这20位歌曲翻译家中绝大部分译者有着音乐研究或工作的背景，他们或是音乐学家，或是高校音乐教授，或是音乐杂志主编、编辑，或是歌唱家、作曲家、电影或音乐剧编剧等。王秉钦曾对"学者型译者"定位为"翻译什么，研究什么，或者说研究什么，翻译什么"。① 同样地，在我国的歌曲翻译史上，特别是1950至1990年代间，音乐家、作曲家、歌唱家、音乐编辑、音乐教授等组成了我国歌曲翻译的译者群，这也是我国歌曲翻译事业繁荣时期最显著的

---

① 王秉钦：《20世纪中国翻译思想史》，南开大学出版社2004年版，第209页。

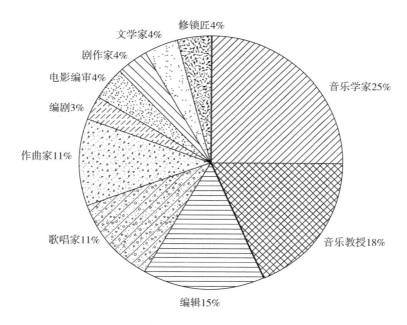

图6-1 主要歌曲翻译家身份统计比例

特点。如钱仁康先生是我国最早有意识地从"译词"和"配歌"这一整体立场来从事外国歌曲译介的译者。[①] 他一生著作等身,从表6-2可知,钱先生的歌曲翻译只是他众多工作中的一种。除歌曲翻译外,他还撰写音乐研究著作、发表音乐研究的文章、翻译音乐理论著作、主编书籍和音乐教材等。

表6-2 钱仁康作品统计

作品种类	歌曲	文章	著作	译著	主编/编注	音乐教材
数量	800(余首)	300(余篇)	21(部)	24(种)	42(种)	19(部)

薛范先生是歌曲翻译界名气最高、作品最多、影响最大的歌曲翻译家,曾获得由俄罗斯前总统叶利钦亲自授予"中俄友谊勋章"和中

---

① 薛范:《先驱和开拓——钱仁康教授在外国歌曲翻译介绍领域中的贡献》,《庆贺钱仁康教授九十华诞学术论文集》,上海音乐学院出版社2004年版,第126页。

国译协授予的"中国资深翻译家"等多项荣誉。用他自己的话说，"一辈子就做了一件事"，那就是研究音乐，翻译歌曲。

从表6-3可知，薛先生一生翻译歌曲2000余首，此外，他还撰写了有关音乐创作、歌曲翻译的文章1000余篇，发行翻译歌曲盒带及CD唱片20余种，出版诗集9部，撰写了首本有关歌曲翻译研究的专著。钱仁康和薛范两位先生的案例，都说明理想型的歌曲翻译工作者，应该是"专家型译者"和"学者型译者"。因为这样的译者的知识背景、工作经历、社会关系都会对其歌曲翻译工作产生积极的、有效的互动，提高歌曲翻译质量。

表6-3　　　　　　　　　　　　　薛范作品统计

作品种类	歌曲	文章	盒带/CD	诗集	专著
数量	2000（余首）	1000（余篇）	20（余种）	9（部）	1（部）

如前文所述，到了20世纪90年代，传媒技术的发展使得我国听众可以轻松地接触到外国歌曲。加上国民外语水平提高显著，英语世界文化的冲击等因素的影响，穿洋装、说洋话、唱洋歌（源语演唱）成为了当时青少年一代追求的时尚。歌曲译配，这种需要"旬月踟蹰"、精雕细琢才能打造出好的产品的翻译形式已经不能跟上社会的快节奏，歌曲译配不再是歌曲翻译的主流，只是在音乐剧和非英语歌曲的汉译时，歌曲译配才偶尔被使用。因此，大部分歌曲译者放弃了歌曲译配的工作，音乐研究、高校教学、歌唱表演或其他文艺部门的行政工作逐渐成为他们的主要工作。

但是，在这些歌曲翻译家中，有一位特殊的翻译家——林蔡冰。林蔡冰是我国较早的印尼歌曲翻译家，也是译介印尼歌曲最多的翻译家。他翻译的多首歌曲曾被广为传唱，如《哎哟妈妈》《划船歌》《故乡》《我们的火车头》《单程车票》等。80年代后，他曾将多首闽南语歌曲译配成普通话，介绍到大陆，被称为"闽南歌王"，《一支小雨伞》《望春风》《雨夜花》就是他译介到大陆的歌曲。同时他还率先将王杰、齐秦、费翔、徐小凤等著名歌星的歌曲介绍到大陆。就是这样一位译著等身的歌曲翻译家，却不得不因为歌曲译配退出繁荣期，迫于生计开始在街头以修锁为生。他曾写过一首打油诗自嘲:"大学念了三个校，教书廿年十八跳，引进歌曲千百首，锁匙配了三万条。"①林蔡冰的经历反映了歌曲译配的没落，也从侧面反映出歌曲译者们从"译者"到"非译者"身份的变迁。

　　进入21世纪后，世界的多样化发展日趋明显。英文、韩文、日文、法文、意大利文歌曲成为我国引进的主要外文歌曲，翻译方式以字幕式歌词翻译形式为主。同时，随着中国国际地位的显著提高，中国歌曲越来越受到国外听众的关注，中国歌曲的翻译逐渐活跃起来。特别是随着5G时代的到来，"数字音乐"、短视频音乐、AI音乐智能推荐的应用，使得"中国音乐市场实现了逆袭和超越，在全球的排名上升到历史最高的第12位"，②拉开了华语歌曲"走出去"的序幕。

　　进入"数字音乐"时代后，歌曲翻译的译者呈现出民间化的特点，"学者型译者"和"专家型译者"基本上退出了歌曲翻译的舞台。尤其是随着音乐的传播模式从"专业传媒"向"大众传媒"转型，自媒体在音乐传播中越显重要，降低了音乐创作的门槛、释放了歌曲传播的活力。"人人创作、人人演唱、人人翻译、人人传播"成为"数字音乐"时代的四大特征。因此，歌曲译者民间化是时代的必然，也是未来歌曲翻译中译者身份变迁的趋势。总结起来，"数字音乐"时代歌曲作品的译者可大致分为以下几类:

（一）职业译者

　　即以歌曲翻译为职业的译者。由于"数字音乐"时代歌曲译配不再是歌曲翻译的主流形式，而"机辅翻译"技术又为字幕式歌词翻译提供了便利，因此，在这种背景下仍以歌曲翻译为职业的人员几乎寥

---

① 参见《〈哎哟妈妈〉译者林蔡冰在街头修锁谋生》，《北京娱乐信报》，https://yule.sohu.com/20040905/n221887958.shtml，2004年9月6日。

② 参见《从"引进来"到"走出去"，中国音乐国际化蓄势待发》，http://news.163.com/18/0202/10/D9KOLHLU000197V8.html，2018年2月2日。

寥无几。据笔者统计，目前以歌曲翻译（主要是歌曲译配）为职业的译者仅有七幕人生音乐剧①剧本总监程何。程何生于 1990 年，曾师从翻译家薛范先生。虽说程何是目前国内唯一的职业歌曲译配者，但准确地说，她从事的是音乐剧译配工作。因为音乐剧译配主要涉及剧中的歌曲译配，所以也属于歌曲译配者。程何现已翻译《妈妈咪呀!》《猫》《狮子王》《我，堂吉诃德》《Q 大道》《一步登天》《音乐之声》等百老汇经典音乐剧并在北京、上海、武汉等城市上演。

（二）粉丝译者

即以歌星的粉丝为主体的译者或译者群。这部分译者主要采取歌词翻译的形式为原词配制汉语字幕，其目的是辅助歌众欣赏原声演唱。如美国歌手泰勒·斯威夫特（Taylor Swift）在我国拥有大量粉丝，一当斯威夫特的新歌发布，粉丝们就会主动将其歌词翻译成汉语，并制作成与原词逐行对应的字幕歌词上线到各大音乐平台供大家欣赏。粉丝译者不以营利为目的，其翻译活动完全是出自对偶像的崇拜，因此他们反对译配翻唱，推崇源语演唱。

（三）网红译者

指在网络生活中因为翻译歌曲被网民关注从而走红的译者。网红译者多采取译配的形式翻译歌曲，他们往往自己拥有固定的歌手或译者本人就是歌手，能将译配的歌词演唱出来，获得网友追捧。如上海外国语大学的 MelodyC2E 翻译团队，自 2016 年 9 月成立以来，译配、演唱了多首中国歌曲并在其公众号 "MelodyC2E" 和网易云音乐平台发布，坐拥粉丝数十万。2017 年中国外文局在 "第一届讲好中国故事创意传播国际大赛" 上授予该团队 "特别作品转化奖"。再如美国歌手 "巴哥"（Bart Baker）因译配并演唱《好汉歌》《辣妹子》和《红旗飘飘》等歌曲走红网络。他现以翻译、演唱中文歌曲为第二职业，在中美各音视频平台拥有粉丝一千多万，对助推中国歌曲 "走出去"

---

① 隶属于七幕人生文化产业投资（北京）有限公司，成立于 2012 年，专注于海外经典音乐剧版权引进、中文版制作及运营。

发挥了积极的作用。

（四）流动译者

流动译者具有流动性和不稳定性，其歌曲翻译行为只是出于兴趣需要、工作需要、名利需要或其他目的偶尔为之。如中国音乐剧爱音客网站执行站长裴晔偶尔译配音乐剧中歌曲；赵彦春偶尔译配中文歌曲；黄元军偶尔译配、演唱抖音最热门歌曲；笔者偶尔译配热度较高的中英文歌曲等。

（五）机器译者

指在歌曲翻译中其译词完全或部分是机器翻译的成果。由于大多歌词属于通俗易懂的文体，采用机器翻译的准确率较高，因此有的音乐平台上对外文歌曲的歌词直接链接到在线翻译网页，由机器翻译实时提供字幕译词。即使是针对歌曲译配，也有译者采用"机器翻译＋译后编辑"的模式进行翻译、配歌，如网红译者"巴哥"的翻译模式就是这样的。他本人介绍，由于他的汉语水平并非很好，其歌曲译配工作是在机器翻译的辅助下进行的。[①]

翻译是一项社会性的活动，社会的变化与发展对翻译活动会产生相应的影响。从 70 年歌曲翻译史来看，歌曲作品的译者经历了"专家型"向"民间型"的变迁。在多元化的"智能时代"，歌曲译者呈现出"人人参与、人人互动"的"草根化"发展趋势。

二　译者身份斜杠化

"斜杠"源自英文单词"slash"（符号"／"），"斜杠"的概念出自美国作家麦瑞克·阿尔伯（Marci Alboher）的著作《双重职业》（*One Person/multiple careers*），指智能时代里一个人同时拥有多重职业和多重身份，如张三，律师/美容达人/摄影师/心理咨询师。人才斜杠化是新时代的需求，也是社会发展的必然结果。在智能时代，越来越

---

① 其实是"机器译词、巴哥配歌"的模式。参见刘名洋《外国小伙英文翻唱中文歌走红网络粉丝上千万》，《新京报》2019 年 5 月 20 日第 5 版。

多的工作逐渐被 AI 所取代，原来的职业界限不再那么明显，跨界的、多能式人才是未来职业需要的趋势。

上文已经讨论，50—70 年代我国的歌曲翻译家多为"专家型译者"或"学者型译者"，有的译者还以歌曲翻译为自己一生的职业。80 年代后，歌词翻译逐渐取代歌曲译配占据主导地位，以歌曲翻译为职业的人员迅速锐减。特别是进入 21 世纪后，随着机辅翻译技术的突飞猛进，低端的翻译逐渐被机器翻译所取代，翻译行业中译者的构成发生了较大的变化。2007 年，中科院科技翻译协会和传神联合（北京）信息技术有限公司联合发布了我国首个以译员为主要关注群体的调查报告——《中国地区译员生存状况调查报告（2007）》。报告显示，翻译行业中兼职译员占比约为 70%，专职译员仅为 30%。[①] 关于工作方式的调查显示，83% 的译员在家 SOHO 工作，17% 在翻译公司工作。[②] 两个数据都反映出，在新时代的翻译行业里多数译者为兼职译者，译者凸显出多重职业和多重身份的特点。在歌曲翻译领域，这种情况更为突出，歌曲翻译中译者身份的斜杠化是未来歌曲翻译的趋势，也是必然，原因有以下几点：

（一）易变性职业造就斜杠化人才

所谓易变性职业，是指随着社会的发展，科技的进步，部分职业出现工作人数减少、工作性质变化等具有不稳定性因素的职业，即常说的"花无百日红"职业现象。就歌曲翻译来说，在中华人民共和国成立初期我国经济建设落后，大众文化水平较低，外国歌曲成了当时传播先进思想和文明的主要载体。而在 90 年代后，随着我国文化建设的不断发展，国民外语水平的普遍提高，歌曲翻译逐渐失去了市场。进入 21 世纪后，从事歌曲翻译的译者更是寥寥无几。部分从事歌曲翻译的译者也

---

① 中科院科技翻译协会和传神联合（北京）信息技术有限公司：《中国地区译员生存状况调查报告（2007）》，2007 年，第 9 页。

② 中科院科技翻译协会和传神联合（北京）信息技术有限公司：《中国地区译员生存状况调查报告（2007）》，2007 年，第 12 页。

只是出于兴趣偶尔为之，其译者身份只是其多重身份中的一个。如被称为"中国音乐剧第一人"的沈承宙先生[1]，虽然他偶尔也从事歌曲翻译，但他广为人知的身份却是艺术学校校长、教师、编剧、学者等。

（二）职业边界逐渐模糊

随着科技的发展，人们生活方式的改变，各种职业间的边界变得越来越模糊。信息产业与文化产业之间出现交叉融合，数字技术为文化产品提供平台，同时也导致了文化产品传播渠道的融合。[2] 由于音乐的最终表现形式也是信息形式，信息技术的发展决定音乐的传播也必须与时俱进，符合新型媒体的传播特征。在歌曲翻译中，译者除了能胜任歌曲译配或歌词翻译的工作，往往还必须兼任摄影摄像、录音剪辑、视频编辑、字幕制作、歌曲上传等与歌曲翻译流程相关的工作。行业边界的模糊，使得"翻译"这个行业名称渐而被"语言服务"四个字所代替。西班牙巴塞罗那 PACTE 研究团队认为，新时代的译者需要具有语言能力、语言外能力、翻译专业知识、工具能力、心理—生理素质。[3] 对于新时代的歌曲翻译来说，译者的语言外能力就是"语言服务"中将翻译歌曲"数字化"，迎合听众的偏好，使译作易于传播与接受的能力。

（三）斜杠化译者促进翻译产品传播

贺武华教授曾对新时代的人才培养提出了"T 字形"人才培养模式（如图 6 - 2）。他指出，现代社会的一个专业会涉及多门学科，专业教学必须要以多学科课程为基础，培养多能型人才。而培养出的人才，又会在自己专业的基础上谋划其他职业，促进自己多专多能发展，成为"倒 T 字形"的斜杠人才。[4]

---

[1]　沈承宙在 1980 年第 4 期的《音乐通讯》上，发表了《从"do-re-mi"谈起——美国音乐剧浅介》。该文第一次在我国刊物上介绍音乐剧，也是第一次将 musical 翻译成"音乐剧"。此后，中国音乐界才认识国外有"音乐剧"这样的艺术形式。

[2]　毛蕴诗、周皓：《行业边界模糊与产业政策调整》，《现代管理科学》2008 年第 5 期。

[3]　潘燕：《新时代协作翻译语境下译者工具能力研究》，《南京工程学院学报》（社会科学版）2019 年第 3 期。

[4]　贺武华、王树华：《网信时代的职业观变革及青年职业教育研究："斜杠青年"视角》，《教育发展研究》2019 年第 Z1 期。

图 6-2 T 字形人才培养模式和倒 T 字形斜杠职业结构图

"T 字形"人才培养模式对于翻译人才的培养颇有启发意义，特别是在这种多能型的培养模式下培养出的翻译人才，不仅能胜任本专业的工作，还能横向发展其翻译外的能力，拥有"非译者"①的身份。在歌曲翻译中，拥有非译者的身份的"斜杠译者"更能促进翻译歌曲的传播。特别是，当歌曲译者本人就是音乐人或是歌手时，这种效果就更加明显。如前文提及的"瑞典歌后"索菲娅·格林和美国歌手"巴哥"，他们本人既是译者又是歌手，外加其明星歌手的身份，其翻译歌曲作品通过他们的演唱，不但能提升作品的传播力度，也能提高作品的传播广度。因为，歌曲翻译作品不同于其他文体的翻译作品，歌曲译词若未被演唱，就是一堆"死"的词，只有被演唱的译词才是"活"的词，"歌曲只有被歌众传唱，才完成了各符号元素的连接，才真正开始其社会表意机制"②。

综上所述，随着经济不断的发展、信息技术不断的革新，各行业间的边界变得更加模糊。在歌曲翻译领域，译者身份斜杠化既是社会发展的需要，也是译者生存的需要，更是翻译歌曲推广与传播的需要。

第二节 歌曲翻译的发展方向

时代的发展，文化的融合，技术的革新，使得翻译活动已经发生

---

① Garcia 曾预言，"数据表明，未来十年，职业译者会发现，仅仅作为一名语言转换者将难以继续生存下去。"参见 Ignacio Garcia，"Beyond Translation Memory：Computers and the Professional Translator"，*The Journal of Specialised Translation*，Vol. 12，2009，p. 199.

② 陆正兰：《歌词学》，中国社会科学出版社 2007 年版，第 2 页。

了巨大的变化。一篇原文、一支笔、一张纸、一本词典的"书房翻译"方式已经被一台电脑、一批异地译者群的"作坊翻译"方式所取代。随着数字化时代的来临，翻译的对象、翻译文本的形式、译者的翻译手段和流程都体现出数字化的趋势，给歌曲翻译实践及研究带来了不可忽视的影响，本节将从三方面探讨歌曲翻译的发展趋势与研究空间。

一　语码混用现象

"语码混用（code-mixing）一般指的是同一个句子，同一段话，同一篇文章，出现两种或多种语码的交替使用。"① 语码混用是不同语言和文化不断融合的产物，是全球化带来的必然结果。在语码混用时，一般"在语段或语篇中，有一种语码是基础语（matrix language），另一种（或更多）语码是嵌入语（embedded language）"，② 如：你家的WiFi密码是多少？其中"WiFi"是Wi-Fi联盟制造商的品牌名，该制造商主要从事无线局域网技术研发，后用来代指"无线网络"。在这个句子里汉语为基础语，"WiFi"就是嵌入语。由于嵌入语是在基础语中的直接嵌入，不涉及语言符号的转换，也不涉及"言易"的过程，因此语码混用不应当作翻译行为来看待。语码混用是语言的移植与照搬，目的是既能保证源语信息的准确性，又能满足语言使用的"最少努力原则"或"效率原则"。③

语码混用现象在歌词中广泛存在。陆正兰认为歌词追逐的是一种情感听觉语言，因此歌词语言具有很大的语言包容并蓄性，④ 容易接纳外来语。如电视剧《北京人在纽约》的主题曲《千百次的问》中就

---

① 杨永林：《社会语言学研究：文化·色彩·思维篇》，高等教育出版社2004年版，第57页。

② 黄国文：《语篇分析的理论与实践》，上海外语教育出版社2001年版，第276页。

③ J. L. Mey, *Pragmatics：An Introduction*, Beijing：Foreign Language Teaching and Research Press, 2001, pp. 180 – 181.

④ 陆正兰：《歌词学》，中国社会科学出版社2007年版，第63页。

插入了两句英文：Time and time again/You asked me/Time and time again，I asked myself，以此来暗示剧中中美的两种文化冲突；歌星组合 SHE 的中文歌曲 *Super Star*，不但标题使用了英文，词中副歌部分也插入了一句英文：You are my super star；1950 年代著名歌曲《打靶归来》中植入了音乐唱名：mi so la mi so/la so mi do re；英文歌曲 *Within You'll Remain* 中植入了汉语歌词"我爱你"等等。此外，歌词中的语码混用现象还存在用外来语作为歌曲的衬词使用。如电视剧《新白娘子传奇》的主题曲《千年等一回》中的衬词就是英文单词 China。[①] 有的歌曲不但混用了其他语言词汇，还将基础语和嵌入语的句法混合搭配使用。如歌曲《恋爱 ing》中，出现了"恋爱 ing/happy-i-n-g/心情就像是坐上一台喷射机"的歌词，将英文中的现在进行时 ing 附加到中文"恋爱"后，形成一种混语效果。语码混用现象在流行歌曲中比较常见，特别是随着英文成为国际通用语，英文作为嵌入语植入到其他语言中可谓是司空见惯。那么，语码混用现象对歌曲译配有什么影响与启示呢？总结起来，其启示可表现在以下三方面：

（一）保留异国风味，促进文化交流

鲁迅有句名言，"（翻译）必须有异国情调，就是所谓洋气。其实世界上也不会有完全归化的译文，倘有，就是貌合神离，从严辨别起来，它算不得翻译"。[②] 在歌曲译配中，有时为了保留源语的风味，促进两种文化的融合，将原歌词中的关键词直接植入到译语中，较为常见。如西藏歌曲《北京的金山上》原为藏语版，后来译配成汉语版。歌手才旦卓玛曾经演唱时每次先用汉语唱一遍，再用藏语唱一遍。熟悉这首歌曲的人都知道，这首歌最后一句歌词为"哎，巴扎嘿"。"哎，巴扎嘿"是藏语的感叹词，用于表示赞美。在汉语版中，这个

[①] 《千年等一回》创作者、台湾音乐人左宏元曾在一次节目中透露："中间有一个小的间奏，我当初为什么歌词不能写出来，我是怕很多地方会禁，因为间奏是 China。"同时，他表示《白蛇传》是中国戏剧文学的代表，因此融入了 China 这个元素。参见视频节目 https：//v. qq. com/x/page/d0764tne3xj. html.

[②] 陈福康：《中国译学理论史稿》，上海外语教育出版社 2000 年版，第 298 页。

感叹词被植入进来，成为歌词中一个成功的词眼。

此外，在一些国际活动中，如果演唱歌曲歌手分别来自两个国家，往往先由歌手各自用母语演唱一段歌词，然后再合唱副歌部分。如在2008 年北京奥运会开幕式演唱主题曲《我和你》时，中国歌手刘欢和英国歌手莎拉·布莱曼（Sarah Brightman）分别用各自母语演唱了一二段歌词，在后面合唱的副歌部分，歌词没有翻译，保留了英文歌词 "You and me/From one world/We are family"。两位歌手合唱英文词，不但突显出歌曲的国际化风格，也表达了中西文明和谐和水乳交融的思想。

（二）言不能之言，唱不能之唱

古人言，"书不尽言，言不尽意"。在歌曲中，有些歌词的意义难以言表，具有多解性。特别是歌曲中的"衬词"或"衬句"，具有加强语气、活跃节奏、增强生活气息、丰富音乐形象，以及正词难以表现的功能。[①] 由于衬词是一种"超意义"的符号，在歌曲译配中，译者往往采取保留原词植入到译词的方式进行处理。如英国儿歌 *Bingo* 的中文版中，[②] "B-I-N-G-O"就以源语的形式保留在译词中。土家族有一首民歌《六口茶》，其中有一句 "Yo-yi-yo-ye/Yi-yo-yo-ye"，在其英文译词中也进行了保留。[③] 因为这些衬词在词中言不能之言，唱不能之唱，丰富了歌曲的想象力，是整首歌曲中的核心部分。一旦失去这些衬词，歌曲就失去了原有的魅力。当然，对于那些非主流语言中的衬词，由于文字比较陌生，译语受众难以识别，因此在译语中，最好在保留声音的同时进行语码替换，以提高原声的保真度。如《伏尔加河船夫曲》中开头的船夫号子衬词 "Эй，ухнем，эй，ухнем！" 在汉语译本中就被替换成汉语语码"哎唷嗬/哎唷嗬"。

（三）提高译词可唱性，化解文化冲突

在歌曲译配中，"可唱"是译词的目的。但受多种因素的影响，

---

① 李秉芬：《虚词在民歌中的功能和作用》，《戏剧之家》2016 年第 14 期。

② 崔阵等：《英汉对照世界儿童歌曲集》，人民音乐出版社 1998 年版，第 24 页。

③ 参见 https://v.youku.com/v_show/id_XNTcyOTYzNzA0.html.

在不偏离原词意义的前提下保证译词可唱并非易事。但语码混用有时却能将此问题迎刃而解。如在音乐剧的歌词中出现男主角的名字"Smith"，该词只有一个元音，配在一个音符上。可若将其译为"史密斯"，就需要三个音符来配，凭空多出两个音符，译词难以"入歌"。但如果直接将源码"Smith"植入到汉语中，不但能最大程度保留原词信息，还能让译词配曲入歌。因为现今国民英文水平普遍有所提高，如"Smith，Tom，David"这些人名早已深入人心。此外，在音乐剧的英文歌词中还经常会出现类似"Touch me，honey！""Kiss me，Darling""Bye-Bye"等常见的表达，若直译成中文不但难以入歌，还会出现因文化差异而显尴尬的情况。因此，保留这些译语受众熟知的源语歌词，不但提高了译词的可唱性，还委婉地化解了源语与译语文化的冲突。

语码混用是全球化背景下语言融合的产物。虽然这种做法会在一定程度上危害语言的纯正性，但这却是语言自身不断更新与发展的趋势。译的目的是不译，语码混用现象越多，越证明翻译在不同文化中的作用与功能。同时，这也是语言不断吞并语言，最终融合成一种语言的历史进程。

二　多模态翻译现象

模态（Modality）是一套由语言、技术、图像、颜色、声音等组成的符号系统，[①] 它强调的是各交流主体对外部信息的感知方式，是人类获取信息的通道。多模态（Multimodality）则包含两种以上不同符号系统，是一种融合多种交流模态来传递信息的语篇。[②] 随着多媒体技术的发展，多模态的交际形式在教学、科研、传媒、影视翻译等领域中被广泛应用。将多模态概念引入翻译分类可以追溯到雅各布森

---

① 朱永生：《多模态话语分析的理论基础与研究方法》，《外语学刊》2007 年第 5 期。
② G. Kress & T. Van Leeuwen，*Reading Images：The Grammar of Visual Design*，London：Routledge，2006，p. 177.

的翻译三分法，即语内翻译、语际翻译和符际翻译。① 特别是符际翻译的提法，首次将"自然语言"与"非自然语言"符号之间的转换当作翻译行为来看待。换句话说，符际翻译是语言符号与非语言符号、非语言符号与非语言符号之间"多维符号"的转换现象。多模态的翻译现象涉及的不仅仅是语内与语际翻译，更多时候还涉及符际翻译行为。在现实生活中，语内、语际和符际翻译往往不是独立分开的，多数情况下是交叉共存的②，同模态之间关系复杂。鉴于此，克劳斯·坎德尔（Klaus Kaindle）根据多模态翻译现象又将翻译分为模态内翻译和模态间翻译，前者指同一模态内的模态转换，后者指不同模态的转换。因为翻译涉及文化，他基于模态、媒介与文化提出了更细的分类③。笔者在此基础上结合歌曲翻译中的现象绘制了表 6-4：

表 6-4　　　　　　　基于模态、媒介和文化间的歌曲翻译分类

翻译类型	文化内	文化间
模态内	相同模态且相同文化内的翻译。如：将粤语歌曲文本翻译成国语版歌曲文本。	相同模态但不同文化间的翻译。如：将俄语歌曲文本翻译成中文歌曲文本。
模态间	不同模态但相同文化内的翻译。如：将粤语歌曲的音频转换成配简谱的国语版歌词文本。	不同模态且不同文化间的翻译。如：将中文歌曲文本翻译成日文版视频文件。
媒介内	相同媒介且相同文化内的翻译。如：将中文歌曲简谱翻译成五线谱。	相同媒介但不同文化间的翻译。如：将法语歌曲磁带转换成中文歌曲磁带。
媒介间	不同媒介但相同文件内的翻译。如：将中文民歌改编成录像版流行歌曲。	不同媒介且不同文化间的翻译。如：将英文歌词文本改编成中文版音乐剧。

从表 6-4 可知，"模态"和"媒介"似有重合，但需要指出的是，模态主要指文本的符号形式，而媒介主要指传播这些文本符号的通道。在坎德尔的翻译分类中，模态内翻译、模态间翻译、媒介内翻

---

① 陈曦等:《翻译研究的多模态转向：现状与展望》,《外语学刊》2020 年第 2 期。
② 陈曦等:《翻译研究的多模态转向：现状与展望》,《外语学刊》2020 年第 2 期。
③ K. Kaindle, Multimodality in Translation, in Millan, C., Bartrina, F. eds., *The Routledge Handbook of Translation Studies*, New York：Routledge, 2013, pp. 261 - 262.

译和媒介间翻译的概念紧密相连，互相影响。[①]

随着"数字音乐"的应用，歌曲翻译中的多模态翻译现象越来越普遍，曾经单纯的歌词文本模态或声音模态逐渐丰富成集图像、色彩、动画、身势语等一体的混合模态表现形式，拥有了音乐的"视觉形象"。因此，歌曲翻译中的多模态翻译现象实则是指将原文本的符号进行符际翻译或阐释的过程。多模态翻译具有以下三个特点。

（一）语境化

语境与翻译有着紧密的关系，因为语境决定意义，意义是翻译行为转载的主体。在传统的翻译中，翻译只是将一种语言的文字文本转换成另一种语言的文字文本。但是在多模态翻译中，承载信息的符号形式多种多样，此时，"理想的翻译工作却不是以提交文字文本为终结的，译者还需要考虑所译文字在产品中的嵌入问题和匹配方式，根据空间、布局、结构、色彩、同其他信息符号的搭配关系、信息比重、感染效果等对文字进行编排重定"。[②] 换言之，翻译已经是在一个多种符号形式共存下的新的语境中的转换行为。译者将意义进行分解或合成，使得意义呈现立体化、层次化、一体化的特点，与新的语境浑然一体，这个过程即多模态翻译的语境化。

在语境化过程中，翻译的对象变成了"文案"，而非"文本"，其附加意义与传播媒介变得更为丰富。[③] 如笔者在译配歌曲《我和我的祖国》时，为使英文版视频与歌曲语境一体化，让译词带有浓郁的中国风，我们将歌词采用"毛体字"排版，背景画面使用了天安门、长城、华表、国庆阅兵等场景。在演唱到"海与浪花"时，背景换成中国海军舰艇在大海航行，溅起浪花的画面。通过使用中国元素的渲染，让文字翻译中损失的信息得以弥补，让各种模态融合起来给译语观众

---

① 陈曦等：《翻译研究的多模态转向：现状与展望》，《外语学刊》2020 年第 2 期。

② 李志凌：《翻译文案多模态意义的视觉元话语分析》，《沈阳建筑大学学报》（社会科学版）2020 年第 3 期。

③ 李志凌：《翻译文案多模态意义的视觉元话语分析》，《沈阳建筑大学学报》（社会科学版）2020 年第 3 期。

传达原歌曲的精神与思想。

（二）同步化

所谓同步化，是指在多模态翻译中让各种模态传达的意义同步，具体来讲就是，声画同步、字音同步、字画同步等。每个符号系统都是一个意义潜势（meaning potential），或叫意义资源（meaning resource）或特征（affordances）。[①] 不同的模态有其资源优势和特点优势，如图像可以传递语言不能传递的信息，颜色具有区分和凸出功能等。因此，在多模态翻译中，译者要发挥各模态优势，使用恰当的模态或模态组合，使各模态间协同合作、有效地传递原语篇意义。[②]

在歌曲译配中，有时由于音节与字数的限制，原词的信息很难仅仅通过译词文字来传达，这时必须要借用其他模态来辅助构建意义。如歌唱云南"三七"名药的歌曲《三七瑶》中有一句歌词是这样的：

枝三丫/叶七片/红籽如花朵朵艳。

歌词指"三七"这种植物是每根分有 3 枝丫，每枝丫上长有 7 片叶子。同时，整首歌词也采用了 3/3/7 的汉字组合。译成英文，也必须兼顾 3/3/7 的音节组合，否则难以入歌。在受多重限制的情况下，还要保证译词能完整地传达原词信息实属不易。但是，在多模态翻译中，译者可以发挥其他模态的优势，最大限度传递原词意义。在《三七瑶》的英文版中，笔者让音频演唱到此句歌词时，在其视频中配上了"三七"的图片。为了保证该模态效果，我们还在旁侧配一张俯瞰图（如图 6－3），并跟着音频时间轴先显示出 3 枝丫，再显示每根枝丫上的 7 片叶子。通过这种运动模态的同步演示，保证声画同步、字

---

① G. Kress & T. Van Leeuwen, *Multimodal Discourse*：*The Modes and Media of Contemporary Communication*, London：Arnold, 2001, p. 28.

② 张德禄：《系统功能理论视阈下的多模态话语分析综合框架》，《现代外语》2018 年第 6 期。

音同步，让译词省字不省意，以传达完整的语篇意义。

图 6 - 3　《三七瑶》的英文版视频截图

（三）可视化

众所周知，文字的演变过程就是一种"去图像化"过程，即将"信息"符号化的过程，也就是三维的实体物到二维平面图，再到一维线性符号的过程。① 如"男"字的演变从最初的农田和犁的图像，逐渐演变成如今的"田"加"力"的字形。这一过程实际上是符号抽象化、线性化的过程。"去图像化"是人类交流便利的需要，也是技术手段限制的必然结果。

图 6 - 4　"男"字的"去图像化"过程图

随着科技的发展，图片、色彩轻而易举地出现在屏幕上，迎来了"读图时代"。"读图时代"实际上就是一个将信息"再图像化"的过程，让抽象的、难以理解的信息以形象的符号形式展现出来，达到可

---

① 刘剑：《超文本语境下的翻译形态变化研究》，高等教育出版社 2017 年版，第 198 页。

视化的效果。上面《三七瑶》的视频画面其实就是可视化的表达。在多模态翻译中，可视化的模态形式很多，如图片、色彩、动画等。合理、恰当地使用这些模态，会使译词得到意外的收获。如迪士尼音乐剧《后妈茶话会》（*The Villains Lair*）中有一首歌曲 *Tough Love* （《严厉的爱》）。歌曲描绘了灰姑娘的后妈对其苛刻、严厉的管教。该歌词中最后一句为：

Maybe you'd call it cruel/but others would call it love/Tough Love.

这里 tough love 实际上不是一种爱，而是对女儿的苛刻。但是后妈却称其为"tough love"。在译配成汉语时，因为原词只有两个音节，为便于演唱，译词也只能是两个汉字。可两个汉字却很难传递原词中这种"苛刻的、严厉的爱"。音乐剧翻译兼演员陈欢子译配了一个汉语版，并亲自演唱，在网上播放量颇高。其译文为：

你也许觉得可恶/但这是另一种爱/"狠"爱！

译词字数与原词音节数相等，亦步亦趋，适合演唱。特别是译词中的这个"狠"字，不但与"很"谐音，传达了原词看似"很爱"却是一种"狠心的爱"的意义，更表达了后妈欲盖弥彰的心理。此外，在对"狠"字字幕的处理上，陈欢子不仅仅使用了引号特别提醒，还加大字号、使用红色与感叹号进行了区分，凸显了"狠"非同一般的意义（如图6－5）。

可见，"当音乐和语言同时作为文化的负载时，翻译中所传递的'信息'远甚于单纯语际翻译"。[①] 字体、字号、颜色这些看似简单的

[①]　方仪力:《歌曲翻译研究：基本范式、理论框架与前景展望》,《广东外语外贸大学学报》2020 年第 1 期。

图6-5　《后妈茶话会》汉语版截图

模态形式，在翻译中都可以通过可视化的方式传递意义。就像不同的颜色有着其隐喻意义一样，不同的字体、字号也附载相关信息。特别是在平面广告翻译中，字体、字号、颜色等模态传递的意义甚至大于文字本身传递的意义。

在多媒体技术不断发展的今天，模态的形式变得异常丰富。在歌曲译配中，很多时候这些模态并不是孤立使用的，而是多种模态重叠、交叉使用，给观众在视觉上和听觉上带来不同的感受与冲击。如陈欢子译配的《音乐之声》①视频中，就使用了一个人分角色多画面同时表演的形式，通过道具、身势语、颜色深暗、音量高低、QQ表情、卡通动画、拆字、遮罩等多种形式来营造效果，传递意义。我们相信，随着媒体技术的发展，触觉模态和嗅觉模态也会成为多模态翻译中需要考虑的模态形式。

三　超文本翻译现象

信息技术的发展使得传统的文本形式逐渐被集文字、图片、图像、

_____

① 视频网址：https：//www. bilibili. com/video/BV1C5411W7iG？from＝search&seid＝243071
1227762196619，2020年7月9日。

图 6 – 6　《音乐之声》汉语版截图

声音、颜色于一体的新型文本形式所代替，这种新型文本将不同种类的信息用链接的方式结合在一起，形成一种多线性文本，即"超文本"（hypertext）。简而言之，超文本就是"包含两种以上的符号系统并由超链接连接各符号元素的多线性电子文本"[1]。超文本是媒介融合的结果，它通过超链接让多线性文本间形成关联，从而产生一种网状文本形式，具有多模态性（Multimodality）、超文本性（Hypertextuality）、去物质化（Dematerization）和去中心化（Decenterization）的特点。[2] 随着"数字音乐"的来临，数字媒介成了音乐最主要的传播方式。歌曲翻译也成为一种数字化翻译活动，其翻译行为是在"超文本语境"中进行的，网页、图片、音频、图像、歌词库既是歌曲的一种载体，也是歌曲存在的虚拟文本形式。"超文本语境"对歌曲翻译的影响主要表现在以下几个方面。

（一）翻译行为"去主体化"

在一些翻译学者或翻译家看来，译文必须要达到出版的水平才可供读者使用。正是因为持这种观点的人不在少数，所以在翻译界不少

---

①　刘剑：《超文本语境下的翻译形态变化研究》，高等教育出版社 2017 年版，第 20—21 页。

②　刘剑：《超文本语境下的翻译形态变化研究》，高等教育出版社 2017 年版，第 5 页。

人贬低机器翻译、否定人工智能对翻译的辅助作用。但是，在当下真正的翻译实践中，不使用机辅翻译的译者可谓寥寥无几。即使是在翻译专硕（MTI）毕业生翻译报告中的翻译实践部分，绝大多数学生也是在机辅翻译的基础上润色、修改而来的。此外，在现实生活中，有的情况下用户可以直接将机器翻译的译文拿来使用。因为在全民外语水平普遍较高的前提下，机器翻译的译文已经达到了辅助读者理解原文的目的。换言之，在有的场合，"翻译质量已经不再是翻译最需要优先考虑的因素"，[①] "大意翻译"（Gist Translation）能使读者明白原文大意即可。这一点在歌曲翻译中尤为突出，因为歌词并非句型复杂、句式冗长、难以理解的文本，其通俗、简短、上口、易记的特点为机器翻译提供了质量保障。因此，在不少"数字音乐"平台，其歌词译文完全是通过网络超链接到双语歌词库或其他机器翻译平台，由机器译者提供的。传统的译者在翻译过程中消失了，译者的主体性被机器的主体性所取代。

即使是对于歌曲译配，人工译者仍然离不开"超链接语境"。在翻译记忆技术的支持下，特别是随着双语歌词库越来越丰富，"机器翻译＋译后编辑"翻译模式成为歌曲译配的主流模式。上文讨论，中华人民共和国成立初期，由于"外语＋音乐"双能型人才的缺乏，歌曲译配往往由一名懂外语的人译词，再由懂音乐的人配歌。可在"超链接语境"中，译词的工作已由"机器译者"来担任，人工译者要做的是"译后编辑"，即根据曲调对译词修改、配歌。更为复杂的是，机器译者的译文是通过对人工翻译的"大语料"采用大数据计算出来的，人工对机器提供的译文编辑后又提供给语料库，为以后的机器翻译使用。如此这般反复，机器译者变得越来越"聪明"，翻译水平越来越接近人工翻译，甚至超过人工翻译。在这种过程中，我们已经无法区分是"人助机译"还是"机助人译"。准确地说，这可能是一种

① 刘剑：《超文本语境下的翻译形态变化研究》，高等教育出版社 2017 年版，第 137 页。

"人机交互"的翻译模式。这种模式使得机器译者具有了人类的主体性,而且随着数据库的不断扩大,这种主体性将逐渐成为主导。"自然译者"将逐步让位于"智能译者",歌曲翻译将何去何从,值得译界进一步研究。

(二)译词受众即时互动

歌曲翻译活动不是单纯的语言转换活动,它是创作主体、翻译主体、接受主体和流传主体之间一种复杂的交际活动。奈达在谈及"读者反应论"(Readers' Response Theory)时曾指出,"翻译意味着交际,这个交际过程取决于人们在听、读译文时所获得的内容"。① 在歌曲翻译中,听众将所获得的内容反馈给译者,就和译者之间形成一种交际活动。但是,在传统的媒介传播中,这种交际总是有一定的滞后性,难以达到真正的交际效果。随着信息技术的发展,超链接的交互性使得轻点鼠标即可完成信息的传输,使得作者与用户、用户与用户之间实现即时交流。② 特别是随着弹幕技术在音乐视频中的应用,使得词曲作者、译者、歌手与观众间产生一种即时互动。各主体发出的弹幕,实际上是通过网络链接的一种超文本,为各主体提供了一个分享观点、感受和交流互动的平台。

如笔者曾译配了李宗盛的经典歌曲《漂洋过海来看你》,并将剪辑好的视频上传至 bilibili(B 站)视频平台。短时间内,该视频在 B 站播放 62.9 万次,观众发布弹幕 565 条(如图 6 – 7)。弹幕大致涉及对译者的水平、歌手的演唱、视频的搭配的评价以及观众的期待等内容。通过这种互动,传统译者权威的地位被改变,此时的译者也成为翻译产品的受众,同其他受众一起平等交流。同时,通过受众的信息反馈,译者、歌手可以及时了解受众的审美观,不但可以对译词或演唱方式进行修改,还能在后期作品的译配、演唱与视频

---

① Eugene Nida, *Language and Culture*:*Contexts in Translating*, Shanghai:Shanghai Foreign Language Education Press, 2001, p. 86.

② 刘剑:《超文本语境下的翻译形态变化研究》,高等教育出版社 2017 年版,第 54 页。

制作方面得到改善。

图 6 – 7　《漂洋过海来看你》英文版 B 站视频弹幕截图

此外，由于弹幕这种超文本可以提供观众的大量建议，有些观众在受到这些建议的启发后，甚至直接参与对译作的修改，然后又通过超链接的方式将修改后的版本（即"重译本"）连接起来，供观众欣赏，形成一种良性循环。这种互动方式使得"超文本语境"下的译者呈现"集体化"趋势。如笔者曾译配的《偏偏喜欢你》英文版上传到网络后，就被国外网友将其中 4 处不妥的译词进行了修改，并由歌手 Carol 重新演唱后上传到各视频平台①，延续了译作的生命力。

（三）译词文本即看即听

纵观歌曲翻译史上出版的翻译歌曲集，绝大多数歌集仅在译词上配有简谱或线谱，供读者学唱。需要指出的是，尽管我国音乐教育改革已经实行多年，但是到目前为止，能够识谱的民众仍在少数，传统

————————

① 原视频版本网址为：https：//www. bilibili. com/video/BV1Ss41137sy？from = search&seid = 5757692916105868960，2020 年 7 月 9 日，修改后的视频版本网址为：https：//v. qq. com/x/page/s3008ee9an7. html，2020 年 7 月 9 日。

的歌集很难发挥其作用。然而，在超链接技术广泛应用后，这一状况得到了改观。如在 2017 年世界图书出版社出版的《英汉歌曲译配：理论与实践》中，每一首翻译歌曲都附上了二维码和超链接网址，通过这些链接，读者可以即时欣赏到翻译歌曲的音频或视频，享受"有声书籍"的代入感，译配的效果一目了然。同时，这种超链接文本又为译词提供了新的语境，译词的意义不断延伸，构建了新的"语境与翻译"的关系。

综上所述，"数字音乐"具有开放性、自主性、互动性、全球性、即时性和多模态性的特点。如何在这种新的"数字语境"中重新认识翻译的主体间性，如何使用新的超文本语法，借助新的多模态语言，实现歌曲翻译作品的智能传播是未来的歌曲翻译研究值得关注的内容。

此外，由于时代的变迁、文化的融合、国民外语水平的提高，歌曲翻译很难再以单首歌曲译配的形式广泛存在，也很难再像 20 世纪 50—80 年代那样繁荣，影响也很难再那么巨大。但是，随着西方音乐剧陆续进入我国，我国京剧不断"走出"国门①，以及影视翻译的不断发展，歌曲翻译会以"剧中歌"翻译的形式长期存在②。因此，音乐剧、京剧、影视片中的歌曲（特别是非英语语种的歌曲）会成为未来歌曲翻译的主要翻译对象。

小　结

歌曲是一种以演唱为表现形式的艺术，"歌曲的传播是实现其存

---

①　京剧翻译和歌曲翻译一样，都属于说唱文学的翻译类别。随着世界越来越关注中国文化，京剧也越来越受到西方世界的关注，如夏威夷大学魏莉莎（Elizabeth Wichmann-Walczak）教授自 1985 年起就曾将《凤还巢》《白蛇传》《玉堂春》《沙家浜》《杨门女将》等十余部京剧译配成英文，并在国际舞台上演。

②　因为音乐剧和京剧都是通过歌曲讲述故事的，其歌词意义比普通歌曲的歌词意义更重要。再加上音乐剧和京剧是临场表演，具有瞬间性，用译语演唱更易于译语受众理解词义，把握剧情。

在价值的必由之路，也是促进歌唱艺术繁荣的重要过程"①。歌曲经历了口头传播、文本传播、电子传播、数字传播的过程。特别是在数字传播阶段，歌曲的传播呈现出视听传播的特点，使得听觉感受与视觉画面有机融合，提升了歌曲的观赏效果。

　　本章以"数字音乐"时代的歌曲翻译为研究内容，对未来歌曲翻译译者的身份变迁、歌曲翻译的发展与研究方向进行了探讨。研究发现，大数据技术背景下的歌曲翻译具有自主性、互动性、全球性、即时性和多模态性的特点及优势，在超文本语境中，歌曲翻译表现出语际翻译与符际翻译相结合的倾向。因此，在未来的歌曲翻译中，译者必须把握时代特征，发挥"自然语言"与"非自然语言"的各自优势，整合数字资源，构建新型的歌曲翻译模式。此外，未来的歌曲翻译很难再如 20 世纪 50—80 年代那样以外国歌曲的译介为主要内容，音乐剧、歌剧、京剧、影视中的歌曲，以及其他说唱文学形式可能是未来歌曲翻译及研究的重要对象。

---

　　① 陈自勤：《歌曲传播途径的思考》，《安徽师范大学学报》（人文社会科学版）2009 年第 4 期。

结　　语

自语言诞生，就有了歌曲。在所有的文艺体裁中，歌曲是最易被人们接受、最易抒发情感的艺术形式。歌曲有教育目的、鼓动目的、仪式目的、审美目的、娱乐目的等。[①] 因此，同诗歌一样，歌曲很早就跨越文化与语言被译介到异域他乡。我国歌曲翻译源远流长，距今已有 2500 多年的历史。特别是新中国建立以来，大量西方歌曲作品被译介到我国，对西方文明的传播和我国音乐的发展起到了巨大作用，同时，我国也有少量歌曲被译介出去，成为传播中国文化的媒介。本研究以 1949—2019 年期间中外歌曲互译作品为主要研究对象，从其史料研究入手，收集、整理了中华人民共和国成立以来我国中外歌曲翻译作品的史料，并加以阐释，"在当下与过去的对话中，去开启尘封的、被遗忘的历史，并明晓任何一段翻译史都具有书写的性质和修辞的性质"，[②] 以彰显歌曲翻译在翻译史上的价值，为翻译史研究提供了新的研究视角。

一　研究发现

整体上讲，本研究采取了史、论、法相结合的研究范式，采用了描述性和规范性相结合的方法，对特定历史时期的歌曲翻译活动进行了研

---

① 陆正兰：《歌词学》，中国社会科学出版社 2007 年版，第 4 页。

② 段峰：《文化翻译与少数民族文学对外译介研究——基于翻译研究和民族志的视角》，外语教学与研究出版社 2016 年版，第 179 页。

究，在从特殊到一般、从一般到特殊的规律中总结了我国 70 年间歌曲翻译活动的特征及其产生的影响。简单说来，本研究有以下几个发现：

1. 尽管歌曲翻译涉及音乐学、文学、符号学、翻译学等学科的知识，但从本质上讲，歌曲翻译还是属于文学翻译的研究范畴，其本质还是语言符号之间、非语言符号之间的符际转换活动。根据译文的使用方式，歌曲翻译可以分为歌词翻译和歌曲译配。歌词翻译是将源语歌词的词意用译语表达出来以"可读"为目的的诗性翻译活动，歌词翻译注重文学性。歌曲译配是将原歌曲中的歌词词意、音乐性和表演要素都在目标语中再现出来，以"可唱"为目的的创造性文化活动，歌曲译配注重音乐性。

2. 通过对我国歌曲翻译的历史渊源进行探究，可以发现，中华人民共和国成立后的歌曲翻译活动不是孤立的，而是民国时期学堂乐歌音乐运动的延伸。学堂乐歌发生在我国第三次翻译高潮时期，它是中国近代歌曲译配发展的源头。中华人民共和国成立后，我国歌曲翻译取得了巨大的成就，走过了辉煌的 70 年历程，构建了一部中西文化交流史。从整体来看，70 年的歌曲翻译活动经历了繁荣时期、沉寂时期、复苏时期、萧条时期、多元时期五个阶段。每个阶段都反映出政治环境的变化、译语文化对歌曲文本的选择和翻译家的翻译目的对歌曲翻译活动的主导性作用。从数量上看，70 年间共有歌曲翻译作品179 部，其中外译中 155 部，中译外 24 部，翻译歌曲达数万首。在所有外国翻译歌曲中，俄苏歌曲占比最大，英美歌曲次之。这些数据都反映出，以经济为主导的国家综合实力是影响歌曲翻译流动的决定性因素。

3. 从 70 年的歌曲翻译史来看，我国歌曲翻译准则整体是由"忠于语言"逐渐向"忠于音乐"过渡的。这反映出歌曲翻译的本土化是歌曲翻译家为了顺应本土文化和本土音乐体系，根据不同时代歌众的特征、喜好，而采取的消除源语异质性，以译语音乐语言为导向的翻译过程。基于这种变化过程，本研究总结了歌曲翻译的五大规律，即译者妥协律、肯定否定律、顺应时代律、有为无为律。所有的规律都反映出歌曲翻译是以目标语的历史语境、文化语境、教育语境、政治语境、法律语境等语境为导向的，所有翻译活动的最终目的都是要实现目标语受众对源语文本的追溯和回归。由于歌曲的通俗性特点，歌曲可能是最易实现译语受众使用源语欣赏原作的一种体裁。无译而通之，乃大译。促进异域歌曲的源语演唱将成为歌曲翻译未来的使命与责任。

4. 基于对 70 年歌曲翻译实践的考察与总结，本研究对歌曲翻译主体进行了确定。本研究认为，在歌曲译配中，词作者和曲作者为创作主体，译配者、译词者和配歌者是歌曲译配主体，歌手和歌众是接受主体和流传主体。同时，本研究基于歌曲翻译的特点与规律，首次对歌词翻译的标准与歌曲译配的标准进行了探讨，对中国歌曲英译的基本通则进行了制定。此外，本研究指出，歌曲译配是一项复杂的翻译活动，受多个主体的影响。纵观我国 70 年歌曲翻译史，我国歌曲翻译家译配了数万首歌曲，但真正流传较广的歌曲却只是所有译配歌曲中较少的一部分。因此，歌曲译配家不能只顾埋头苦干做翻译，不能坚信"译得好是传唱得开的唯一因素"，还必须考虑译配主体、接受主体和流传主体对歌曲翻译活动的影响。同时，歌曲译配家还应该具备一些传播学的知识，要把握时代媒介特征，发挥各种媒介优势，不但要"译"，还需要"介"，才能让歌曲翻译作品焕发其应有的生命力。总之，歌曲翻译作品和其他文学翻译作品不同，只有翻译的歌曲被传唱，歌曲翻译才完成各符号元素的转换和链接，也才开始发挥其社会价值。

5. 歌曲作为中外文化交流的重要载体，承载丰富的中外思想与观念，具有较强的社会价值、文化价值、语言价值、创造价值和历史价值。70 年来，大量的外国歌曲进入我国，助推了西方先进思想在我国的传播，促进了中外文化交流，同时对我国歌曲的创作、音乐的多元发展和音乐教育教学发挥了不可估量的作用。因此，译界不能只注重

"严肃文学"的翻译研究，还应关注"通俗文学"的翻译研究，因为通俗文学作品的受众可能更大，影响力可能更广。本研究基于 70 年歌曲翻译实践总结的歌曲翻译规律、标准和通则，不仅对未来的歌曲翻译有所启迪，也对歌剧翻译、音乐剧翻译、小说中歌曲的翻译及其他说唱文学翻译具有指导意义。总之，如果翻译研究缺乏歌曲翻译研究的一席之地，那么整个译学体系就不是一个完整的学科体系。

二 启示与前瞻

在以上研究发现基础上，本研究提出了以下几点建议与展望，希望对未来的歌曲翻译及其研究提供借鉴。

1. 由于时代的进步、外语的普及、大众审美的变化等多种因素的影响，歌曲翻译很难再像 20 世纪 50—80 年代那样繁荣，源语演唱将成为未来异域歌曲传播的趋势。因此，未来的歌曲翻译将以歌词字幕翻译形式为主，未来的翻译时代将是一个"字幕时代"。

2. 由于音乐剧、影视剧、歌剧、昆剧、京剧中的歌词具有表演临场性的特点，这些剧中的歌曲在较长的时期内仍将存在译配的翻译形式。此外，由于"通俗文学"作品相对于"经典文学"作品拥有更大的受众（如中国武侠小说颇受西方读者喜欢），因此在中国文化"走出去"的战略中，译界也应该关注中国歌曲、音乐剧、京剧、地方戏剧等"通俗文学"作品的译介与研究。

3. 由于"数字音乐"的到来，歌曲的传播已呈现出多模态的形式。译者要将歌曲翻译从语际翻译提升到符际翻译的范畴，在超文本语境下运用多模态语言构建新型的歌曲翻译模式。同时，翻译研究也应该拓展翻译研究对象的外延，增强理论对新型翻译模式的解释力。

4. 随着机器翻译质量的不断提高，单纯的歌曲翻译译员或单纯的语言转换者，将难以在新的时代生存下去。因此，高校要重视培养多能型翻译人才。"译者"要逐步向"语言服务者"转型，不仅能胜任翻译工作，还能横向发展其翻译外的能力，拥有"非译者"的身份。

　　应该说，以上对新中国70年歌曲翻译史的研究只局限于个人的能力与视域。因为涉及史料较多，本研究的理论研究稍显薄弱。另因我国译介的外国歌曲中除了英文、日文、俄文外，还有笔者并不熟悉的法文、德文、朝鲜文、印尼文、意大利文等其他语种的歌曲，对笔者进行文本研究造成一定的困难，因此这类语种的歌曲在本研究中较少涉及文本对比研究。最后，因为歌曲属于短篇幅文本，易于丢失，尽管笔者想尽办法收集所有歌曲翻译作品的文本，但仍不敢保证已穷尽所有资料。

　　英国文艺批评家佩特（Walter Pater）曾说过："一切艺术总是以趋近音乐境界为旨归。"① 如此，歌曲翻译则是距离音乐最近的艺术行为，它涉及语际翻译、符际翻译和多模态手段，是一种特殊形态的翻译活动。译界应多关注这种特殊的活动，拓展翻译研究的内涵与外延，提升翻译理论对特殊翻译活动的解释力。

---

　　① 　Walter Pater, *The Renaissance*, Chicago：Academy Chicago, 1977, p. 135.

附　录

附录1　外国汉译歌曲经典曲目

序号	歌曲名	国别	译配者	序号	歌曲名	国别	译配者
1	宝贝	印尼	刘淑芳	18	鹦鹉	印尼	黄涛
2	船歌	法国	周枫	19	阿里郎	朝鲜	崔东均
3	春潮	俄罗斯	张秉慧	20	爱情颂	法国	薛范
4	鸽子	墨西哥	娄乾贵	21	爱之梦	德国	盛茵
5	海鸥	缅甸	阎肃	22	奥勒里	美国	钱仁康
6	回忆	英国	薛范	23	百灵鸟	俄罗斯	薛范
7	魔王	德国	尚家骧	24	采桑谣	朝鲜	韩昌熙
8	暮春	德国	周枫/丁彦博	25	列宁山	苏联	潘奇/焕之
9	尼娜	意大利	尚家骧	26	春之歌	朝鲜	安娥
10	情感	巴西	薛范	27	丰收歌	苏联	孟广钧
11	山鹰	秘鲁	林蔡冰	28	红河谷	加拿大	范继淹
12	天鹅	挪威	廖辅叔/喻宜萱	29	红蜻蜓	日本	罗传开
13	情感	巴西	薛范	30	划船歌	印尼	林蔡冰
14	远航	英国	薛范	31	欢乐颂	德国	邓映易
15	甜梦	美国	薛范	32	喀秋莎	苏联	寒柏
16	小路	俄罗斯	扶夫	33	老黑奴	美国	邓映易
17	樱花	日本	张碧清	34	流浪者	德国	尚家骧

序号	歌曲名	国别	译配者	序号	歌曲名	国别	译配者
35	三套车	俄罗斯	高山	68	宁静的湖水	英国	张宁
36	夜莺曲	苏联	赵沨	69	深夜的歌声	捷克	蒋英/姜家祥
37	小杜鹃	波兰	汪晴	67	你们可知道	奥地利	蒋英等
38	在泉边	朝鲜	安娥	68	宁静的湖水	英国	张宁
39	山楂树	苏联	常世华	69	深夜的歌声	捷克	蒋英/姜家祥
40	四季歌	日本	罗传开	70	威尼斯船歌	德国	尚家骧
41	小夜曲	奥地利	邓映易	71	心儿在歌唱	苏联	薛范
42	雪绒花	美国	章珍芳	72	祖国进行曲	苏联	吕骥
43	摇篮曲	德国	尚家骧	73	神圣的战争	苏联	钱仁康
44	月亮河	美国	张宁	74	喀秋莎大炮	苏联	焕之
45	紫罗兰	德国	邓映易	75	田野静悄悄	俄罗斯	荆蓝
46	北国之春	日本	吕远	76	含苞待放的花	阿尔巴尼亚	钟立民
47	纺织姑娘	俄罗斯	何燕生/章枚	77	今夜无人入睡	意大利	储若冷
48	海港之夜	苏联	王毓麟	78	难以实现的梦	美国	薛范
49	可爱的家	美国	贺锡德	79	青年团员之歌	苏联	赵沨
50	拉兹之歌	印度	孟广钧	80	我会永远爱你	美国	薛范
51	卖花姑娘	朝鲜	薛范	81	我真挚的爱人	美国	张宁
52	森林水车	日本	瞿麦/罗传开	82	夏威夷小夜曲	美国	盛茵
53	哎哟，妈妈	印尼	林蔡冰	83	莫斯科——北京	苏联	朱子奇/周巍峙
54	为谁憔悴	美国	薛范	84	波罗维茨舞曲	俄罗斯	孟广钧
55	交换舞伴	美国	薛范	85	孤独的牧羊人	美国	戈漪
56	我的太阳	意大利	尚家骧	86	友谊地久天长	苏格兰	邓映易
57	斯大林颂	苏联	陈山/焕之	87	至高无上的爱	美国	薛范
58	此情可待	美国	薛范	88	答案在风中飘	美国	薛范
59	重归苏莲托	意大利	尚家骧	89	没人要的孩子	不详	薛范
60	多瑙河之波	罗马尼亚	薛范	90	人造卫星之歌	苏联	薛范
61	古老的情歌	英国	邓映易	91	乘着歌声的翅膀	德国	廖小凡
62	红莓花儿开	苏联	集体	92	金日成将军之歌	朝鲜	袁水拍/孙良田
63	婚礼进行曲	德国	冯婉珍	93	吉普赛女郎之歌	俄罗斯	周枫
64	蓝色多瑙河	奥地利	杨毓英/周枫	94	乘着歌声的翅膀	德国	廖小凡

续表

序号	歌曲名	国别	译配者	序号	歌曲名	国别	译配者
95	库茨玛的小夜曲	苏联	毛宇宽	98	不要责备我吧，妈妈	俄罗斯	陈锌/于文涛
96	蓝色夏威夷之夜	美国	薛范	99	莫斯科郊外的晚上	苏联	薛范
97	羊毛剪子咔嚓响	澳大利亚	曹永声	100	写封信儿寄到边境	保加利亚	薛范

附录2　汉语外译歌曲经典曲目

序号	歌曲名	语言	译配者	序号	歌曲名	语言	译配者
1	自卫	英语	李抱忱	16	黄河情歌	英语	邓映易
2	童话	英语	罗艺恒〔美〕	17	歌声与微笑	俄语	不详
3	传奇	英语	迈克学摇滚	18	大刀进行曲	英语	梅克敌
4	送情郎	英语	邓映易	19	社会主义好	朝鲜语	不详
5	闹元宵	英语	邓映易	20	我爱你，中国	英语	沈显瑛
6	长城谣	英语	熊若磐/梁联发	21	再见吧，妈妈	英语	张承谟
7	青花瓷	英语	罗艺恒〔美〕	22	义勇军进行曲	英语	刘良模
8	思乡曲	英语	沈显瑛	23	阿里山的姑娘	英语	索菲亚·格林〔瑞〕
9	茉莉花	英语	索菲亚·格林〔瑞〕	24	达阪城的姑娘	英语	熊若磐/梁联发
10	游击队歌	英语	梅克敌	25	月亮代表我的心	英语	DreamTalk
11	海阔天空	日语	不详	26	玫瑰玫瑰我爱你	英语	弗兰基·莱恩〔美〕
12	救国军歌	英语	不详	27	教我如何不想她	英语	熊若磐/梁联发
13	太行山上	英语	熊若磐/梁联发	28	唱不尽家乡好风光	英语	邓映易
14	歌唱祖国	俄语	鲍罗金〔俄〕	29	吐鲁番的葡萄熟了	英语	沈显瑛
15	祝您平安	朝鲜语	不详	30	没有共产党 就没有新中国	朝鲜语	不详

附录3 歌曲翻译家薛范先生访谈录①

一 歌曲译配的原则与策略

覃军（以下简称"覃"）：薛范老师您好！非常感谢您能接受访谈。首先，请问您翻译的第一首歌曲是在哪一年？能不能谈谈当时的情况？

薛范（以下简称"薛"）：我对音乐着迷是在高中阶段，那时新中国刚刚建立，百废待兴。清新纯朴的解放歌曲、各具特色的地方民歌、朝气蓬勃的苏联歌曲无不深深地打动我。由于我最喜爱读诗、写诗，加上自己又学了日语、英语和俄语，于是就翻译了第一首歌曲，1953 年发表在《广播歌选》。《广播歌选》创刊于解放初，是第一本也是当时唯一的一本歌曲刊物。她几乎每期都刊登外国歌曲，为当时的音乐爱好者打开了一扇窗，也为译介国外经典歌曲作出了巨大的贡献。

覃：马祖毅在《中国翻译简史》中认为，《越人歌》是我国现存最早的文学翻译作品。② 因此，可以认为歌曲翻译是文学翻译的源头。您怎么看待这个问题？此外，您一生从事歌曲翻译，译歌多达两千多首。在您的翻译生涯中，是否有贯穿始终的翻译原则呢？

薛：在讨论这个问题之前，很有必要厘清两个概念。一是歌词翻译，二是歌曲翻译（准确的应叫歌曲译配）。前者是指将原词的意思用译语翻译过来，不用配曲入歌，目的是供读者阅读。像我国先秦的《诗经》《楚辞》、汉乐府、唐诗、宋词和元曲，曾经都是入律合拍的歌词。但现今这些作品的英译本，其目的都不是为了演唱，属于诗歌翻译，也

---

① 访谈时间：2018 年 6 月 22 日晚；访谈地点：薛范先生家中。
② 马祖毅：《中国翻译简史——"五四"以前部分（增订版）》，中国对外翻译出版公司 1998 年版，第 5 页。

可当作歌词翻译。而后者歌曲译配，是指"把原词用诗的形式翻译出来，并且与原曲的节奏、旋律等相吻合，即配上曲子可以演唱"。① 那么，你提及的《越人歌》实则为春秋时期鄂君子皙令人从越歌翻译为楚歌，可认为是歌曲译配。当然，此例也反映出歌曲翻译的悠久历史。

我从事歌曲翻译60余年，其实进行的均是歌曲译配工作。换句话说，我的译词是能够"入曲"演唱的。如果说歌词翻译姓"文"，我认为歌曲译配则姓"音"。因此，歌曲译配的原则就是忠于音乐。译词既要传达原词的思想情感和艺术意境，又要与原音乐融为一体，做到"可诵、可唱、可听"。如果用"信、达、雅"的三字标准来解释，那么，"信"是针对音乐而言的，"达、雅"则是针对译词的文采而言的。歌曲译配受原音乐束缚，不管译词多么"忠实"，多么"通达"，如果译词不符合原音乐的节奏，演唱就会出现破句；如果译词不符合原音乐的旋律走向，演唱就会出现倒字。因此，歌曲译配的最高境界不是译词有多"忠实"，而是译语的听众通过译歌能够理解原词的意，欣赏、感受到原歌曲的美。译界将诗歌翻译比作"戴着镣铐跳舞"，对于歌曲译配，这个镣铐就是音乐，它是"跳舞"时的一种装饰。

覃：一般来说，翻译界都认为诗歌翻译是翻译中最难的，难于上青天。其实歌曲译配也可以看作是一种诗歌翻译。您认为歌曲译配，作为一种特殊的翻译行为，和其他文体的翻译有什么不同之处？

薛：诗与歌词本是一对孪生姊妹。在古代，它们是融为一体的，它们都讲究韵律和节奏，都有音乐性。但是诗的音乐性是潜在内涵的，歌词的音乐性是明朗的、外露的。诗的目的是供读者阅读，是视觉艺术。歌的目的是人的听觉欣赏，具有瞬间性和短暂性。基于这些特性，可见诗和歌的抗译性都较大，翻译难度都较高。同时，歌可以看作是"能唱的诗"，受音乐限制更多，所以歌曲译配具有更多的特殊性。

具体有以下几点：一是译词的节奏感。歌曲译配，曲调已经定型，

---

① 薛范：《歌曲翻译探索与实践》，湖北教育出版社2002年版，第31页。

译歌的旋律线、节奏类型和节拍式都已由原歌限定，译词只能完全服从原曲调。译配的过程是一个为"现成的鞋"找"合适的脚"的过程。要做到这一点，首先要做到译词的字数应与原词的音节数相等。比如加拿大民歌《红河谷》中的第一句：

$$\underline{5 \quad 1} \mid 3 \quad \underline{3 \quad 2} \quad 1 \quad \underline{2 \quad 1} \mid 6 \quad \overset{\frown}{1 \cdot \quad 1}$$

From this　val - ley　they　say　you　are　　go - ing,
听　说　　你　离　开　家　要　去　　远　方,

原词"from this valley they say you are going"有 10 个音节，每一个音节占一个音符。因为汉字一个字为一个音节，因此，汉语译词只能为 10 个汉字，做到"亦步亦趋"。其目的是再现曲作家的意图，保留原歌的节奏特点。

其次是译词的语调感。我们常说，好的翻译作品读起来不像是翻译作品。歌曲译配也一样，译者要尽量让译歌在语调上听起来仿佛是用原语演唱。六十年代美国有一首著名的乡村歌曲叫 *Crazy*，歌曲开篇是一个下行六度跳进的切分节奏动机，唱出 crazy。

From this　val - ley　they　say　you　are　　go - ing,
听　说　你　离　开　家　要　　去　　远　方,

$$\frac{4}{4} \; \underline{3} \; \underline{5 \cdot} \quad \underline{5 \cdot} \; \underline{6} \mid \overset{3}{\underline{6^\# \quad 1} \quad 3} \quad \underline{6} \; 5 \; \underline{4} \mid 4 \quad \overset{\frown}{6 \quad 6} - - \mid$$

Crazy,　　　　I'm　crazy　for　feelin'　so　lonely,
为　谁?　　　我　为　谁　而　一天　天　憔悴?

如果我将 crazy 直译为"疯狂"，虽能较准确地传达原意（其实 crazy 与汉语中的"疯狂"并不对等，这里译作"痴情"更合适），但却传递不了与音乐相般配的语言上凄婉的韵味。于是，我选取了与 crazy 发音近似的"为谁"，这样歌手一开口就能找到认同的感觉，仿佛是用原语在歌唱。必须强调，这种译配策略好似意译，却比意译自由得多；又好似填词，却又比填词拘谨得多。我们可称之为"改写"，但这里的改写不是抛开原词任意驰骋，而是以再现原曲氛围与情感为基础的。方梦之曾指出："改写并未脱离原文，但超出原文本体含意。"①"为谁"并未传达 crazy 的本体含意，但整体等效模式却又未脱离原词。所以，我常说歌曲译配的过程，其实是一个"掰开了，揉碎了，重新塑一个"的过程。

　　歌曲译配的第三个特殊性，不在"译"而在"配"。"配"的水平是决定译作的艺术价值的关键。要想配出一首好歌，译词就必须避免出现倒字与破句的现象。什么是倒字呢？大家可能注意到这样一个现象。一首香港的流行歌曲，一般都有所谓"国语版"和"粤语版"两种，但是这两种版本的词意却不尽相同。因为普通话的读音和声调与粤语的读音和声调完全不同，如果两种语言演唱同样的词，就会"听起来怪怪的"，出现倒字现象（当然，也会有韵脚问题）。因此，倒字是指在歌曲中曲调和字调不相配的现象。换句话说，倒字就是歌词不符合音乐的旋律走向，演唱时歌词出现错误声调的现象。这种现象在歌曲创作中也存在，比如：

$$\frac{4}{4}\ \underline{5}\ \overset{\frown}{\underline{2}\ 1}\ |\ \overset{\frown}{1\ -\ 1}\ \underline{1}\ \overset{\frown}{\underline{6}\ \underline{5}}\ |\ 5\ -\ -$$

　　　　　归来　　吧，　　归来　　　哟，

　　"归来"的声调是由高向低，而曲调是五度和六度上行，字调与曲调不配，听起来就像是"鬼来吧，鬼来哟"，这就是倒字。歌曲译配，曲调已经存在，译者所译出的词的语调一定要服从曲调，采用"正字"才行。我常说，歌曲译配最大的难题就是处理倒字的问题，在多大程度上避免倒字，是评判译歌成败的关键准则。至于前面提及的破句，是指译词组合的句读和口气必须与音乐的停顿和呼吸相吻合，语言的逻辑重音必须和音乐的重拍相吻合。只有这样，译词才能满足句法规则，才能通顺达意。关于这一点，诗歌翻译家们提出的"以顿

---

　　① 方梦之：《中外翻译策略类聚——直译、意译、零翻译三元策略框架图》，《上海翻译》2018 年第 1 期。

代步"的建议可以借鉴到歌曲译配中去。

总之，歌曲译配涉及音乐、文学和翻译等多方面的知识，具有跨学科的特点，"是一种特殊的翻译任务"①。翻译研究应该关注这种特殊的活动，否则，"我们将失去对一些翻译现象的解释权，危及翻译研究的学科地位，损害我们在国际译坛上的话语权"②。

二 译配歌曲的时代影响

覃： 贝多芬曾说："音乐是比一切智慧，一切哲学更高的启示"③。您的译歌深深地影响了一代人，毫不夸张地说，有很多人是听着您的歌长大的。请问您觉得歌曲翻译在文化构建、对社会意识形态等方面有着哪些影响？

薛： 歌曲是人与人之间最容易接受的互动交流形式，它是一种文化，也是一种短武器。人们通过歌曲品味人生，交流感情，沟通心灵。译介西方歌曲，其实是给我国人民打开了通向世界的窗口。我们可以通过音乐领略异国风情，学习西方先进思想，丰富我国传统文化。比如，曾经大批的歌曲翻译家译介的西方歌曲，就传播了"开放、民主、平等"和"尊重女性"的新思想，从某种意义上也促进了我国的新文化运动，让我国的社会发展出现了新局面。同时，战争歌曲也不例外，"二战"期间苏联卫国战争歌曲是 20 世纪独特的文化现象，是人类文化史上最有光芒的、不可复制的艺术珍品。这些歌曲当时传播到我国，让我国人民感受到了苏联人民的思想情感，感染了他们的战斗精神，也鼓舞了我国人民的抗战士气。中华人民共和国成立后，这些歌曲又成了我国社会主义建设的重要力量，对人民生活的各方面都产生了巨大的影响。

---

① Dinda, Gorlée, *Song and Significance：Virtues and Vices of Vocal Translation*，New York：Amsterdam，2005，p. 186.

② 韩子满：《轻视研究对象——当前国内翻译研究的一大症结》，《当代外语研究》2017 年第 5 期。

③ 罗兰、傅雷译：《贝多芬传》，四川人民出版社 2017 年版，第 103 页。

有中年朋友说，他们是听着我的歌长大的。其实这话并不准确，因为有些俄苏歌曲并不是我译配的。只是可能我译得稍多一点，他们把我看成了俄苏歌曲译者的代表。我一生译配了 2000 多首歌曲，其实俄苏歌曲只占一半，另一半则是欧美歌曲。这当中包括摇滚歌曲、乡村歌曲、好莱坞歌曲、奥斯卡歌曲、音乐剧歌曲、拉美歌曲等等。我常说，世界上每一个国家，每一个民族都有他们自己独特的、优秀的文化，我们都应该去了解他们。

覃：《莫斯科郊外的晚上》问世于 1956 年，半个多世纪来在世界各地越传越广，是演唱翻译版本的人数远超原歌曲演唱人数的一首歌曲。您能否谈谈当时选择这首歌曲来翻译的原因，和翻译的一些情况？

薛：《莫斯科郊外的晚上》最初是莫斯科电影制片厂拍摄的文献纪录片《在运动会大会的日子里》的一首插曲，由著名曲作家索洛维约夫－谢多伊作曲，诗人马都索夫斯基作词。该影片在 1956 年上映，这首插曲当时并没引起多大的反响。可在第二年，这首歌曲被选送参加在莫斯科举行的第六届世界青年联欢节歌曲大赛，夺得了歌曲创作最高奖。于是，它被参加联欢节的各国青年带往世界各地，开始了它的全球旅行，还被译成多种语言到处传唱。

我翻译这首歌曲是在 1957 年。当时我看到《苏维埃文化报》刊登的第六届世界青年联欢节参赛节目的获奖名单，获得金奖的共有 5 首歌曲，我翻译了其中三首。当时翻译《莫斯科郊外的晚上》，我并没有给予它特殊的"照顾"，和其他俄苏歌曲"一视同仁"。翻译完成后，同年发表在《歌曲》和《广播歌选》上。随后，全国各省市音乐刊物相继转载，越传越广。可以说，当时几乎所有音乐刊物和外国歌曲集都发表过这首歌曲，几乎所有的唱片公司都录制过这首歌曲，翻译赋予了这首歌第二次生命。

覃：有人说歌曲译配以及译歌的推广有其历史原因，比如《国际歌》对当时中国青年的影响是举足轻重、不可估量的。您怎么看待这个问题？

薛：当然，这主要是历史原因。不过，我国的"俄罗斯歌曲热"也是一种特殊的现象，当初是出于革命的需要，后来是国家建设的需要。这些歌曲为我国人民提供了精神食粮。我曾经说过，有三首西方歌曲对我国人民产生了巨大的影响，可以载入翻译史册。一是《马赛曲》，二是《国际歌》，三是《伏尔加船夫曲》。你提到的《国际歌》曾被很多人翻译过，但最初都属于译"诗"，不能配曲演唱。后来，瞿秋白在 1923 年翻译了第一个可"入歌"演唱的版本。今天我们演唱的《国际歌》，主要是根据萧三和陈乔年的译配版本修订而来。《国际歌》的影响不可估量，它堪称历史上无产阶级革命的最强音。

覃：2016 年美国音乐人鲍勃·迪伦获得诺贝尔文学奖。我注意到薛老早在数年前就翻译了迪伦的代表作 *Blowin' in the Wind*。请问当时您为什么会选择迪伦的这首歌曲来翻译呢？

薛：迪伦的名字为世人皆知可能是在 2016 年他获得诺奖之后。但是，在音乐界他早就是美国很流行的"民歌摇滚"代表人物。他的歌曲中有申诉、有反抗、有为弱者鸣不平，而且题材多样、立意新颖、构思巧妙，被誉为"新一代文化的代表"。我们知道，美国歌曲以爱情为主题的流行乐居多，如迪伦这种有高度、有品位的歌曲可谓凤毛麟角。《答案在风中飘》创作于 1962 年，是他的代表作。他在歌中一次次提问，是对正义与良心的探求，也是对社会问题的担忧。1963年，美国爆发了"向华盛顿进军"争取民权的示威游行，才 22 岁的迪伦高唱着这首歌加入到示威队伍。因此，这首歌也被人们奉为争取民权运动的"圣歌"。

三　中国歌曲外译及建议

覃：现在国人外语水平越来越高，越来越多的人选择用外语演唱原版歌曲，歌曲翻译作品受到了挑战，您认为是否还有必要进行外国歌曲译配？

薛：诚然如此，特别是在改革开放后，随着外语的慢慢普及，不少人觉得用外语演唱原版歌曲显得"洋气"。也有人认为，外语歌曲就应该用外语演唱，翻译成中文后，味道全没了，有这种观点的人不少。其实，现在的某些流行歌手，他们用意大利语演唱歌曲，其实自己并不知道在唱什么，观众也听不明白，他们认为这才是"原汁原味"，实则是对"原汁原味"的嘲讽。我认为，歌曲只有被译成本国语言演唱，人们才能深刻理解，歌曲才能得以广泛流传。试想，曾经的那些俄苏歌曲，如果不是被翻译成汉语演唱，经过十年"文化大革命"浩荡，恐怕早已失传。其次，不同的民族之间需要交流，就必须要打破语言的障碍，翻译的作用毋庸置疑。当然，强调翻译的重要性，并不是说就反对演唱原版歌曲。比如，在外语教学或一些涉外活动中，演唱原版歌曲也是很有必要的。总之，一个人不可能通晓各种外语，有交流就有翻译。有朝一日，世界大部分地区都使用同一门语言了，那可能就是歌曲翻译退出历史舞台的时刻。

覃：近几年，我国的"一带一路"倡议强调要"讲好中国故事，传播中国声音"。您觉得将我国优秀的歌曲译介出去这项工作应该如何开展？

薛：在我的印象中，《玫瑰玫瑰我爱你》是曾经被译介出去并引起很大反响的唯一一首中国歌曲。这首歌曲在 20 世纪 40 年代走红全国，后被歌手 Frankie Laine 翻唱成 *Rose，Rose，I Love You*，于 1951 年登上了全美音乐流行排行榜榜首。现在我国综合国力不断增强，国际影响力不断加大，强调中国文化"走出去"。我国歌曲作为中国文化的一部分，应当被译介出去。我国歌曲外译，至少涉及两个问题，那就是"谁来译"和"怎么译"的问题。至于"谁来译"，德国汉学家顾安达曾主张"译入国主动翻译"，采取"顺译"的方式，避免中式外文。我赞成这个观点，因为中国人在翻译时更多是从句法入手，忽略了文字的音乐性与美学因素。当然，最好的方式是中外合译，由中国人首先译词，再由懂音乐的外国人改词、配歌。

第二点是"怎么译"。我曾见到过很多朋友把中文歌曲译成外文。

这些译者大多是有较高中文与外文修养的学者，他们的译词从文字上看都翻译得很好。但是，他们的译词几乎都不可以"入歌"演唱。其根本原因就是他们不懂得歌曲译配的特殊性。歌曲外译，除了前面提及的几个特殊性，还有一条铁的法则：外文歌词中实词的重音节或多音节词的重音节必须要落在音乐的强拍上。比如英文歌曲《回忆》（*Memory*）中第一句的前半句：

$$1=C \quad \frac{12}{8}$$
1· 1· 1 7 1 | 2 1 6 | 1· 1· 1

Mid - night,　not a　sound from the pavement,

第一个词 midnight 有两个音节，重音在第一个音节，刚好落在强拍上。同样地，后面 pavement 的重音为第一个音节，刚好也在强拍上。翻译出来的歌词，如果轻重音颠倒，强弱拍错位，那就不能合拍演唱。无法演唱的歌曲也就失去了存在的价值。另外，因为汉语比较凝练，译成外语肯定会多出不少文字。例如，一首田汉作词、冼星海作曲的歌曲《夜半歌声》，其中有几句歌词是这样的：

> 不，姑娘，我愿意永做坟墓里的人，
> 埋掉世上的浮名，
> 我愿意学那刑余的使臣，
> 尽写出人间的不平。

请问"刑余的使臣"怎么翻译？歌词不是记叙文，不能加注解"指汉朝受过宫刑的史官司马迁"。如果只翻译为"司马迁"，那么司马迁又是谁？他有过什么遭遇？恐怕没几个外国人明白。因此，我的建议是，译词若要配歌，千万不要"死抠"原文，要采取"统摄原意，另铸新词"的方法，这才是可取之道。

覃：目前，我国从事歌曲翻译实践和研究的人员已是后继无人，到了青黄不接的状况。您能否给年轻一代歌曲翻译工作者一些建议？

薛：歌曲译配，需要有外文素养，汉语的诗词歌赋修养，以及音乐修养。其中中文素养所占比例最大，因为歌词不同于诗，不会像诗那么深邃、不易理解。做翻译工作（无论什么翻译）多半取决于你的中文修养。那么音乐在歌曲译配中，占个什么地位呢？它做的是乘法。如果你的音乐感觉是零，那么整个歌曲译配的成果就是零。音乐感觉越强，译配出来的歌曲就越充满灵气。此外，我们知道，大多数人接触一首歌，往往是通过歌手的演唱传递的。显示歌曲译配的魅力还在于歌手演唱的魅力。如果演绎得到位，大家听了才会接受。因此，译配的歌曲应该要有歌手唱起来，让译歌"活"起来，这样才利于传播。同时，现在是一个技术时代，各种新型媒体技术更利于歌曲的传播，将"互联网＋译歌传播"运用起来也很有必要。

参考文献

［法］白晋：《康熙黄帝》，赵晨译，黑龙江人民出版社 1981 年版。

（汉）班固：《汉书·西域传》，中华书局 1999 年版。

［法］波德莱尔：《恶之花》，郭宏安译，漓江出版社 1992 年版。

蔡佳立：《迪士尼动画电影歌曲翻译研究》，《上海翻译》2018 年第 1 期。

曹明伦：《翻译之道：理论与实践（修订版）》，上海外语教育出版社 2013 年版。

曹明伦：《关于对外文化传播与对外翻译的思考——兼论"自扬其声"需要"借帆出海"》，《外语研究》2019 年第 5 期。

曹源：《苏俄歌曲汉语译配研究》，硕士学位论文，黑龙江大学，2014 年。

晁春莲：《日本流行歌曲在中国的传播与接受》，《日语学习与研究》2010 年第 4 期。

陈大亮：《谁是翻译主体》，《中国翻译》2004 年第 2 期。

陈福康：《胡怀琛论译诗》，《中国翻译》1991 年第 5 期。

陈福康：《我国最早的〈国际歌〉译词》，《民国文坛探隐》，上海书店出版社 1999 年版。

陈福康：《中国译学理论史稿》，上海外语教育出版社 2000 年版。

陈历明：《深化歌曲翻译理论研究　推动中国音乐文化传播》，《中国社会科学报》2020 年 3 月 17 日第 3 版。

陈曦等：《翻译研究的多模态转向：现状与展望》，《外语学刊》2020

年第 2 期。

［法］陈艳霞：《华乐西传法兰西》，耿昇译，商务印书馆 1998 年版。

陈自勤：《歌曲传播途径的思考》，《安徽师范大学学报》（人文社会科
　　　学版）2009 年第 4 期。

崔豹：《古今注·音乐第三》，《古今注·中华古今注·苏氏演义》，商
　　　务印书馆 1956 年版。

达生：《谁翻译了〈伏尔加纤夫曲〉》，《炎黄春秋》2004 年第 6 期。

党岱：《春秋至两汉音乐文化内外交流与传播》，博士学位论文，南京
　　　艺术学院，2019 年。

邓天奇、侯小天：《翻译传播视域下基于模因理论的归化翻译研究——
　　　以日本流行歌曲汉译为例》，《文化与传播》2018 年第 5 期。

段峰：《文化翻译与少数民族文学对外译介研究——基于翻译研究和
　　　民族志的视角》，外语教学与研究出版社 2016 年版。

段峰：《文化视角下文学翻译主体性研究》，四川大学出版社 2008 年版。

方梦之：《中外翻译策略类聚——直译、意译、零翻译三元策略框架
　　　图》，《上海翻译》2018 年第 1 期。

方仪力：《歌曲翻译研究：基本范式、理论框架与前景展望》，《广东
　　　外语外贸大学学报》2020 年第 1 期。

房玄龄：《晋书》，中华书局 1974 年版。

［法］费赖之：《在华耶稣会士列传及书目》（下），冯承钧译，中华书
　　　局 1986 年版。

费元洪：《音乐剧翻译中的"信达雅"》，《上海戏剧》2014 年第 8 期。

冯文慈：《中外音乐交流史：先秦—清末》，人民音乐出版社 2013 年版。

高陶文：《〈国际歌〉的汉译及其在中国的传播》，《中国翻译词典》，
　　　湖北教育出版社 1997 年版。

宫宏宇：《来华西人与中西音乐交流》，浙江大学出版社 2017 年版。

郭沫若：《后记——我怎样写〈青铜时代〉和〈十批判书〉》，《文萃》
　　　1946 年第 13 期。

郭沫若、周扬：《红旗歌谣》，作家出版社 1961 年版。

韩国鐄：《阿里嗣小传》，《韩国鐄音乐文集》（一），乐韵出版社 1990
  年版。

韩子满：《轻视研究对象——当前国内翻译研究的一大症结》，《当代
  外语研究》2017 年第 5 期。

何高大、陈水平：《中国歌曲翻译之百年回眸》，《名作欣赏》2009 年
  第 24 期。

何恒幸：《〈义勇军进行曲〉不是一种完全新型的进行体》，《濮阳职业
  技术学院学报》2016 年第 2 期。

贺武华、王华树：《网信时代的职业观变革及青年职业教育研究："斜
  杠青年"视角》，《教育发展研究》2019 年第 Z1 期。

洪力行：《钱德明的〈圣乐经谱〉：本地化策略下的明清天主教圣乐》，
  《台湾"中央大学"人文学报》2011 年第 45 期。

胡凤华：《"歌曲译配"与"歌曲翻译"辨》，《安徽大学学报》（哲学
  社会科学版）2007 年第 5 期。

胡凤华：《歌曲译配——中俄文化交流的特殊桥梁》，《中国俄语教学》
  2006 年第 4 期。

黄定天：《中俄关系通史》，黑龙江人民出版社 2007 年版。

黄国文：《语篇分析的理论与实践》，上海外语教育出版社 2001 年版。

黄俊雄：《英译〈中华人民共和国国歌〉说明及中国歌曲英译入门须
  知》，《中国翻译》2009 年第 5 期。

黄友义：《讲好中国故事　引领国际舆论》，《公共外交季刊》2015 年
  第 1 期。

黄友义：《中国站到了国际舞台中央，我们如何翻译》，《中国翻译》2015
  年第 5 期。

黄忠廉：《变译理论》，中国对外翻译出版公司 2002 年版。

黄忠廉等：《翻译方法论》，中国社会科学出版社 2009 年版。

吉联抗：《译注吕氏春秋音乐文字译注》，上海文艺出版社 1963 年版。

金岳霖：《形式逻辑》，人民出版社 1979 年版。

金子琦：《邓映易歌曲译配研究》，硕士学位论文，山东大学，2014 年。

瞿秋白：《新俄国游记》，商务印书馆 1923 年版。

孔令翠、詹榕榕：《从社会价值取向看中国农业科技典籍翻译》，《中国社会科学报》2020 年 5 月 26 日。

兰幼青：《〈哎哟妈妈〉的歌词译文与原文》，《四川音乐》1983 年第 6 期。

李秉芬：《虚词在民歌中的功能和作用》，《戏剧之家》2016 年第 14 期。

李庚年、张志华：《由中国国歌的英语译法浅析汉英正反译法的相互应用》，《广东农工商职业技术学院学报》2005 年第 4 期。

李菁：《危之时代的不屈之声》，《三联生活周刊》2009 年第 36 期。

李然：《社会学视域下的中苏音乐交流——以苏联音乐专家在中国（1954—1960 年）为例》，博士学位论文，哈尔滨师范大学，2011 年。

李文静：《译者是谁？译者的身份认同与翻译研究》，博士学位论文，香港岭南大学，2011 年。

李歆：《〈圣乐经谱〉早期传入欧洲的中国化天主教音乐》，《中国宗教》2019 年第 1 期。

李亚芳：《〈近代中国鄂尔多斯南部地区民歌集〉百年后的再调查》，《歌海》2010 年第 6 期。

李志凌：《翻译文案多模态意义的视觉元话语分析》，《沈阳建筑大学学报》（社会科学版）2020 年第 3 期。

李智萍：《歌曲在弘扬社会主义核心价值观中的作用》，《南昌航空大学学报》（社会科学版）2016 年第 2 期。

［意］利玛窦、［比］金尼阁：《利玛窦中国札记》，何高济等译，中华书局 1983 年版。

梁高燕、王宏印：《民歌翻译：民族典籍与文化研究的源头——王宏印教授民歌翻译研究访谈录》，《燕山大学学报》2019 年第 5 期。

梁茂春：《中国当代音乐（1949—1989）》，北京广播学院出版社 1993

年版。

梁启超：《饮冰室诗话》，时代文艺出版社 1998 年版。

梁启超：《中国之美文及其历史》，贵州人民出版社 2014 年版。

廖七一等：《抗战时期重庆翻译研究》，南开大学出版社 2015 年版。

廖志阳：《论薛范英文歌曲汉译的理论与实践》，硕士学位论文，湖南
　　师范大学，2014 年。

林蔡冰：《俄汉对照世界名歌选》，商务印书馆 1960 年版。

刘火雄：《一桩诺贝尔文学奖的"图书生意"——论鲍勃·迪伦作品
　　的出版及跨界融合》，《出版广角》2017 年第 9 期。

刘剑：《超文本语境下的翻译形态变化研究》，高等教育出版社 2017
　　年版。

刘蓝：《二十五史音乐志》（第二卷），云南大学出版社 2015 年版。

刘奇：《中国古代传入的基督教会音乐探寻》，《音乐艺术》1987 年第
　　1 期。

刘瑞强：《从翻译效应论角度谈〈中华人民共和国国歌〉的英文翻译》，
　　《中国文化研究》2019 年第 1 期。

刘嵬：《隋唐时期古丝绸之路上的中外音乐文化交流》，《艺术研究》
　　2018 年第 3 期。

刘莹：《俄苏群众歌曲在中国的传播》，《大舞台》2010 年第 2 期。

刘莹：《俄苏群众歌曲在中国的传播研究》，硕士学位论文，哈尔滨师
　　范大学，2010 年。

刘颖：《论翻译中的"变译"》，《清华大学学报》2019 年第 4 期。

刘再生：《中国古代音乐史简述》，人民音乐出版社 1989 年版。

留生：《一个经典"文本"的确立——中文译配〈伏尔加船夫曲〉的
　　定型及其译者考》，《人民音乐》2016 年第 10 期。

陆正兰：《歌词学》，中国社会科学出版社 2007 年版。

陆正兰：《论歌曲流行的主体性、主体间性及共同主体性》，吕进、蒋
　　登科主编：《二十年：探路与开拓》，西南师范大学出版社 2006

年版。

吕锴：《功能翻译理论在歌曲翻译中的运用——兼谈"雪绒花"和"哆来咪"的翻译》，硕士学位论文，浙江大学，2011年。

罗承丽：《操纵与构建：苏珊·巴斯奈特"文化翻译"思想研究》，博士学位论文，北京语言大学，2009年。

［法］罗兰：《傅雷译·贝多芬传》，傅雷译，四川人民出版社2017年版。

罗荣华：《文化产业影响经济增长的机制研究——基于影响因素的视角》，《北京财贸职业学院学报》2020年第4期。

马祖毅：《中国翻译简史——"五四"以前部分（增订版）》，中国对外翻译出版公司1998年版。

毛蕴诗、周皓：《行业边界模糊与产业政策调整》，《现代管理科学》2008年第5期。

毛泽东：《毛泽东选集》（第三卷），人民出版社1953年版。

穆乐：《二十世纪中国译配歌曲研究》，硕士学位论文，山西大学，2005年。

彭吉象：《艺术学概论》，北京大学出版社2004年版。

崎松：《从〈马赛由〉〈国际歌〉到〈义勇军进行曲〉》，《云岭歌声》2005年第2期。

钱仁康：《谈歌词的翻译》，《音乐艺术（上海音乐学院学报）》1999年第4期。

钱仁康：《学堂乐歌考源》，上海音乐出版社2001年版。

钱仁康：《中外国歌纵横谈》，上海教育出版社1989年版。

钱亦平：《钱仁康音乐文集》（上），上海音乐出版社1997年版。

钱钟书：《钱钟书散文》，浙江文艺出版社1997年版。

任正非：《北国之春》，《经理人》2001年第8期。

尚学钰：《古钢琴传入我国之历史溯源》，《兰台世界》2012年第1期。

邵培仁：《中介者：艺术传播中的"雅努斯"》，《盐城师专学报》1993年第1期。

释慧皎：《高僧传》，中华书局 1992 年版。

宋士锋：《〈国际歌〉中文译配版权应属瞿秋白》，《文汇报》2015 年 4 月 13 日。

苏全有：《〈义勇军进行曲〉缘何化身国歌》，《福建论坛》（人文社会科学版）2016 年第 8 期。

苏珊·朗格：《艺术问题》，中国社会科学出版社 1983 年版。

孙慧双：《歌剧翻译与研究》，湖北教育出版社 1998 年版。

孙宜学、摆贵勤：《翻译在文化传播中要从“有为”到“无为”》，http：//www.cssn.cn/wx/wx_yczs/201906/t20190605_4913574.shtml，2019 年 6 月 5 日。

孙艺风：《探索翻译空间》，《中国翻译》2020 年第 1 期。

孙致礼：《翻译：理论与实践探索》，译林出版社 1999 年版。

覃军：《歌曲译配：一种特殊形态的翻译——歌曲翻译家薛范先生访谈录》，《中国翻译》2019 年第 6 期。

田德蓓：《论译者的身份》，《中国翻译》2000 年第 6 期。

王秉钦：《20 世纪中国翻译思想史》，南开大学出版社 2004 年版。

王秉钦：《文化翻译学》，南开大学出版社 1995 年版。

王尔敏：《近代文化生态及其变迁》，百花洲文艺出版社 2002 年版。

王峰、陈文：《国内外翻译研究热点与趋势——基于译学核心期刊的知识图谱分析》，《外语教学》2017 年第 4 期。

王峰、陈文：《国外翻译史研究的课题、理论与方法》，《中国外语》2020 年第 3 期。

王克非：《翻译文化史论》，上海外语教育出版社 1998 年版。

王蒙：《苏联祭》，作家出版社 2006 年版。

王湘玲、蒋坚松：《论从翻译的主体性到主体间性》，《外语学刊》2008 年第 6 期。

王晓平：《从点与圈出发的诗歌解读史——训读的精神遗产》，《东亚诗学与文化互读》，中华书局 2009 年版。

王益：《对当前出版形势的一点看法——"萧条"、"不景气"辨析》，《出版工作》1990 年第 8 期。

王志勤、谢天振：《中国文学文化走出去：问题与反思》，《学术月刊》2013 年第 2 期。

王佐良：《新时期的翻译观》，《翻译：思考与试笔》，外语教学与研究出版社 1989 年版。

韦照周：《狄更斯在中国：译介、影响、经典化》，博士学位论文，武汉大学，2017 年。

魏清光：《改革开放以来中国翻译活动的社会运行研究》，中国社会科学出版社 2014 年版。

文记东：《1949—1966 年的中苏文化交流》，黑龙江大学出版社 2011 年版。

邬国义：《〈国际歌〉最早的译者列悲考释》，《历史文献整理研究与史学方法论》，黄山书社 2008 年版。

吴北光：《几度沧桑话国歌》，《新湘评论》2011 年第 14 期。

夏玉润：《〈茉莉花〉究竟是哪里的民歌》，《文艺报》2006 年 2 月 11 日。

向云：《英汉歌曲译配：理论与实践》，世界图书出版广东有限公司 2017 年版。

向宗鲁：《说苑校证》，中华书局 1987 年版。

谢柯、廖雪汝：《"翻译传播学"的名与实》，《上海翻译》2016 年第 1 期。

谢玲琍：《基于语料的歌曲翻译变化研究》，硕士学位论文，湖南大学，2011 年。

谢天振：《超越文本　超越翻译》，复旦大学出版社 2014 年版。

谢天振：《译介学》，上海外语教育出版社 2001 年版。

谢天振：《隐身与现身：从传统译论到现代译论》，北京大学出版社 2014 年版。

徐莉娜：《主体间性与和谐翻译——兼评译著〈纽伦堡审判〉》，《东方
　　论坛》2016 年第 4 期。

徐振锋、吴宏凯：《鲍勃·迪伦编年史》，河南大学出版社 2015 年版。

许建忠：《翻译生态学》，中国三峡出版社 2009 年版。

许钧：《"创造性叛逆"和翻译主体性的确立》，《中国翻译》2003 年
　　第 1 期。

许钧：《翻译论》，译林出版社 2014 年版。

薛范：《俄苏歌曲七十四年风雨历程》（下），《俄罗斯文艺》2008 年
　　第 4 期。

薛范：《歌曲翻译探索与实践》，湖北教育出版社 2002 年版。

薛范：《先驱和开拓——钱仁康教授在外国歌曲翻译介绍领域中的贡
　　献》，《庆贺钱仁康教授九十华诞学术论文集》，上海音乐学院出
　　版社 2004 年版。

薛范：《薛范 60 年翻译歌曲选》，上海音乐出版社 2013 年版。

薛范：《薛范 60 年音乐文论选》，上海音乐出版社 2020 年版。

杨丹：《音乐教学法教材之历史研究（1901—1976）》，博士学位论文，
　　湖南师范大学，2013 年。

杨武能：《阐释、接受与再创造的循环——文学翻译断想之一》，《中
　　国翻译》1987 年第 6 期。

杨晓静：《歌曲翻译三符变化说》，博士学位论文，黑龙江大学，2012 年。

杨永林：《社会语言学研究：文化·色彩·思维篇》，高等教育出版社
　　2004 年版。

姚丽文：《歌曲译配中乐词与乐句的调整策略》，广东省科学技术协会
　　科技交流部：《第十四届全国科技翻译研讨会论文汇编》，广东省
　　科学技术协会科技交流部 2011 年版。

姚思源：《中国当代学校音乐教育文献（1949—1995）》，上海教育出
　　版社 2011 年版。

佚名：《〈茉莉花〉发源地之争到底争什么?》，《中国消费导报》2004

年 11 月 5 日。

佚名：《四城争娶〈茉莉花〉》，《新华日报》2004 年 12 月 6 日。

音乐出版社编辑部：《外国名歌 200》，音乐出版社 1958 年版。

音乐出版社编辑部：《外国名歌 200 首续编》，音乐出版社 1960 年版。

袁斌业：《抗战时期对外译介的中国抗战歌曲》，《上海翻译》2005 年
　　第 3 期。

袁榕：《文学翻译中陌生化和本土化的策略取向与冲突》，《解放军外
　　国语学院学报》2010 年第 3 期。

［美］约瑟夫·塞比斯：《耶稣会士徐日升关于中俄尼布楚谈判的日记》，
　　王立人译，商务印书馆 1973 年版。

岳岸：《〈义勇军进行曲〉首个英译本》，《英语世界》2019 年第 10 期。

曾琳智：《音乐在公共外交中的运用研究》，博士学位论文，上海外国
　　语大学，2013 年。

曾琳智：《音乐在美国公共外交中的角色》，《外交评论》2013 年第 3 期。

曾遂今：《从音乐的自然传播到技术传播（上）——当代音乐传播理论
　　探索思考之一》，《黄钟（武汉音乐学院学报）》2003 年第 3 期。

曾虚白：《翻译中的神韵与达》，罗新璋编：《翻译论集》，商务印书馆
　　1984 年版。

曾志忞：《乐典教科书》，广智书局 1904 年版。

张炳森：《关于我国最早用文字记载的翻译》，《中国翻译》1984 年第
　　6 期。

张德禄：《系统功能理论视阈下的多模态话语分析综合框架》，《现代
　　外语》2018 年第 6 期。

张丰艳：《美国视野：中国音乐的国际传播》，中国传媒大学出版社 2017
　　年版。

张红佳：《论英文歌词翻译的基本要素》，硕士学位论文，东北林业大
　　学，2009 年。

张南峰：《中西译学批评》，清华大学出版社 2004 年版。

张震：《论我国宪法中的国歌条款及其适用——以〈国歌法〉的实施为语境》，《河南社会科学》2019 年第 4 期。

张志强：《英文歌词的翻译》，《河南师范大学学报》（哲学社会科学版）1997 年第 2 期。

章民、王怡：《外国名歌 200 首（修订版）》，人民音乐出版社 2001 年版。

郑张尚芳：《千古绝唱〈越人歌〉》，《国学》2007 年第 1 期。

郑张尚芳：《千古之谜〈越人歌〉》，http：//blog. sina. com. cn/s/blog_ 4b41fa86010006k4. html，2006 年 11 月 22 日。

钟毅：《译者身份认同视角下的"务实"与"超务实"——20 世纪三四十年代奥尼尔独幕剧汉译研究》，《外国语文》2020 年第 3 期。

周领顺：《论葛浩文翻译本质之论——兼谈译学界"翻译本质"之争及其启示》，《当代外语研究》2016 年第 5 期。

周领顺：《译者行为批评：理论框架》，商务印书馆 2014 年版。

周领顺、杜玉：《汉语"乡土语言"葛译译者行为度——"求真—务实"译者行为连续统评价模式视域》，《上海翻译》2017 年第 6 期。

周满珍：《让你了解文学史上的鲍勃·迪伦》，《长江日报》2017 年 6 月 20 日。

朱新华：《江苏民歌〈茉莉花〉究竟属于谁》，《人民音乐》2007 年第 6 期。

朱永生：《多模态话语分析的理论基础与研究方法》，《外语学刊》2007 年第 5 期。

邹振环：《影响中国近代社会的一百种译作》，中国对外翻译出版公司 1996 年版。

Anderson，Myrdene，The Saami Yoik：Translating Hum，Chant，or/and Song，Gorlée，Dinda，*Song and Significance*：*Virtues and Vices of Vocal Translation*，New York：Amsterdam，2005.

Andrew Kelly，"Translating French Song as a Language Learning Activity"，

The British Journal of Language Teaching, Vol. 25, 1987.

Apter, Ronnie & Herman Mark, *Translating for Singing: the Theory, Art and Craft of Translating Lyrics*, London & New York: Bloomsbury, 2016.

Barrow, John, *Travels in China*, London: Cadell & W. Davies, 1804.

Bassnett & Lefevere, *Constructing Cultures: Essays on Literary Translation*, Shanghai: Shanghai Foreign Language Education Press, 2001.

Bassnett, Susan & Lefevere, André, *Constructing Cultures: Essays on Literary Translation*, Shanghai: Shanghai Foreign Language Education Press, 2001.

Bassnett, Susan, *Translation Studies* (3rd Edition), Shanghai: Shanghai Foreign language Education Press, 2004.

Berman, Antoine, *Pour une critique des traductions: John Donne*, Paris: Gallimard, 1995.

Chalmers, Kenneth, Assistance or Obstruction: Translated Text in Opera Performances, Minors, Helen, *Music, Text and Translation*, London & New York: Bloomsbury, 2013.

Chan, Amy & Noble, Alistair, *Sounds in Translation: Intersections of Music, Technology and Society*, The Australian National University Press, 2009.

Davies, Eirlys & Bentahila, Abdelali. Translation and Code Switching in the Lyrics of Bilingual Popular Songs, *The Translator*, Vol. 14, 2008: 247 – 272.

Dryden, John, Preface to Ovid's Epistles: The three types of translation, In Robinson, Douglas (ed), *Western Translation Theory-From Herodotus to Nietzsche*, Manchester: St. Jerome, 1997: 171 – 174.

Even-Zohar, Itamar, The Position of Translated Literature Within the Literary Polysystem, Venuti, Lawrence, *The Translation Studies Reader*,

London and New York： Routledge, 2000： 192 – 197.

Franzon, Johan； Musical Comedy Translation： Fidelity and Format in the Scandinavian My Fair Lady, Gorlée, Dinda, *Song and Significance： Virtues and Vices of Vocal Translation*, New York： Amsterdam, 2005.

Garcia, Ignacio, Beyond Translation Memory： Computers and the Professional Translator, *The Journal of Specialised Translation*, Vol. 12, 2009： 199 – 214.

Gorlée, Dinda, Singing on the Breath of God： Preface to Life and Growth of Translated Hymnody, Gorlée, Dinda, *Song and Significance： Virtues and Vices of Vocal Translation*, New York： Amsterdam, 2005.

Gritsenko, Elena, Translation of Song Lyrics as Structure-related Expressive Device, *Procedia-Social and Behavioral Sciences*, Vol. 231, 2016： 165 – 172.

Gutt, E. A. , *Translation and Relevance： Cognition and Context*, Oxford： Blackwell, 1991.

Harrison, Mark, Making Music Television Accessible to a Hard-of-Hearing Audience, Minors, Helen, *Music, Text and Translation*, London & New York： Bloomsbury, 2013.

Hervey, Sándor etc. , *Thinking German Translation： A Course in Translation Method： German to English*, New York： Routledge, 2005.

Johan Franzon, Choices in Song Translation： Singability in Print, Subtitles and Sung Performance, *The Translator*, Vol. 14, 2008： 373 – 399.

Kaindle, K. , Multimodality in Translation, in Millan, C. , Bartrina, F. （Eds. ）, *The Routledge Handbook of Translation Studies*, New York： Routledge, 2013.

Kress, G. & Van Leeuwen, T. , *Reading Images： The Grammar of Visual Design*, London： Routledge, 2006.

Kress, G. & Van Leeuwen, T. , *Multimodal Discourse： The Modes and*

Media of Contemporary Communication, London: Arnold, 2001.

Lefevere, André, *Translation*, *Rewriting and the Manipulation of Literary Fame*, The Milton Park & New York: Routledge, 1992.

Li, Bao-chen, *China's Patriots Sing*, Hong Kong: The China Information Publishing Company, 1939.

Low, Peter, When Songs Cross Language Borders Translations, Adaptations and "Replacement Texts", *The Translator*, Vol. 19, No. 2, 2013: 229 – 244.

Low, Peter, Singable Translations of Songs, *Perspectives*: *Studies in Translation Theory and Practice*, Vol. 11, 2003: 87 – 102.

Low, Peter, Song Translation, *Encyclopedia of Language & Linguistics*, Amsterdam: Elsevier, 2006.

Low, Peter, The Pentathlon Approach to Translating Songs, Gorlée, Dinda. Song and Significance: Virtues and Vices of Vocal Translation, New York: Amsterdam, 2005.

Low, Peter, *Translating Song*: *Lyrics and Texts*, The Milton Park & New York: Routledge, 2017.

Marianne, Traven, Musical Rhetoric-the Translator's Dilemma: A Case for Don Giovanni, Gorlée, Dinda, *Song and Significance*: *Virtues and Vices of Vocal Translation*, New York: Amsterdam, 2005.

Mey, J. L., *Pragmatics*: *An Introduction*, Beijing: Foreign Language Teaching and Research Press, 2001.

Minors, Helen, *Music*, *Text and Translation*, London & New York: Bloomsbury, 2016.

Newmark, Peter, *Approaches to Translation*, New York: Prentice Hall, 1982.

Newmark, Peter, *Paragraphs on Translation*, Clevedon: Multilingual Matters, 1993.

Nida, Eugene, *Language and Culture*: *Contexts in Translating*, Shanghai: Shanghai Foreign Language Education Press, 2001.

Nida, Eugene, *Toward a Science of Translating*: *With Special Reference to Principles and Procedures Involved in Bible Translating*, Leiden: Brill, 1964.

Nord, Christiane, *Translating as a Purposeful Activity*, Manchester: St Jerome, 1997.

Page, Jacqueline, Surtitling Opera: A Translator's Perspective, Minors, Helen, *Music*, *Text and Translation*, London & New York: Bloomsbury, 2013.

Pater, Walter, *The Renaissance*, Chicago: Academy Chicago, 1977.

Pym, Anthony, Exploring Translation theories, The Milton Park & New York: Routledge, 2014.

Reiss, K. Errol, (Trans.) *Translation Criticism-The Potentials and Limitations*: *Categories and Criteria for Translation Quality Assessment*, New York: Routlege, 2014.

Simon, Sherry, *Gender in Translation*: *Cultural identity and the Politics of Transmission*, London: Routledge, 1996.

Susam-Sarajeva, Şebnem, Translation and Music: Changing Perspectives, Frameworks and Significance, *The Translator*, Vol. 14, 2008: 187 – 200.

Van Aalst, J. A. , *Chinese Music*, London: Cambridge University Press, 2012.

Vermeer, Hans, Skopos and Commission in Translational Action, Eng. Trans. by A. Chesterman, in Venuti, Lawrence (ed), *The Translation Studies Reader*, London and New York: Routledge, 2000.